Tricolore

5ᵉ édition

3

Heather Mascie-Taylor

Michael Spencer

Sylvia Honnor

OXFORD

UNIVERSITY PRESS

OXFORD
UNIVERSITY PRESS

Great Clarendon Street, Oxford, OX2 6DP, United Kingdom

Oxford University Press is a department of the University of Oxford.

It furthers the University's objective of excellence in research, scholarship, and education by publishing worldwide. Oxford is a registered trade mark of Oxford University Press in the UK and in certain other countries

Tricolore first published in 1980 by E.J. Arnold and Sons Limited

Encore Tricolore first published in 1992 by Thomas Nelson and Sons Limited

Encore Tricolore nouvelle édition first published in 2000 by Thomas Nelson and Sons Limited

Tricolore Total first published in 2008 by Nelson Thornes Ltd

Tricolore 5e édition first published in 2014 by Oxford University Press

British Library Cataloguing in Publication Data
Data available

978-1-40-852424-4

10 9 8 7 6 5

Paper used in the production of this book is a natural, recyclable product made from wood grown in sustainable forests.

The manufacturing process conforms to the environmental regulations of the country of origin.

Printed in India by Manipal Technologies Limited

Les pays et les régions francophones

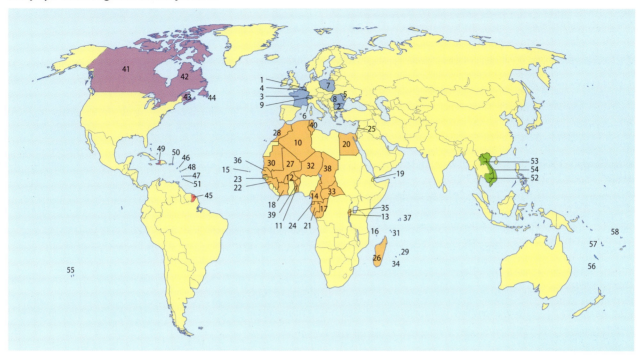

Le français est parlé et compris dans ces pays mais il n'est pas toujours la langue officielle.

En Europe
1 la Belgique
2 la Bulgarie
3 la France
4 le Luxembourg
5 la Moldavie
6 Monaco
7 la Pologne
8 la Roumanie
9 la Suisse

En Afrique
10 l'Algérie
11 le Bénin
12 le Burkina Faso
13 le Burundi
14 le Cameroun
15 le Cap-Vert
16 les Comores
17 le Congo
18 la Côte d'Ivoire
19 Djibouti
20 L'Égypte
21 le Gabon
22 la Guinée
23 la Guinée-Bissau
24 la Guinée équatoriale
25 le Liban
26 Madagascar
27 le Mali
28 le Maroc
29 l'île Maurice
30 la Mauritanie
31 l'île Mayotte
32 le Niger
33 la République centrafricaine
34 la Réunion
35 le Rwanda
36 le Sénégal
37 les Seychelles
38 le Tchad
39 le Togo
40 la Tunisie

En Amérique du Nord
41 le Canada
42 le Québec
43 le Nouveau-Brunswick
44 Saint-Pierre-et-Miquelon

En Amérique du Sud et aux Caraïbes
45 la Guyane Française
46 la Guadeloupe
47 la Martinique
48 la Dominique
49 Haïti
50 La République démocratique de
   Saint-Thomas-et-Prince
51 Sainte-Lucie

En Asie
52 le Cambodge
53 le Laos
54 le Vietnam

En Océanie
55 la Polynésie Française
56 la Nouvelle-Calédonie
57 Vanuatu
58 Wallis-et-Futuna

Table des matières

Table des matières

Course information

Welcome to Stage 3 of **Tricolore**! Here you'll learn more about using French to talk about the things that interest you.

 Tricolore 3 is available in print or online. The digital version of the book has links to many more activities to help you learn French.

| **Dossier-langue** | **Grammaire 5.3** |

These grammar boxes will help you understand the patterns and rules of French. The reference number, e.g. 5.3, links to the **Grammaire** section on pages 143–157, where you can find more detailed information.

Stratégies

In **Tricolore 3** you will find strategies for understanding the language you listen to and read, and for producing accurate French. The **Stratégies** boxes will also give you help with learning vocabulary and grammar.

Phonétique

These boxes help you to learn French sounds and to recognise how these sounds are written in French. So when you see a word written down, you will know how to pronounce it correctly, and when you hear a French word, you will know how to write it down.

These boxes will help you with an activity and provide you with interesting information.

🔊 This means that the activity has an audio track for you to listen to, either on an audio CD or from the digital book.

➕ Look for this symbol if you are ready for an extra challenge.

💬 For some language activities, it is best to work with a partner or in a group.

Dossier Personnel

As you work through the course, you can build up your own reference material in your personal project file. This will be useful when you look back at what you have learnt at the end of a term. It will also help with revision before a test or exam.

Sommaire

At the end of each unit, there is a summary of the key vocabulary and language taught in that unit.

unité 1   Au choix

This section contains some extra practice activities linked to each unit and can also be used for independent work.

Rappel   Unités 4–5

This section contains revision activities and is suitable for independent work.

Presse-Jeunesse

This is a magazine-style section for independent reading.

Grammaire

This reference section (pages 143–157) gives more information about grammatical points, such as nouns, gender (masculine or feminine), adjectives, verbs, etc. You can refer to this at any time.

Glossaire

Like a mini bilingual dictionary, the glossary has two sections. 'Bilingual' means it translates words between two languages – from French to English and English to French. In each section, the words are listed in alphabetical order.

Français–anglais – look up the meaning of a French word or check the spelling or gender (masculine or feminine).

Anglais–français – look up the French for an English word (if it's in the units).

1A Salut à tous!

- *find out about the French-speaking world*
- *exchange personal information*

Le monde francophone

Il y a beaucoup de personnes dans environ 50 pays et régions du monde qui parlent français. (Voir la carte, page 3.) On appelle ces pays les pays francophones. Beaucoup de ces pays sont d'anciennes colonies françaises, comme le Sénégal en Afrique. D'autres régions, comme la Martinique et la Guadeloupe aux Antilles, font partie de la France; ce sont des départements d'outre-mer (les DOM).

1 Salut!

Lis les textes et fais les exercices.

Céline

Je me présente: je m'appelle Céline et j'ai quatorze ans. J'habite à Genève, en Suisse. La Suisse se trouve au centre de l'Europe. Les langues principales sont le français, l'allemand et l'italien. Le français est ma langue maternelle et j'apprends l'allemand au collège. Je comprends un peu l'italien mais pas beaucoup.

Genève est une grande ville située au bord d'un lac. On n'est pas loin des Alpes où on peut faire du ski, et moi j'adore ça. J'aime tous les sports: je pratique la natation et le tennis, et je fais aussi du roller. Je commence à faire du skate, mais je n'arrive pas à faire beaucoup de figures; enfin, j'apprends.

Ibrahim

Je m'appelle Ibrahim et j'ai quatorze ans. Mon anniversaire est le 19 septembre. J'habite à Dakar, au Sénégal. Le Sénégal est situé sur la côte ouest de l'Afrique. Le Sénégal est près de l'équateur, alors il y fait très chaud.

Moi aussi, j'aime le sport. Je fais de la natation et je joue au foot et au basket. Mais j'aime aussi les activités plus calmes: j'aime aussi lire, écrire et dessiner.

Laura

Salut, je suis Laura et j'habite en Martinique. C'est une île tropicale qui est très loin de la France, mais elle fait partie de la France. Donc je suis de nationalité française. À la maison nous parlons français (bien sûr) et j'apprends l'anglais au collège. Au collège, les cours commencent tôt et finissent à une heure et demie parce qu'il fait très chaud ici, l'après-midi.

Je vais avoir mes quinze ans le 21 novembre. J'aime danser, aller au cinéma avec mes amis, surfer sur Internet, etc. J'adore écouter de la musique de tous les genres. Je fais du piano depuis cinq ans. Ma couleur préférée est le bleu.

Nicolas

Je me présente: je m'appelle Nicolas, j'ai quinze ans et j'habite à Bordeaux, en France. Je suis assez grand, j'ai les yeux marron et les cheveux châtains.

J'aime surfer sur Internet et jouer aux jeux en ligne. J'aime aussi faire du théâtre. Le weekend, j'aime aller au cinéma ou regarder un film à la télé.

a Choose the correct person(s) for each question and write their initials.

Exemple: 1 *Céline (C)*

1 Who is learning German at school?
2 Who likes reading and drawing?
3 Who doesn't go to school in the afternoon?
4 Who lives in a hot country?
5 Who likes video games?
6 Who is learning some skateboarding moves?

b C'est vrai (**V**), faux (**F**) ou pas mentionné (**PM**)?

Exemple: 1 *V*

1 Céline habite en Europe.
2 Sa langue maternelle est l'allemand.
3 Ibrahim a une sœur et trois frères.
4 Laura aime sortir.
5 Elle n'aime pas rencontrer des gens.
6 Nicolas commence à jouer de la guitare.

c Complète les phrases avec le(s) nom(s) des personnes qui correspondent.

Exemple: 1 *C (Céline) et I (Ibrahim) sont très sportifs.*

1 ＿＿ sont très sportifs.
2 ＿＿ va fêter son anniversaire en novembre.
3 ＿＿ habite en Afrique.
4 ＿＿ est française mais n'habite pas en Europe.
5 ＿＿ s'intéresse au cinéma.
6 ＿＿ aime surtout la couleur bleue.

2 Deux conversations

🔊 **a** Écoute et choisis les bonnes réponses.

Exemple: **1** a (*en Guadeloupe*)

Ⓐ

Bruno

1 Bruno habite
  a en Guadeloupe
  b en Suisse
  c en Belgique
2 Comme langue maternelle, il parle
  a anglais
  b espagnol
  c français

3 Le weekend, il aime
  a jouer sur l'ordinateur
  b aller au cinéma
  c danser
4 Comme sports, il pratique
  a le football et le volley
  b la natation et la planche à voile
  c le basket et le rugby

Ⓑ

Marion

1 Marion habite
  a au Maroc
  b au Sénégal
  c au Canada
2 Comme langue maternelle, elle parle
  a français
  b anglais
  c espagnol

3 À l'école, elle apprend
  a l'allemand
  b l'arabe
  c l'anglais
4 Le weekend, elle aime
  a jouer de la guitare
  b faire du shopping
  c faire du sport

5 Et elle va
  a au théâtre
  b à la piscine
  c en ligne

➕ **b** Dans la conversation de Bruno, on lui pose deux questions sur ses loisirs. Regarde la liste de questions de l'exercice 3. Quelles sont les deux questions posées?

3 À toi!

💬 **a** À deux, posez des questions et répondez à tour de rôle.

Qu'est-ce que tu aimes faire le weekend?
(*J'aime retrouver mes amis. / J'aime aller en ville/à la piscine/au cinéma, etc. / J'aime écouter / J'aime faire …)*
Est-ce que tu apprends un instrument de musique?
(*Oui, j'apprends le/la … Non, mais j'aime écouter de la musique quand je rentre à la maison.*)

Qu'est-ce que tu regardes à la télé?
(*J'aime beaucoup …., surtout …)*
Qu'est-ce que tu pratiques, comme sports?
(*Je joue au/aux … Je fais du/de la/de l' …)*

b Écris trois questions et tes réponses.

4 Un quiz sur la langue française

1 Beaucoup de gens, qui n'habitent pas en France, sont francophones – c'est-à-dire qu'ils parlent français. Quel est le continent où il y a le plus grand nombre de francophones?
  a l'Afrique   **b** l'Asie   **c** l'Europe

2 Beaucoup de personnes parlent français comme langue maternelle, mais ce n'est pas la première langue parlée au monde. Quelle est la langue parlée par le plus grand nombre de personnes?
  a l'anglais   **b** l'hindi   **c** le mandarin

3 La langue française compte plus de 85 000 mots, mais on en utilise environ combien, normalement?
  a 1 000–2 000   **b** 2 000–3 000   **c** 4 000–5 000

4 Voici des mots anglais. Lesquels sont d'origine française?
  a chef   **b** gateau   **c** house   **d** rendez-vous   **e** town

Voir la solution à la page 175.

- ask and answer questions
- revise the present tense of regular verbs
- find out about French Guyana

1 Des questions et des réponses

Pour pratiquer une langue étrangère, il est important de savoir poser des questions et répondre.

a Complète les questions avec des mots de la case.

Exemple: **1 Est-ce que tu joues d'un instrument de musique?**

1 Est-ce que tu joues …
2 Qu'est-ce que tu …
3 Qu'est-ce que …
4 Qu'est-ce que tu pratiques …
5 Est-ce que tu …
6 Où est-ce que vous …

a apprends comme langues?
b comme sports?
c préfères regarder le sport ou un film?
d tu aimes faire avec tes copains?
e d'un instrument de musique?
f habitez?

b Complète les réponses avec la bonne forme des verbes au présent.

Exemple: **a Je joue de la trompette.**

a Oui, je (*jouer*) de la trompette.
b Nous (*habiter*) à Paris.
c Comme sports, je (*jouer*) au football et au tennis.
d J'(*apprendre*) l'allemand et l'espagnol.
e Nous (*aimer*) aller en ville.
f Je (*préférer*) regarder un film.

c Trouve les paires.

Exemple: **1** *a*

Dossier-langue Grammaire 12.4

The present tense: Regular verbs

This is used: – to describe things that do not change
– to say what usually happens
– to say what is happening at the current time.

Regular verbs form the present tense in one of three ways:

infinitive		-er	-re	-ir
		jou**er**	répond**re**	fin**ir**
singular	1	je	joue	réponds	finis
	2	tu	joues	réponds	finis
	3	il/elle/on	joue	répond	finit
plural	1	nous	jouons	répondons	finissons
	2	vous	jouez	répondez	finissez
	3	ils/elles	jouent	répondent	finissent

It's useful to remember some patterns for verb endings. What letter(s) do the following forms end with? **tu, nous, vous, ils/elles**

Many verb endings are silent and sound the same, even though they are spelt differently.
Can you work out the verb stem of these verbs? **parler, vendre, choisir**

Look back at *Salut!* (task 1, page 8) and find:
– 5 or more examples of regular **-er** verbs
– 2 examples of regular **-re** verbs
– 1 example of a regular **-ir** verb.

Many verbs are regular **-er** verbs, but a few **-er** verbs, like **acheter**, **préférer** and **manger**, are slightly different (see page 154).

---

2 Après l'école

a Trouve les paires pour pratiquer les verbes (qui se terminent en **-er**).

Exemple: **1 Moi, je rentre à quatre heures et demie.**

1 Moi, je rentr_
2 Pour me relaxer, j'écout_
3 Mes parents travaill_
4 Ils rentr_
5 Normalement, nous mange_
6 Après le dîner, je commenc_
7 Est-ce que vous discut_
8 Qu'est-ce que tu préfèr_

a _ent en ville.
b _e de la musique.
c _es faire le soir?
d _e à 4 heures et demie.
e _ent vers 6 heures.
f _ez beaucoup à table?
g _ons à 7 heures.
h _e mes devoirs.

b Change les phrases pour décrire ta vie après l'école.

3 Des conversations

Complète les conversations pour pratiquer les verbes (qui se terminent en **-re**).

Exemple: **1 Tu attends**

1 – Tu ___ ta sœur? (*attendre*)
  – Oui, elle ___ ses livres. (*rendre*)
2 – Est-ce que vous ___ des timbres ici? (*vendre*)
  – Non, désolé, mais on ___ des timbres au tabac. (*vendre*)
3 – Vous ___ vos enfants? (*attendre*)
  – Oui, ils ___ à leurs mails. (*répondre*)
4 – Nous ___ ici? (*descendre*)
  – Oui, on ___ ici, c'est le terminus. (*descendre*)
5 – Tu m'___ ? (*entendre*)
  – Non, j'___ très mal. (*entendre*)
6 – Tu ___ quelqu'un? (*attendre*)
  – Oui, j'___ mes amis. (*attendre*)

4 Des dessins

Complète les bulles pour pratiquer les verbes
(qui se terminent en **-ir**).

Exemple: **1** *Je remplis*

Ça va, maman. Je ____ le verre.
(*remplir*)

Tu ____ bientôt? (*finir*)

Elle ____ facilement.
(*rougir*)

Nous ____ des baskets.
(*choisir*)

Vous ____. Qu'est-ce qu'il
y a? (*pâlir*)

Ils ____, tes chiens.
(*grandir*)

5 La Guyane

J'habite à Cayenne, en Guyane française. La
Guyane fait partie de la France, mais elle se
trouve à 7 000 km de la France, en Amérique
du Sud. Nous (**1**) ____ sur la côte. Mon père est
pêcheur. On (**2**) ____ beaucoup de crevettes.
Mmm, j'(**3**) ____ ça. Il fait très chaud et très
humide ici, car nous ne sommes pas loin de
l'équateur. Le pays est assez plat avec beaucoup
de rivières. On (**4**) ____ de la canne à sucre, du
maïs et des patates douces.

95% de notre pays est couvert par la forêt d'Amazonie. Quelquefois,
nous (**5**) ____ dans la forêt quand nous allons visiter le village de mes
grands-parents. On voit des oiseaux et des animaux magnifiques, mais
il faut toujours marcher avec prudence. Pour s'orienter, on (**6**) ____ des
signes pour indiquer le chemin du
retour. La forêt (**7**) ____ vite et on
peut facilement se perdre. On doit
faire attention aux odeurs et aux
bruits. Et on ne doit
jamais oublier qu'on
peut se trouver
face à face avec
un crocodile ou un
serpent.

le maïs

une patate douce

la canne à sucre

🔊 **a** Lis le texte. Choisis le bon verbe pour chaque blanc, puis écoute pour vérifier.

Exemple: **1** *nous habitons*

> adore   change   cultive   entrons   habitons   laisse   pêche

b Réponds en anglais.

1 Where exactly is French Guyana?
2 What is the climate like?
3 What kind of crops are grown?
4 What is the country like physically?
5 What sort of wildlife might you see there?
6 Why do you need to be careful in the Amazonian forest?

➕ **c** Traduis en anglais.

1 La Guyane se trouve en Amérique du Sud.
2 Beaucoup de personnes habitent sur la côte.
3 La pêche est importante.
4 Le climat est tropical: chaud et humide.
5 La plus grande partie du pays est recouverte de forêt.
6 Dans la forêt, on voit des animaux et des oiseaux.

■ *talk about technology and the internet*

1 Lexique informatique

Trouve les paires.

1	un réseau social	a	digital
2	un mot de passe	b	e-reader
3	une liseuse	c	social network
4	numérique	d	key (on keyboard)
5	rechercher	e	password
6	un lien	f	to search
7	en ligne	g	to download
8	l'écran	h	nickname/username
9	télécharger	i	online
10	un pseudo	j	link
11	déconnecter	k	screen
12	une touche	l	to log off

Phonétique

▶ ◀)) Cognates

Cognates are words, which look the same in French and English, such as *Internet*, *le Web*, *une page.* However they are often pronounced very differently.

Using your knowledge of French pronunciation, practise pronouncing these words in French. Then check by listening to a French person saying them.

un smartphone, le menu, un virus, une webcam, surfer, le wifi

There are many cognates linked to technology, so look for at least three more on these pages. Working in pairs, dictate three cognates to your partner.

2 Surfons en français

Complète le texte avec les mots de la liste.

Exemple: 1 *accueil*

accueil   aide   cliquer   fenêtre   lien   menu   page   rechercher

Surfer sur Internet en français n'est pas difficile, parce qu'on utilise beaucoup d'expressions anglaises. Quand même, il est utile de comprendre quelques mots clés français.

quand même   *all the same*

Le point de départ de beaucoup de sites Web, c'est la page d'(**1**)accueil Quelquefois, il faut (**2**)cliquer sur une image pour entrer, ou sélectionner un thème dans un (**3**)menu. Si tu ne sais pas quoi faire, il y a peut-être un bouton '(**4**)aide'. Si tu cherches des renseignements spécifiques tu peux taper un mot dans la case '(**5**)rechercher Si un site te dirige vers un autre site, il y a un (**6**) lien – tu cliques dessus, et la nouvelle page s'ouvre (peut-être dans une nouvelle (**7**)fenêtre). Si le lien est vieux et que la page n'existe plus, on dit que la (**8**) page est indisponible.

3 Quand tu vas en ligne …

a Trouve une bonne réponse à chaque question.

◀)) **b** Écoute pour vérifier. Quelle est l'autre question qu'on entend, mais qui n'est pas écrite ici?

c Relis les réponses et trouve l'équivalent en français de ces expressions.

1 sometimes quelquefois   3 if I have time si j'ai le temps
2 from time to time   4 quite often assez souvent
  de temps en temps

Des questions

1 Quels sont tes sites préférés?
2 Est-ce que tu regardes des films ou des émissions en ligne?
3 Tu lis des blogs? Si oui, de qui?
4 Tu mets des photos en ligne?
5 Est-ce que tu télécharges de la musique?
6 Tu fais des jeux en ligne?
7 Est-ce que ta famille fait des achats en ligne?

Des réponses

a Quelquefois, je fais un jeu avec un copain sur Internet.
b Oui, de temps en temps, je regarde une émission de télé.
c Oui, et puis je l'écoute sur mon portable.
d Moi, non, mais ma sœur met des photos sur son blog.
e Oui, j'ai un copain américain qui a un blog. Si j'ai le temps, je le lis.
f Oui, assez souvent. Mes parents aiment acheter des provisions en ligne.
g J'aime bien les sites sur la technologie et sur la musique.

4 Forum des jeunes: Internet

a Choisis un titre pour chaque contribution.

5 **a** Alerte aux dangers
3 **b** Choisis bien ton pseudo
c Le téléchargement
d Les jeux en ligne
2e **e** On dialogue avec tout le monde
4f **f** Un journal accessible à tous
1 **g** Une mine d'or d'infos

b Trouve le français.

1 You can put a few words in a search engine
2 it's not always easy
3 sometimes there are mistakes
4 to communicate with people all over the world
5 there are chat rooms
6 you can easily post a comment
7 everyone can read your comments
8 I choose a username
9 I like reading the blogs of
10 open to all readers

forum des jeunes

Est-ce que tu aimes surfer en ligne? Qu'est-ce que tu fais principalement?

Bienorganisé:
1 Pour les devoirs, Internet est super. On peut rentrer quelques mots dans un moteur de recherche et voilà! On trouve de tout, mais ce n'est pas toujours facile de trouver les bonnes infos dans les millions de pages disponibles (*available*). Et il y a parfois des erreurs. Alors, j'essaie de vérifier les infos dans une autre source; une page Web différente ou un livre, par exemple.

Fanade BD:
2 Sur Internet, on peut communiquer avec des personnes dans le monde entier. Il y a des forums sur tous les sujets imaginables. On peut facilement poster un commentaire sur un forum public, mais il ne faut pas oublier que tout le monde peut lire ses contributions.

Framboise:
3 Quand je choisis un pseudo pour discuter sur les tchats ou les forums, je ne mets pas de renseignements trop personnels et je fais attention aux nouveaux contacts.

Mélomanne+:
4 J'aime lire les blogs de mes amis, mais moi, je n'ai pas de blog. Le blog est un site où on peut écrire des réflexions sur tout. Mais souvent les blogs sont ouverts à tous les lecteurs: parents, profs, inconnus (*strangers/unknown people*), etc. Moi, je préfère mon journal intime.

Techno*:
5 J'écris souvent des mails et j'aime bien aussi recevoir des mails mais il y a souvent du spam. Normalement, les spams sont des mails publicitaires, mais quelquefois ils contiennent des virus. Heureusement, nous avons un nouvel antivirus qui se renouvelle régulièrement.

5 À toi!

a À deux, posez des questions et répondez à tour de rôle. Utilisez les questions de l'exercice 3 aussi.

- Tu passes combien d'heures par semaine en ligne?
  (D'habitude / Normalement, environ … heures par jour / par semaine. Et toi?)
- Quand vas-tu en ligne?
  (En général, le weekend et quelquefois le soir.)
- Qu'est-ce que tu fais principalement?
  (J'écris des messages, je bavarde avec mes amis et ma famille, je fais des recherches, je lis des commentaires, etc.)
- À ton avis, est-ce que c'est utile pour le travail scolaire?
  (Oui, à mon avis, c'est très utile. Quelquefois, je fais des recherches pour mon travail scolaire, par exemple pour un devoir d'anglais. J'aime bien regarder le site de la BBC.)

b Traduis en anglais.

Moi, je vais assez souvent en ligne le weekend. J'utilise surtout Internet pour le mail. Je lis mes messages et j'écris des réponses. J'ai un copain de vacances qui habite en Guadeloupe et un autre en Suisse. C'est bien de rester en contact avec eux.

J'aime écouter de la musique mais je ne télécharge pas de musique, parce que ça coûte assez cher.

 c Écris quelques phrases pour décrire comment tu utilises Internet.

- *exchange information about families*
- *use some irregular verbs (avoir, être, etc.)*

Toutes les familles sont différentes. Il y a des familles nombreuses, avec beaucoup d'enfants, et des familles plus petites, avec un seul enfant. Et il y a aussi des familles recomposées avec des demi-frères et des demi-sœurs.

1 Tu as des frères et sœurs?

Écoute bien et complète les phrases en anglais.

Exemple   **1** 17, 11.

1 Her brother is ____ and her sister is ____.
2 He gets on well with his ____ cousins.
3 His half-sister is only ____.
4 She has ____ brothers and ____ sisters.
5 He has ____ half-brothers.
6 There are ____ generations in this house:
____ grandparent(s), ____ parent(s), ____ children.

2 Notre famille

Complète le texte avec les mots dans la case.

Exemple: **1** *e (mère)*

À la maison, nous sommes cinq: quatre enfants et ma (**1**) ____. Nous avons aussi deux (**2**) ____. J'ai une (**3**) ____ et deux frères. Ma sœur est plus (**4**) ____ que moi. Elle a vingt ans. Mes frères ont (**5**) ____ et (**6**) ____. ans, donc ils sont plus jeunes. J'ai aussi un demi-frère, mais il n'habite pas avec nous. Mes parents sont divorcés et mon père s'est remarié. Mon demi-frère est encore bébé. Il a cinq mois. J'ai aussi des grands-parents. Je ne les vois pas souvent parce qu'ils (**7**) ____ loin d'ici, mais je leur envoie souvent des (**8**) ____.

a âgée	**b** chats	**c** mails	**d** habitent
e mère	**f** neuf	**g** onze	**h** sœur

Dossier-langue   Grammaire 16.3

The present tense: Irregular verbs

Some common verbs are irregular in the present tense. How many can you think of? Check these in *Les verbes*. **Avoir** and **être** are the two most common verbs and they are both very irregular. Look for some examples in task 2 and complete the table.

avoir to have	*être* to be
j' ...	je suis
tu as	tu es
il/elle/on a	il/elle/on ...
nous ...	nous ...
vous avez	vous êtes
ils/elles ont	ils/elles ...

3 Des questions et des réponses

a Complète les questions et les réponses avec la bonne forme des verbes **avoir** ou **être**.

Exemple: **1** *tu as*

1 Est-ce que tu ____ des frères et sœurs?
2 Il ____ comment ton frère, physiquement?
3 Et ta sœur, elle ____ quel âge?
4 Est-ce que vous ____ des animaux?
5 Vous ____ de Paris?

b Trouve les paires.

Exemple: **1** *e*

a Non, nous ____ de Martinique, mais nous ____ français.
b Non, nous n'____ pas d'animaux, mais mes cousins ____ un chien.
c Elle ____ seize ans.
d Il ____ assez grand. Il ____ les cheveux blonds et les yeux bleus.
e Oui, j'____ un frère et une sœur.

4 La famille

À deux, posez des questions et répondez à tour de rôle.

- Il y a combien de personnes dans ta famille? (*Il y a cinq personnes: mon père, ma mère, mon frère, ma sœur et moi.*)
- Ton frère/père, il a quel âge? (*Il a … ans.*)
- Comment est-il? (*Il est … grand/petit/de taille moyenne et il a les cheveux … et les yeux …*)
- Ta sœur/mère, quel âge a-t-elle? (*Elle a … ans.*)
- Comment est-elle? (*Elle est … grande/petite/de taille moyenne et elle a les cheveux … et les yeux …*)
- Tes grands-parents/Tes cousins, où habitent-ils? (*Ils habitent …*)

5 Une sœur ou un frère au même collège

Lis les contributions. C'est vrai (**V**), faux (**F**) ou pas mentionné (**PM**)?

Exemple: 1 *V*

1 Sophie et sa sœur vont au même collège.

2 Sophie est plus âgée que sa sœur.

3 Sophie a aussi un frère aîné.

4 Mathieu a un frère qui est plus jeune que lui.

5 Il se dispute souvent avec son frère au collège.

6 À son avis, le problème de Sophie n'est pas très grave.

7 Il comprend le problème et propose une solution.

Sophie: ✉ ♥ ⇨

J'ai treize ans et je suis en 4e. Depuis septembre, ma petite sœur, Lucie, va au même collège que moi. Elle est en 6e et elle me cherche toujours pendant la récréation. Ça m'énerve et je l'évite tout le temps. Mes parents ne sont pas contents. Qu'est-ce que je dois faire?

Mathieu: ✉ ♥ ⇨

Moi aussi, mon petit frère commence au collège cette année, mais ce n'est pas si grave. Il a son propre groupe d'amis et il ne vient pas tout le temps me retrouver. Cependant, si mon petit frère a un problème, je l'aide. Parle simplement avec ta sœur, et dis-lui que c'est ta vie et que tu veux qu'elle garde un peu ses distances. C'est tout.

6 Je n'aime pas entendre ça!

Voici des choses qu'on n'aime pas entendre.

a Qui parle? À ton avis, c'est un parent (**p**) ou un adolescent (**a**)?

Exemple: 1 *a*

1 Je m'ennuie. Qu'est-ce que je peux faire?

2 Tu passes trop de temps sur l'ordinateur.

3 Range ta chambre, s'il te plaît.

4 Je peux regarder ce film qui commence à onze heures ce soir?

5 Tu fais tes devoirs?

6 Je vais faire mes devoirs plus tard.

7 Tu te lèves, enfin?

8 Tu peux laver ce jean pour ce soir?

9 C'est à la mode, les jeans comme ça?

10 Mais tous mes amis ont ça.

➕ **b** Écris deux phrases que tu n'aimes pas entendre et deux phrases que tes parents n'aiment pas entendre.

7 Je ne m'entends pas avec ma mère

a Lis le texte et trouve l'équivalent en français.

1 I get on well with my father

2 I spend too much time in front of the TV

3 I like to stay in bed

4 She says that I'm lazy

5 after all

b Choisis la bonne réponse.

1 David s'entend bien avec
  a son père
  b sa mère
  c son grand-père

2 Il ne s'entend pas si bien avec
  a son frère
  b sa sœur
  c sa mère

3 Il aime
  a faire ses devoirs
  b regarder la télé
  c ranger sa chambre

4 En semaine, il se lève
  a avant 7 heures
  b après 7 heures
  c à 11 heures

5 Le dimanche matin, il préfère
  a faire du sport
  b aller au cinéma
  c rester au lit

6 Selon sa mère, il est
  a travailleur
  b paresseux
  c parfait

Moi, je m'appelle David et j'ai quinze ans. J'ai un problème: je m'entends bien avec mon père, mais avec ma mère, c'est souvent difficile. Elle s'intéresse trop à mon travail scolaire. Elle trouve que je passe trop de temps devant la télé ou sur l'ordinateur.

En semaine, je me lève toujours à sept heures moins le quart, mais le dimanche matin, j'aime rester au lit. Normalement, je me lève vers onze heures, mais ma mère n'est pas contente. Elle dit que je suis paresseux. Puis on se dispute au sujet de ma chambre. Elle trouve que c'est la pagaille chez moi. C'est vrai que ma chambre est un peu en désordre, mais je l'aime comme ça. Et puis, après tout, personne n'est parfait!

David

c'est la pagaille   *it's a mess*
personne n'est parfait   *nobody's perfect*

8 À toi!

Écris quelques phrases sur ta famille (frères, sœurs, grands-parents, cousins, animaux, etc.).

1   On parle de ses amis

 a   Écoute les descriptions et choisis l'image qui correspond.

Exemple: 1 B

b   Note in English two details about each person.

Exemple: 1 *nice, bit lazy*

Fatima Boucher

Jonathan Leblanc

Émilie Bernard

Mathieu Legrand

Stéphanie Laforêt

Louis Dubois

Les prénoms et les noms de famille

Note si chaque prénom est masculin (**M**), féminin (**F**) ou les deux (**M+F**).

1 Rachid   **2** Jean   **3** Magali
4 Dominique   **5** Yves   **6** Clémentine

Il y a beaucoup de noms de famille différents. Certains ont, comme origine, le nom

- d'un lieu (M. Dupont),
- d'un aspect physique (Mme Petit, Mlle Lebrun),
- d'un métier (M. et Mme Boulanger), ou
- d'un prénom (La famille Thomas).

Trouve un nom de famille de chaque catégorie sur la page (exercice 1).

À ton avis, quel est le nom de famille le plus commun?

Voir la solution à la page 175.

---

2   Trouve des adjectifs

a   Dans la case, trouve:

12 adjectifs pour décrire la personnalité
7 adjectifs pour décrire les cheveux
3 couleurs pour les yeux
2 adjectifs qui indiquent la taille

> timide   petit   sociable   sérieux
> impulsif   sportif   amusant   vert
> roux   court   bavard   paresseux
> marron   grand   raide
> généreux   fou
> bleu
> sympa   frisé   long
> blond   noir   patient

+ b   Écris la forme féminine pour chaque adjectif, si ça change.

Dossier-langue   **Grammaire 3**

Adjectives

Many adjectives describing character are cognates, e.g. **patient**, **sociable**, **responsable**. In French, adjectives must agree with the nouns they describe. Regular adjectives follow a standard pattern. These are the most common patterns:

| singular | | singular | |
masculine	feminine	masculine	feminine
grand	grande	grands	grandes
actif	active	actifs	actives
curieux	curieuse	curieux	curieuses

- Adjectives which end in **-e** (with no accent) stay the same for masculine and feminine:
  Claire est un peu timide, mais son frère est très timide.
- Adjectives which end in **-s** stay the same for singular and plural:
  Ma grand-mère a les cheveux gris et elle a un chat gris.
- Some adjectives are irregular:
  bon (**bonne**) good, **blanc** (**blanche**) white, **fou** (**folle**) mad
- Others are invariable, therefore they don't change:
  marron brown, **orange** orange.

What do you notice about the position of most adjectives in French and in English?

les cheveux noirs black hair
un sport dangereux a dangerous sport

Look at these patterns of English and French word endings and find some more examples:

anglais	français	anglais	français
nervous	nerveux	interesting	intéressant

3 Des amis

a Complète les descriptions avec un adjectif de la case (exercice 2). Pour t'aider, regarde le *Dossier-langue*.

Exemple: **A1** *bleus*

b Choisis un texte et traduis-le en anglais. Le texte A est le plus facile, le texte D est le plus difficile. À toi de choisir ton niveau.

A
Ma meilleure amie s'appelle Claire. Elle est de taille moyenne. Elle a les cheveux bruns et les yeux (**1** *blue*). Elle est très (**2** *sociable*), mais quelquefois un peu (**3** *lazy*). On s'amuse bien ensemble.

B
Un de mes meilleurs copains s'appelle Luc. Il n'est pas très (**1** *tall*), il a les cheveux (**2** *red*) et (**3** *curly*) et les yeux (**4** *green*). Il est très (**5** *talkative*). Quelquefois, il est complètement (**6** *mad*), mais il est toujours (**7** *fun*).

C
J'ai un très bon copain qui s'appelle Djamel. Il est assez (**1** *tall*). Il a les cheveux (**2** *short*) et (**3** *black*) et les yeux (**4** *brown*). Nous sommes dans la même classe au collège. Comme moi, il est très (**5** *sporty*). Il est très (**6** *nice*).

D
J'ai une amie qui s'appelle Élodie. Je la connais depuis l'école primaire. Elle est (**1** *small*) et elle a de (**2** *long*) cheveux (**3** *black*) et (**4** *straight*), et les yeux (**5** *brown*). Nous allons souvent aux magasins ensemble. Elle est (**6** *generous*), mais quelquefois un peu (**7** *shy*).

Phonétique

⟶ ◀)) Consonants at the end of a word

The letters 'd', 'p', 's' and 't' at the end of a word are not usually pronounced.

a Practise saying these words and check your pronunciation.

grand, **bavar**d, **blon**ds, **patien**t, **peti**t, **ver**t, **gri**s

b If 'd', 'p', 's' and 't' are followed by a final 'e', then the consonant is pronounced. You will notice this with the feminine form of the adjective.

grande, **bavar**de, **blon**de, **patien**te, **peti**te, **ver**te, **gri**se

c Listen and write down the words you hear.

4 Un(e) ami(e) imaginaire

Invente un(e) ami(e) imaginaire. À deux, posez des questions et répondez à tour de rôle.

Ton ami(e), comment est-il/est-elle? (*Il/Elle est …/n'est pas très …*)

Qu'est-ce que vous avez en commun? (*Nous aimons tous/toutes les deux … le sport/la musique, etc. Nous jouons dans la même équipe.*)

Quand est-ce que vous vous retrouvez? (*On se retrouve tous les weekends/quelquefois le samedi/de temps en temps, etc.*)

Où est-ce que vous vous retrouvez/Où allez-vous? (*Nous allons souvent au club/aux matchs, etc. ensemble. On se retrouve seulement en ligne parce qu'il/elle habite dans un autre pays.*)

Mon	(petit) ami père frère	est n'est pas	assez très	grand(e). petit(e).
Ma	(petite) amie sœur mère		de taille moyenne. mince.	
Il a Elle a	les cheveux courts, etc. et les yeux bleus, etc.			
Il Elle	est	sympa. amusant(e). sociable, etc.		
Nous jouons au badminton ensemble. Nous allons au même club de gym.				

5 Une description

Écris une description d'un(e) ami(e), d'un(e) petit(e) ami(e) ou d'un membre de ta famille. (Nom, aspects physiques, caractère, quelque chose que vous faites ensemble.)

Exemple:

Ma petite amie s'appelle Hélène. Elle a les cheveux courts et bruns, et les yeux marron. Elle est un peu bavarde, mais elle est très sympa. Nous sortons ensemble depuis deux semaines.

Voir aussi **L'amitié, c'est important pour toi?** (page 124).

1F La vie des jeunes

- **discuss relationships**
- **talk about aspects of daily life**
- **use reflexive verbs**

1 Les jeunes au micro

🔊 **a** Lis le texte et devine les mots qui manquent. Puis écoute pour vérifier.

1
Je m'entends bien avec ma (**1**) ____ aînée, mais avec mon petit (**2**) ____, c'est différent. Nous nous disputons souvent (surtout pour des (**3**) ____ idiotes), mais au fond, on s'aime bien.

a choses   **b** frère   **c** sœur

2
Je connais ma meilleure amie depuis l'(**1**) ____ primaire. Maintenant, on va dans des écoles différentes, mais on se voit assez (**2**) ____ le weekend et pendant les vacances. On parle beaucoup au (**3**) ____ et on se dit tout. Si l'une ou l'autre se dispute avec ses (**4**) ____ ou si on a des problèmes au collège, on se téléphone.

a école   **b** parents   **c** souvent   **d** téléphone

b Écoute et complète les phrases.

3
1 Mon frère, Luc, et moi sommes jumeaux, mais on ne se ____ ____.
2 Luc aime ____.
3 Il va souvent à la ____.
4 Moi, je reste au ____.
5 J'____ de la ____ et je me ____.

4
1 J'aime beaucoup le ____.
2 Le samedi après-midi, je sors avec ____ ____.
3 On va voir un ____.
4 Le samedi soir, je ____ ____ plus tard qu'en semaine.
5 Le dimanche matin, je me lève ____.

2 Les jeunes et leurs parents

Trouve les paires.

A
1 En général, les jeunes s'
2 Normalement, mon père et moi, nous
3 Il s'
4 Alors moi, je
5 Elle

a nous entendons bien, sauf au sujet d'Internet.
b entendent bien avec leurs parents.
c énerve facilement.
d s'inquiète trop et je n'aime pas ça.
e m'entends bien avec ma mère, mais moins bien avec mon père.

B
6 Tu
7 Non, je me
8 Mais après un peu de discussion, on s'
9 Ma mère s'énerve si
10 Elle s'énerve surtout le dimanche si je

f arrange plus ou moins.
g je passe trop de temps à bavarder avec mes amies.
h dispute assez souvent avec mes parents, surtout à propos des devoirs.
i me lève tard.
j t'entends bien avec tes parents?

Dossier-langue   Grammaire 16.2

The present tense: Reflexive verbs

Can you remember how to recognise a reflexive verb?
How many can you find in task 1?
Are most of them **-er**, **-re** or **-ir** verbs?

Reflexive verbs are listed in a dictionary with the pronoun **se** in front of the infinitive, e.g. **se lever**. The **se** means 'self', and these verbs often express the idea of doing something to oneself or to each other:

- **je me lève** I get (myself) up
- **on se dit tout** we tell each other everything

Many reflexive verbs are regular **-er** verbs, e.g.
se laver to wash (oneself) / to get washed:

je **me** lave	nous **nous** lavons
tu **te** laves	vous **vous** lavez
il **se** lave	ils **se** lavent
elle **se** lave	elles **se** lavent
on **se** lave	

The highlighted words are called reflexive pronouns. They nearly always go immediately before the verb itself:

je **m'entends bien avec …**	I get on well with …
on **se** ressemble	we are similar
nous **nous** disputons	we argue

3 On se dispute

Quelquefois, les jeunes se disputent avec leurs parents sur les points suivants.

🔊 **a** Écoute et note le point qui correspond.

Exemple: 1 *c*

a le travail scolaire   **d** le téléphone   **f** l'heure de se coucher
b la télé   **e** Internet   **g** l'heure de se lever
c la chambre

➕ **b** Listen again and note at least one detail in English.

Exemple:

1 *bedroom is always a mess*

4 On s'entend bien … ou pas?

a Lis les phrases et décide si on s'entend bien (✓) ou non (✗).

1 Mes parents sont toujours là pour moi, surtout quand j'ai des problèmes.

2 Avec ma sœur c'est difficile, elle s'énerve facilement.

3 J'aime bien mon frère aîné même si nous n'avons pas beaucoup de choses en commun.

4 Dans notre famille, on s'intéresse tous à la musique.

5 Mon frère et moi, on se dispute souvent.

6 Ma grand-mère a toujours du temps pour moi. On se voit surtout pendant les vacances.

7 Je m'amuse bien quand je vais chez mes cousins et on se téléphone souvent.

8 Mon père aime bien le sport, comme moi, et on va souvent aux matchs ensemble.

b Complète ces deux phrases:

Je m'entends bien avec ____ parce que ____.

Je ne m'entends pas très bien avec ____ car ____.

5 Les jeunes Français

Complète les textes.

Exemple: **1** *les élèves français se lèvent*

Les jours scolaires, les élèves français (*se lever*) tôt, en moyenne, à six heures moins le quart.

Ils (**a** *s'habiller*) de préférence en jean et en sweat. Selon les adultes, les jeunes (**b** *se ressembler*) beaucoup.

Le soir, ils (**a** *s'occuper*) de leurs devoirs et puis ils (**b** *se détendre*).

Ils (*se téléphoner*) souvent.

Le weekend, ils (**a** *s'amuser*). Ils (**b** *s'intéresser*) souvent au sport et à la musique.

De temps en temps, ils (*se reposer*) et ils lisent des magazines.

Ils (*se coucher*) à dix heures et demie, en moyenne.

6 C'est comme ça

a Écoute et choisis la bonne réponse.

1 – Pendant la semaine, tu te lèves à quelle heure?
– Normalement, je me lève à

a 6h30

b 6h45

c 7h

2 – Qu'est-ce que tu mets pour aller à l'école?
– Pour l'école, je m'habille

a en uniforme scolaire

b en jean et en sweat

c en pantalon et en pull

3 – La pause-déjeuner est à quelle heure?
– On s'arrête pour déjeuner à

a 12h

b 12h15

c 12h30

4 – Qu'est-ce que tu fais?
– Pendant la pause-déjeuner, je retrouve mes amis. On

a joue au football

b se promène dans la cour

c s'amuse ensemble

5 – Tu t'entends bien avec tes camarades de classe?
– En général, oui, surtout avec Alex parce qu'on

a s'intéresse aux mêmes choses

b joue dans la même équipe

c aime bavarder ensemble

6 – Le soir, tu te couches quand, en général?
– Normalement, je me couche

a avant dix heures

b vers dix heures

c après dix heures

b À deux, faites une conversation avec des réponses au choix.

c Écris tes réponses aux questions.

1G C'est extra!

1 Un poème

> Jacques Prévert est un grand poète français, qui est né en 1900 et mort en 1977. Beaucoup d'élèves francophones apprennent ses poèmes par cœur. Les poèmes sont populaires parce qu'ils sont écrits dans un langage simple. Certains poèmes sont mis en musique.

 a Écoute et lis le poème et réponds en anglais.

1 In what season of the year does this take place?
2 Who is the main character?
3 What does he look like?
4 Where does he go?
5 Why does he sit on the red stove?
6 What happens at the end?
7 What is left?

b À deux et à tour de rôle, lisez le poème à haute voix.

Chanson pour les enfants l'hiver

Dans la nuit de l'hiver
galope un grand homme blanc
galope un grand homme blanc

C'est un bonhomme de neige
avec une pipe en bois
un grand bonhomme de neige
poursuivi par le froid

Il arrive au village
il arrive au village
voyant de la lumière
le voilà rassuré

Dans une petite maison
il entre sans frapper
Dans une petite maison
il entre sans frapper
et pour se réchauffer
et pour se réchauffer
s'assoit sur le poêle rouge,
et d'un coup disparaît
ne laissant que sa pipe
au milieu d'une flaque d'eau
ne laissant que sa pipe
et puis son vieux chapeau…

From Histoires *by Jacques Prévert*
© *Éditions Gallimard* www.gallimard.fr

voyant	*seeing*
ne laissant que	*leaving only*

2 Une photo

Qu'est-ce qu'il y a sur la photo?
Où sont-ils?
Décris une personne sur la photo.
Qu'est-ce qu'ils font?
Qu'est-ce que tu aimes faire pour t'amuser?
(*Pour m'amuser, j'aime …*)

Stratégies

Using French websites (1)
- Many French websites have the extension **.fr** so type in the name of a search engine, but change **.co.uk** to **.fr** e.g. **google.fr** or **yahoo.fr**
- Type in the specific information you want to know, e.g. Senegal population.
- There's no need to type in the accents, as you will soon be offered some choices with the accents in place.
- If the first site you go to seems too complicated, try a few different ones.

3 Un pays ou une région francophone

Fais une fiche d'identité sur un pays ou une région francophone (mais pas la France). Cherche des renseignements sur Internet.

Exemple:

Nom:	Le Sénégal
Drapeau:	
Situation:	À l'extrême-ouest de l'Afrique, au nord de l'équateur
Population:	environ 14 millions d'habitants
Langues principales:	le français (langue officielle), le wolof
Climat:	tropical avec deux saisons distinctes: la saison des pluies (de juin à octobre): 30°C la saison sèche (de novembre à mai/juin): entre 24 et 27°C.
Capitale:	Dakar
Monnaie:	Le franc CFA (*Central African franc – used in several African countries*)
Fuseau horaire (*time zone*):	Quand il est 12h à Londres, il est 12h au Sénégal. (Le Sénégal est à l'heure GMT.)
Domaine Internet:	.sn

Now I can …

■ ask questions

Comment t'appelles-tu?	What's your name?
Comment ça s'écrit?	How is it spelt?
Quel âge as-tu?	How old are you?
Où est-ce que tu habites?	Where do you live?
Quelles langues parles-tu?	Which languages do you speak?
C'est quand, ton anniversaire?	When is your birthday?
Tu as des frères et sœurs?	Do you have brothers and sisters?
Quels sont tes passetemps?	What are your hobbies?

■ give personal information

Je m'appelle …	I'm called …
J'ai … ans.	I'm … years old.
Comme langues, je parle …	The languages I speak are …
Comme passetemps …	For hobbies …
Je joue au/à la/à l'/aux	I play …
Je fais du/de la/de l'…	I do …

■ talk about technology and the internet

brancher	to plug in
une cam	web-cam
un clavier	keyboard
en ligne	online
fermer	to shut down
un fichier	file
une imprimante	printer
un lien	link
une liseuse	e-reader
des médias sociaux	social media
un mot de passe	password
un moteur de recherche	search engine
numérique	digital
un ordinateur	computer
rechercher	to search for
une souris	mouse
une tablette (portable/ tactile)	tablet
taper	to type
tchater	to chat online
télécharger	to download
une touche	key

■ talk about families

J'ai … frères / … sœurs.	I have … brothers / … sisters.
Je n'ai pas de frères et sœurs.	I don't have any brothers and sisters.
Je suis fils / fille unique.	I'm an only child.
Mon père / Ma mère est mort(e).	My father / mother is dead.
Mes parents sont divorcés.	My parents are divorced.
un beau-père	stepfather, father-in-law
une belle-mère	stepmother, mother-in-law
un(e) cousin(e)	cousin
un demi-frère	stepbrother, half-brother
une demi-sœur	stepsister, half-sister
un(e) enfant	child
une famille nombreuse	big family (5 children or more)
une femme	wife, woman
une fille / un fils (unique)	(only) daughter / son
un frère	brother

une grand-mère	grandmother
un grand-père	grandfather
les grands-parents	grandparents
un (des) jumeau(x) / une (des) jumelle(s)	twin(s)
le mari	husband
la mère	mother
un oncle	uncle
un parent	parent, relation
le père	father
les petits-enfants	grandchildren
une sœur	sister
une tante	aunt

■ talk about friends

un(e) ami(e)	friend
un(e) camarade	colleague, classmate
un copain / une copine	friend
mon (ma) meilleur(e) ami(e)	my best friend
un(e) petit(e) ami(e)	boyfriend / girlfriend

■ use adjectives (see also pages 16 and 17)

Il/Elle est …	He/She is …
grand(e)/petit(e)	tall/small
de taille moyenne	average height
Il/Elle a …	He/She has …
les cheveux courts/longs	short/long hair
les cheveux noirs et frisés	black, curly hair
les yeux bleus	blue eyes
les yeux marron	brown eyes
embêtant	annoying
généreux	generous
fou (folle)	mad, crazy
rigolo, rigolote	funny
strict(e)/sévère	strict
timide	shy

■ use qualifiers

assez	quite
complètement	completely
très	very
trop	too
un peu	a little

■ use reflexive verbs (see page 154 for list)

En semaine, je me lève à …	In the week, I get up at …
En général, je me couche à …	Usually I go to bed at …

■ talk about relationships

Est-ce que tu t'entends bien avec … ?	Do you get on well with … ?
Je m'entends bien avec …	I get on well with …
Je ne m'entends pas bien avec …	I don't get on well with …
Je me dispute assez souvent avec …	I often argue with …
On s'amuse ensemble.	We have fun together.
On se voit souvent.	We often see each other.
On se dit tout.	We tell each other everything.
On se téléphone.	We phone each other.

See **Vocabulaire et expressions utiles** (page 140) for general language which occurs frequently.

1 C'est quel mot?

Trouve un mot de la liste pour chaque catégorie.

Exemple: 1 d (la natation)

1	un sport	a	l'Asie
2	une couleur	b	l'espagnol
3	un instrument de musique	c	la Martinique
4	une langue	d	la natation
5	un continent	e	la Suisse
6	un pays francophone en Europe	f	la trompette
7	une île francophone	g	le Sénégal
8	un pays francophone en Afrique	h	le vert

2 Complète les phrases

a Trouve les paires.

b Invente une terminaison différente.

1 Comme langue maternelle, je
2 Au collège, nous
3 Le vendredi, les cours
4 Mes grands-parents
5 Est-ce que tu
6 Mon chien

a apprenons le français et l'espagnol.
b habitent au Rwanda, en Afrique.
c aimes les jeux vidéo?
d adore aller au parc.
e finissent à trois heures.
f parle anglais.

3 Dix verbes utiles

Complète les listes.

Français	Anglais
allumer	to switch on
bloquer	to ___
	to click
déconnecter	to ___
	to delete
imprimer	to ___
taper	to ___
télécharger	to ___

4 Masculin–féminin

Écris les mots dans les bonnes listes.

Masculin	Féminin
beau-père	

beau-père   belle-mère   cousin   demi-sœur
femme   fille   fils   frère   grand-père   mari
mère   oncle   père   sœur   tante

5 Au contraire

Trouve les contraires.

Exemple: 1 g

1	grand	a	blanc
2	noir	b	court
3	frisé	c	dernier
4	long	d	difficile
5	vieux	e	jeune
6	premier	f	mauvais
7	bon	g	petit
8	actif	h	paresseux
9	facile	i	raide

6 Français–anglais

Complète les listes.

Français	Anglais
1 bavard(e)	talkative
2 joli(e)	
3 marron	
4 moyen(ne)	average
5 paresseux/-euse	
6 roux/rousse	
7 timide	

7 Chasse à l'intrus

Trouve le mot qui ne correspond pas.

1 l'allemand, l'étudiant, l'espagnol, l'italien
2 jaune, rouge, petit, vert
3 quand, qui, où, vieux
4 un crocodile, un lapin, un pays, une souris
5 une copine, une nièce, une sœur, une tante
6 bavard, cliquer, généreux, sympa

8 Des mots en groupes

a Trouve le mot qui va avec chaque groupe.

b Ajoute un autre mot à chaque groupe.

Exemple: **1 *le père, la sœur, le frère, la mère +
la grand-mère***

1 le père, la sœur, le frère, …
2 vert, bleu, rouge, …
3 un cheval, un lapin, une souris, …
4 le basket, le judo, le tennis, …
5 jouer, travailler, regarder, …
6 petit, grand, long, …
7 se lever, se coucher, se relaxer, …
8 une page Web, un site, le curseur, …

> court   un chien   se disputer   écouter
> jaune   un lien   la mère   le volley

Stratégies

Des mots en famille

Use the words you already know to help you guess
the meanings of new words.

Français	Anglais
1 le père Noël	
un chant de Noël	
le sapin de Noël	
un cadeau de Noël	
2 jouer	
un joueur	
un jouet	
un jeu	
3 acheter	
un acheteur	
un achat	
4 vendre	
un vendeur	
une vente	

Les terminaisons

These words all end in the same letters in French.
What ending do they have in English?

**1 exactement   2 gentiment   3 rarement
4 régulièrement   5 uniquement**

9 Un jeu de définitions

a Lis la définition et identifie l'animal.

Exemple: **1 b (un cheval)**

1 C'est un grand animal qu'on cherche quand on
veut faire de l'équitation.
2 Cet animal a de longues oreilles et une toute petite
queue. Il est végétarien.
3 Il est petit et il vit dans l'eau. Il est souvent rouge,
mais il peut être très coloré.
4 C'est un oiseau qui se nourrit de graines. Il est
originaire des pays chauds.
5 Il est assez petit, mais plus gros qu'une souris. Il est
originaire d'Amérique du Sud.
6 Il est de taille moyenne et il peut être noir, gris,
blanc ou tigré. Il est très populaire comme animal
domestique.
7 C'est un petit animal de couleur crème. Il est
nocturne, c'est-à-dire qu'il dort pendant la journée
et qu'il se réveille la nuit. Il se nourrit de graines.
8 Il y a beaucoup de races différentes de cet animal.
Ils peuvent être petits ou grands, noirs ou blancs,
bruns ou jaunes. Cet animal est souvent très fidèle
à son maître et on dit que c'est le meilleur ami de
l'homme.

> **a** un chat   **b** un cheval   **c** un chien
> **d** un cochon d'Inde   **e** un hamster
> **f** un lapin   **g** un perroquet
> **h** un poisson rouge   **i** une souris

b Choisis un texte et traduis-le en anglais.

c Écris deux phrases pour décrire un animal que tu
aimes.

Exemple:

**Mon animal favori est le chien. À mon avis, les
chiens sont fidèles et amusants.**

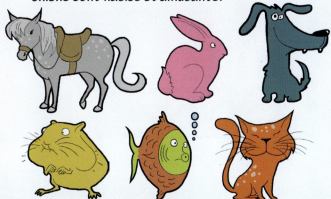

10 Traduis en français

Exemple: **1 Ma mère est petite aux cheveux
noirs.**

1 My mother is short with black hair.
2 My brother is tall with brown hair.
3 At the weekend we play badminton together.
4 I get on well with my father.
5 During the week I get up at 7.00 am.
6 I have a wash and get dressed in my bedroom.

- *find out about some Paris sights*
- *describe places of interest*

1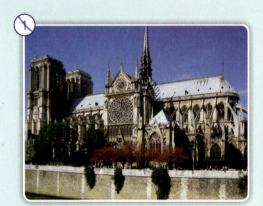

2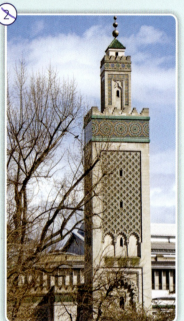

3

4

5

6

7

8

9

10

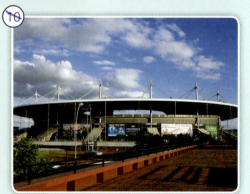

1 Paris – une visite virtuelle

🔊 Nadine et Pierre sont parisiens. Écoute la visite virtuelle de leur ville et regarde les photos (1–10). Trouve le bon texte (A–J) pour chaque photo.

Nadine

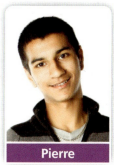

Pierre

A La tour Eiffel

C'est le plus célèbre monument de Paris et l'un des plus hauts. Elle mesure 320 mètres.

B Notre-Dame de Paris

Cette belle cathédrale est située sur l'Île de la Cité, en plein centre de Paris.

C Le Sacré-Cœur

Cette église blanche est construite sur une colline à Montmartre. On peut prendre un funiculaire pour monter jusqu'au sommet de la colline.

D L'Arc de Triomphe

Ce monument célèbre commémore les victoires de Napoléon. C'est là qu'on peut voir le tombeau du soldat inconnu.

E Le stade de France

C'est un bâtiment énorme situé au nord de Paris, construit en 1998 pour des événements sportifs et de grands spectacles.

F La Grande Arche

Ce monument énorme se trouve dans le quartier de La Défense. Il a été construit en 1989 pour célébrer le bi-centenaire de la Révolution française.

G La Mosquée de Paris

Ce bâtiment fascinant est richement décoré de sculptures et de mosaïques musulmanes. Le minaret fait 33 mètres de haut et il y a un très beau jardin.

H La Seine

La Seine est un fleuve qui divise Paris en trois parties: la rive droite, la rive gauche et l'Île de la Cité.

I Le Louvre

Aujourd'hui, c'est un grand musée, mais autrefois, c'était le palais des rois. Devant le Louvre, il y a une construction moderne, la Pyramide.

J Le Centre Pompidou

C'est un des monuments les plus populaires de Paris. Situé dans le quartier Beaubourg, c'est un grand centre d'art et de culture.

> la rive   *(river) bank*

2 On décrit Paris

a Lis les textes et les phrases. C'est vrai (**V**), faux (**F**) ou pas mentionné (**PM**)?

Exemple: 1 *V*

1 La cathédrale de Notre-Dame se trouve au centre de Paris.
2 À Paris, il y a un fleuve qui s'appelle la Seine.
3 Le Sacré-Cœur est un funiculaire.
4 À la Mosquée, il y a une bibliothèque et un restaurant.
5 Autrefois, la Pyramide était un palais des rois.
6 Le tombeau de Napoléon se trouve à l'Arc de Triomphe.
7 Le centre de la Grande Arche est assez grand pour y mettre la cathédrale de Notre-Dame.
8 La tour Eiffel n'est pas célèbre.
9 Un des centres d'art de Paris s'appelle le Centre Pompidou.
10 Le stade de France n'est pas très grand.

b Corrige les phrases qui sont fausses.

c Écris encore un ou deux détails pour toutes les phrases.

Exemple: 1 *La cathédrale de Notre-Dame est grande et belle.*

d On utilise souvent des prépositions (des mots comme **dans**) quand on fait des descriptions. Trouve trois autres prépositions et traduis-les en anglais.

Exemple: *dans – in*

3 C'est quelle photo?

💬 À deux: la personne A décrit une photo, la personne B doit dire le nom de la photo. Puis changez de rôle.

Exemple: A C'est une grande cathédrale près de la Seine.

B C'est la cathédrale de Notre-Dame.

Paris-Jeunesse

À Paris, il y a beaucoup de choses à voir et à faire.
En voici une petite sélection – surtout pour les jeunes.

Le musée Grévin

M **Grands Boulevards**

Voyez toute l'histoire de France dans un seul endroit. Les grands personnages en cire! *Ouvert tlj, même les jours fériés.*

Le Louvre

M **Palais-Royal**

Le célèbre musée d'art, avec sept départements pour tous les goûts. Il y a des tableaux et des objets datant de plusieurs siècles. Il y a aussi la célèbre peinture de *La Joconde* (Mona Lisa). Entrée par la fantastique Pyramide. *Ouvert tlj sauf mar.*

Après la visite, relaxez-vous dans le jardin des Tuileries ou visitez la place de la Concorde – au milieu de cette grande place se trouve l'Obélisque, un monument égyptien très ancien.

La Cité des sciences et de l'industrie

M **Porte de la Villette**

Conférences, aquarium, cinéma en relief, cités des enfants, des métiers, de la santé, expositions sur les grandes innovations techniques, médiathèque, planétarium, ateliers … comptez au moins un jour pour tout voir! *Fermé le lun.*

Les Champs-Élysées

M **Champs-Élysées-Clemenceau, Palais-Royal**

Visitez les beaux magasins de la rue de Rivoli et de l'avenue des Champs-Élysées, la plus belle et la plus célèbre avenue de Paris. On y trouve des cafés, des magasins, des cinémas et l'office de tourisme de Paris pour tout renseignement.

La tour Eiffel

M **Bir-Hakeim**

RER **Champ de Mars**

Toujours très populaire! Accès 1er, 2e, 3e étage par ascenseur. Du 3e étage, vue très étendue sur la Seine et tout Paris. Accès au 1er et 2e étage possible par l'escalier. *Ouverte tlj de 9h30 à 23h.*

Le stade de France

M **Porte de Paris**

RER **St-Denis, La Plaine**

Une visite fascinante – on peut voir la pelouse, les tribunes, etc. *Ouvert tlj hors manifestations: 10h à 18h.* Et en face, il y a un centre commercial où se trouve le plus grand magasin de sport de France!

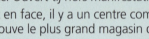

Le Sacré-Cœur

M **Anvers**

De cette église historique, on a un panorama exceptionnel sur Paris dans un rayon de 50km. Accès possible à pied ou par le funiculaire dans le quartier de Montmartre. *Ouvert tlj.*

Le Centre Pompidou

M **Rambuteau**

Du toit et des tubes transparents extraordinaires on a une belle vue sur Paris. À l'intérieur, on voit de l'art moderne. *Ouvert du mer. au lun. de 11h à 22h, fermé le 1er mai (jour férié).*

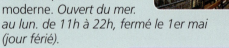

la cire   *wax*

un jour férié   *public holiday*

① Jeu de définitions

Regarde *Paris-Jeunesse*. Trouve la bonne définition.

Exemple: **1** *c (un jardin public)*

1 le jardin des Tuileries	**a** un monument
2 le Louvre	**b** une église
3 le Sacré-Cœur	**c** un jardin public
4 les Champs-Élysées	**d** un musée
5 la tour Eiffel	**e** un fleuve
6 la Seine	**f** une avenue

Stratégies

Working out meaning (1)

Use information you know to understand some key aspects of tourist brochures and websites.

- Look for cognates and near-cognates, e.g. **fascinante**, **fantastique**. How many more can you find?

- Work out abbreviations from French words you know and from the context, e.g. **ouvert tlj** is to do with opening times, so which words might begin with **tlj** in this context? The phrase is **tous les jours** (every day).

  Find the abbreviations for these words and phrases: **lundi**; **mardi**; **mercredi**; **kilomètre(s)**; **heure(s)**; **premier**; **deuxième**; **troisième**.

  Find the French for 'except'. To give you a clue, it is sometimes shortened to **sf**.

- Although the French write 24-hour clock times in a different way, you can still work out the meaning.

- See if there are any useful words given at the end of the text.

② Une visite scolaire

Des jeunes préparent une visite à Paris.

a Complète les réponses.

Exemple: **1** Il faut <u>aller</u> au troisième <u>étage</u> de la <u>tour</u> Eiffel.

1 Où est-ce qu'il faut aller pour le plus beau panorama?

Il faut ___ au troisième ___ de la ___ Eiffel.

2 Qu'est-ce qu'il y a à voir sur la place de la Concorde?

Il y a ___, un ___ égyptien.

3 Où est-ce qu'on peut voir les grands personnages de l'histoire?

Au ___ ___ on peut ___ toute l'histoire de ___.

4 Quand est-ce qu'on ne peut pas visiter le stade de France?

Quand il y a des ___ au stade.

b Réponds aux questions en français.

Exemple: **1** Au Louvre il y a des tableaux et …

1 Qu'est-ce qu'il y a au Louvre?

2 La Cité des sciences et de l'industrie est fermée quand?

3 Où est-ce qu'il faut aller pour se renseigner sur les attractions touristiques de Paris?

4 Est-ce qu'il faut monter à pied au Sacré-Cœur?

3 Qu'est-ce que tu veux voir?

Écoute ces jeunes qui discutent de leur visite projetée.

a Tu entends quelles expressions?

Exemple: 1, …

1 c'est un monument très célèbre
2 je veux visiter la cathédrale
3 près de la station de métro Bir-Hakeim
4 ce n'est pas loin de la station
5 ça m'intéresse beaucoup
6 il y a des manifestations intéressantes
7 au sud-est de la ville
8 à mon avis, c'est trop loin du centre
9 c'est fermé le mercredi
10 je m'intéresse à l'histoire

b Réponds en anglais.

1 Which monument is near Bir-Hakeim metro station?
2 Which attraction is in the north-east of Paris?
3 On which day can they not see *La Joconde* (Mona Lisa)?
4 On which days is the Grévin waxworks museum open?

c Traduis en français.

1 it is a very famous cathedral
2 in my opinion, it's not far
3 I'm interested in the Eiffel Tower
4 it's closed on Tuesdays
5 in the north-east of the town

4 À toi!

a À deux, posez des questions et répondez à tour de rôle.

- Qu'est-ce que tu veux voir à Paris?
  (Je voudrais voir … / Je veux surtout aller à / au …)

- C'est comment?
  (C'est un grand bâtiment / une belle cathédrale / un musée intéressant / …)

- C'est où exactement?
  (près de la station de métro Bir-Hakeim / à Montmartre / au centre / …)

- C'est ouvert quand?
  (C'est ouvert tous les jours. / C'est fermé le lundi.)

- Qu'est-ce qui t'intéresse surtout à Paris? Pourquoi?
  (La Cité des sciences / Le musée Grévin /… m'intéresse beaucoup parce qu'il y a … / parce que j'aime …)

b Écris tes réponses aux questions.

- *talk about what you have done*
- *use the perfect tense with* avoir

1 Messages de Paris

Deux jeunes Suisses, Thomas et Audrey, passent une semaine de vacances à Paris.

A

Thomas2209:

Salut!
C'est samedi, nous avons pris le TGV à Genève ce matin et nous voilà à Paris! Notre hôtel est près de la gare. Cet après-midi, il a fait très chaud et nous avons fait une promenade en bateau sur la Seine. Du bateau, on a vu Notre-Dame, le Louvre et beaucoup d'autres monuments.
À plus!
Thomas

B

http://www.tchatter-copains.org

Accueil | Forum | Profil | Photos

Les vacances d'Audrey

Bien arrivés à Paris. Dimanche, on a visité la tour Eiffel. On a fait l'ascension au deuxième étage par l'escalier. Ouf! C'était fatigant, mais on a vu tout Paris. La tour m'intéresse beaucoup et j'ai acheté une tour Eiffel comme souvenir – mais en miniature, bien sûr! L'après-midi, il a plu, alors on a visité les égouts. On est descendus sous terre, puis on a pris un bateau pour explorer le Paris souterrain. C'était très intéressant.

J'aime | Commenter | Partager

les égouts   sewers

C

Chers Mamie et Papy,
Bonjour de Paris, où je passe des vacances merveilleuses! Lundi, il a fait beau et on a visité Montmartre. On a pris le funiculaire pour monter au Sacré-Cœur. Puis le soir, on a fait une excursion en car pour voir Paris la nuit. C'était très beau.
À bientôt!
Audrey

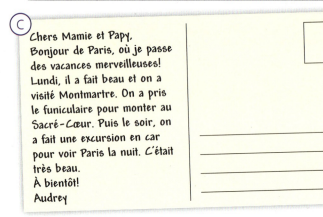

D

Antonin L:

Hé Thomas – c'est quoi, la photo sur ton profil? C'est bizarre!

Thomas2209:

C'est la Grande Arche. Aujourd'hui, il a fait froid, alors on a pris le métro jusqu'à La Défense, un quartier moderne à l'ouest de Paris. Là, il y a un centre commercial et ce monument énorme. Entre les deux murs de la Grande Arche, il y a un espace aussi large que les Champs-Élysées et on pourrait mettre tout Notre-Dame à l'intérieur.

a Lis les messages, puis complète leur programme d'activités.

Exemple: 1 *une promenade en bateau*

b Traduis la carte postale (C) en anglais.

Programme d'activités			
	matin	**après-midi**	**soir**
samedi	Arrivée en TGV	**(1)**	libre
dimanche	**(2)**	**(3)**	libre
lundi	**(4)**		**(5)**
mardi	**(6)**		libre
mercredi	Le musée d'Orsay ou la Cité des sciences et de l'industrie		
jeudi	Le Centre Pompidou + Le Forum des Halles		un concert
vendredi	musée du chocolat	Le Louvre	libre
samedi	Départ en TGV pour Genève		

2 Maintenant ou hier?

Lis les phrases et décide si c'est maintenant (**M**) ou hier (**H**).

1 Je finis mes devoirs.
2 Il a acheté un nouveau tee-shirt.
3 Ils ont choisi un cadeau pour Florence.
4 Elle fait une promenade sur les Champs-Élysées.
5 Nous avons pris l'ascenseur jusqu'au sommet de la tour Eiffel.
6 Mes sœurs ne sont pas là, elles sont au Centre Pompidou.
7 Charlotte a fait du shopping au centre commercial.
8 Malika a vu le spectacle au stade de France.

3 Samedi à Paris

🔊 a Écoute ces jeunes Parisiens. Ils parlent de samedi dernier. Qu'est-ce qu'ils ont fait? Note les activités en anglais.

Exemple: 1 *did gymnastics (at sports club)*

💬 b Qu'est-ce qu'on a fait? Raconte à ton/ta partenaire.

Exemple: 1 *On a fait de la gymnastique.*

4 À toi!

💬 a Travaillez à deux. Qu'est-ce que vous avez fait samedi matin, samedi après-midi et samedi soir? Et dimanche? Posez des questions et répondez à tour de rôle.

Exemple:

A Qu'est-ce que tu as fait samedi matin?
B Samedi matin et samedi après-midi, j'ai fait du shopping en ville.
A Oh, c'est ennuyeux, ça! Et qu'est-ce que tu as fait samedi soir?
B J'ai regardé un film au cinéma.

b Écris au moins cinq phrases pour décrire le weekend dernier.

J'ai On a Nous avons	joué au football / sur l'ordinateur / de la guitare.
	mangé au restaurant.
	regardé la télé / un film.
	fait du sport / du shopping.
	lu un livre / un magazine.
	écouté de la musique.

Dossier-langue   **Grammaire 13.4**

The perfect tense (*le passé composé*)

Look at the messages in task 1. Here are some of the verbs used – they talk about things that **have happened** and are over now. What tense are they?

Nous avons pris le TGV. Il **a fait** très chaud. On **a visité** la tour Eiffel.

What two parts do you need to form the perfect tense in French?

Here's a reminder of the present tense of **avoir** (to have) – it's called the auxiliary verb:

j'ai	nous avons
tu as	vous avez
il/elle/on a	ils/elles ont

Regular verbs form the past participle with the following endings:

-er verbs → **-é**   **-re** verbs → **-u**   **-ir** verbs → **-i**

Work out the past participles of **travailler**, **attendre** and **finir**.

Now work out how to say 'I have finished', 'they waited', 'we worked'.

Many verbs have irregular past participles (like **pris** and **fait** in the examples above). These are listed in *Les verbes* (*Grammaire 16.3*).

Phonétique

🔍 🔊 **The endings '-er', '-é(e)', '-ez', '-et', '-ai'**

Use your knowledge of grammar to help choose the correct spelling of this sound.

• Which verb ending goes with *vous*?
• Which of these endings belongs to an infinitive?
• And a past participle?
• Find a noun or an adjective for each of these endings.
• Can you remember some exceptions (e.g. *hier*, *Internet*)?

Practise writing down correctly the five sentences you hear.

5 Des messages

Tu passes des vacances à Paris. Écris un message ou une carte postale à un(e) ami(e) français(e). Choisis une phrase dans chaque section. Voici des idées:

Cher/Chère … / Salut, …	
Le matin, on a visité	la tour Eiffel. l'Arc de Triomphe. la Grande Arche, etc.
J'ai acheté	un tee-shirt. une petite tour Eiffel. des cartes postales, etc.
L'après-midi, on a fait	une promenade. une excursion en bateau / en car. du shopping, etc.
Amitiés / Amicalement / À bientôt, …	

2D Pendant les vacances

- *say what has happened and what you have done*
- *use the perfect tense with être*

1 Art et chocolat

Lis les messages et trouve l'équivalent en français.

1 I spent (time)
2 not really
3 works (of art)
4 we really enjoyed
5 we tasted
6 a workshop
7 we learnt to draw
8 a chocolate (sweet)

http://www.tchatter-vacances.org

Thomas2209   SUIVRE

J'ai passé un après-midi très intéressant au Louvre – normalement, je n'aime pas tellement les musées! Je suis entré vers 14h par la Pyramide et j'étais dans un groupe avec un prof qui sait beaucoup de choses sur l'art. Nous sommes sortis (enfin!) vers 18h et j'ai même acheté un livre sur les œuvres du Louvre.

Commenter …

Audrey#3   SUIVRE

Ce matin, je suis allée au musée du chocolat: Choco-Story. C'était super! Aléa et moi, nous sommes entrées les premières, bien sûr! Tu sais, on a bien apprécié l'arôme du chocolat! D'abord, on a visité le musée – maintenant je connais un peu l'histoire et les méthodes de fabrication du chocolat – et on a goûté des produits (délicieux!). Puis on est descendus dans un atelier. On a appris à dessiner avec du chocolat et à fabriquer une praline. Je suis sortie du musée avec ma petite praline … mais elle n'est pas restée longtemps entière!

À plus, Audrey

Commenter …

Dossier-langue   Grammaire 12.6c

Perfect tense with *être*

In task 1 there are some verbs which form their perfect tense with the auxiliary **être** + the past participle. Find the seven examples and look at the past participles. What is special about the past participles of **être** verbs?

Here is the perfect tense of **aller** in full:

je suis allé(e)	*nous sommes allé(e)s*
tu es allé(e)	*vous êtes allé(e)(s)*
il est allé	*ils sont allés*
elle est allée	*elles sont allées*
on est allé(e)(s)	

When you form the perfect tense with **être**, the past participle agrees with the person(s) doing the action (the subject):

- add **-e** if the subject is feminine.
- add an extra **-s** if the subject is plural.

Which other verbs form their perfect tense with **être**? You might remember the 13 main verbs with the phrase 'MRS VAN DE TRAMP' – each letter stands for a different verb. For a full list, see *Grammaire* 12.6c.

Stratégies

Using knowledge of synonyms

You can use your knowledge of English synonyms in two ways:

- It can help you translate from French to English. If you cannot work out the meaning, think of an English cognate of the French word – it might turn out to be a synonym that will give you a clue. In the text about chocolate, **fabriquer** is like 'fabricate', which in this case is a synonym for 'make.' The adjective **entière** is like 'entire' – what would you normally say in this context? Can you find four other words which are cognates of synonyms?
- It can help you to remember French words. For example, to help you remember the French for 'island,' think of the synonym 'isle.'

2 Des touristes à Paris

Trouve les paires.

Exemple: 1 *d*

1 M. Valois est
2 Mme Valois est
3 Les enfants ne sont
4 Ma sœur et moi, nous
5 Nathalie et Sylvie sont
6 Quelle horreur! Tu
7 Pour aller à La Villette, on
8 C'était super! Je ne suis

a allées aux Champs-Élysées.
b pas montés par l'escalier.
c est partis de bonne heure.
d allé à la tour Eiffel.
e es descendu dans les égouts!
f pas revenu avant minuit.
g restée au café en bas.
h sommes allés à La Défense.

3 Malik et Julie

a Malik a pris un bus touristique pour visiter Paris. Mets les phrases dans le bon ordre.

Exemple: 1 B

A Le bus est arrivé à 9h35.

B Malik est parti de l'hôtel à 9h.

C Il est arrivé à la tour Eiffel à 10h.

D Il est allé au premier arrêt au Trocadéro.

E Il est monté dans le bus à 11h30 pour continuer le tour.

F Il est monté dans le bus. Le bus est parti.

G Il est revenu au Trocadéro à 13h.

H Il est descendu du bus pour visiter Notre-Dame à 10h30.

I Il est arrivé à l'Arc de Triomphe à 12h40 et il est resté dans le bus.

b Julie, une copine, a accompagné Malik. Raconte ce qu'elle a fait.

Exemple: *Julie est partie de l'hôtel à 9 heures. Le bus …*

c Malik et Julie racontent leur journée. Qu'est-ce qu'ils disent?

Exemple: **Nous sommes partis de l'hôtel à …**

Julie

4 C'était quand?

a Trouve les paires.

Exemple: a 4

b Écoute les conversations. C'est quelle phrase (a–h)?

Exemple: 1 e

a hier		**1** the day before yesterday
b hier soir		**2** last night
c hier matin		**3** last month
d avant-hier		**4** yesterday
e vendredi dernier		**5** last year
f la semaine dernière		**6** last Friday
g le mois dernier		**7** yesterday morning
h l'année dernière		**8** last week

5 À toi!

a À deux, regardez le plan du bus touristique et inventez un itinéraire. Vous pouvez descendre et remonter plusieurs fois! Répondez aux questions.

- Tu es parti(e) à quelle heure?
  (Je suis parti(e) à …)
- Tu es resté(e) tout le temps dans le bus?
  (Non, je ne suis pas resté(e) dans le bus.)
- Tu es descendu(e) où? Pourquoi?
  (Je suis descendu(e) à … pour visiter … / pour faire une promenade / …)
- Tu es remonté(e) où et à quelle heure?
  (Je suis remonté(e) à … à … heures.)
- Tu es revenu(e) à quelle heure?
  (Je suis revenu(e) à …)

b Écris tes réponses aux questions.

1 tour Eiffel	**4** Notre-Dame	**7** Champs-Élysées-Étoile
2 Champ de Mars	**5** musée d'Orsay	**8** Grand Palais
3 Louvre	**6** Opéra	**9** Trocadéro

■ *find out about the Paris metro*
■ *understand information about travel*

Le métro
■ 14 lignes
■ environ 300 stations de métro
■ 214 kilomètres de lignes de métro
■ 62 correspondances avec le RER et la SNCF
■ environ 4 millions de voyageurs par jour
■ 1 tarif unique dans le centre de Paris

RER
■ ça veut dire le Réseau Express Régional
■ c'est comme le métro, mais plus rapide, et il va plus loin
■ la ligne A est très pratique pour visiter Disneyland Paris
■ on prend la ligne B pour aller à l'aéroport Charles de Gaulle

Des astuces
■ il est important de savoir le nom de la station terminus de la ligne de métro/RER; sinon, on risque d'aller dans le mauvais sens!
■ avec 1 ticket, on peut faire un voyage de 2, de 20 ou même de 50 stations
■ 1 carnet de 10 tickets est plus économique
■ on peut souvent prendre le métro et le bus avec le même ticket

1   Infos-métro

Complète les phrases avec les mots de la case.

1 Le métro, c'est pratique et ce n'est pas ____.
2 Il y a environ trois cents ____.
3 Le RER est comme le métro, mais plus ____.
4 Pour aller à l'aéroport ou à Disneyland Paris, prenez le ____.
5 Le nom de la station à la fin d'une ____ indique la direction du train.
6 Il y a ____, alors on peut faire un long voyage pour le même prix qu'un court voyage.
7 Il est plus économique d'acheter un carnet de ____ tickets.
8 Pour aller du métro à une gare SNCF, on prend une ____.

a rapide
b dix
c ligne
d cher
e stations de métro
f correspondance
g un tarif unique
h RER

2   C'est quel panneau?

Choisis le bon panneau.

Exemple: 1 *C*

1 Tu veux prendre le métro.
2 Tu veux acheter un carnet ou un ticket.
3 Tu veux prendre la direction La Défense.
4 Tu veux changer de ligne.
5 Tu veux prendre un train de la SNCF.
6 Tu veux quitter le métro.

(A) DIRECTION → Ⓜ ① LA DÉFENSE

(B) SORTIE AÉROGARE DES INVALIDES

(C) MÉTRO

(D) BILLETS Ⓜ ⓐⓑⓒⓓ

(E) ← SNCF

(F) ← CORRESPONDANCE BALARD – CRÉTEIL

3   On prend le métro

À deux, écoutez et lisez la conversation, puis changez les mots surlignés pour inventer d'autres conversations.

– Un carnet, s'il vous plaît.
– Voilà.
– Merci. Pour la tour Eiffel, c'est quelle station, s'il vous plaît?
– Bir-Hakeim.
***
– Pardon, madame, Bir-Hakeim, c'est quelle direction?
– Prenez la direction Pont de Sèvres, puis changez à Trocadéro et prenez la direction Nation.
– Merci, madame.
***
– C'est Trocadéro. Excusez-moi, je descends ici.
***
– Pardon, monsieur. Direction Nation, c'est par où, s'il vous plaît?
– C'est par là. Là, où vous voyez 'Correspondance'.
– Ah oui. Merci, monsieur.

un ticket un carnet	la tour Eiffel le Sacré-Cœur l'Arc de Triomphe	Bir-Hakeim Anvers Charles de Gaulle-Étoile

Pont de Sèvres Mairie des Lilas Balard	Trocadéro Belleville Concorde	Nation Porte Dauphine La Défense

4 Le sais-tu?

a Lis le texte, puis trouve l'équivalent en français.

1 has become
2 in the middle
3 too much traffic
4 50 years later
5 famous people
6 masterpieces
7 most of the stations
8 ghost stations

b Traduis le texte en anglais.

- Le métro est devenu un des symboles de Paris.
- On a commencé à discuter du projet du métro parisien au milieu du 19e siècle parce qu'il y avait trop de circulation dans les rues.
- On a ouvert la première ligne environ cinquante ans plus tard en 1900.
- Les stations de métro ont des noms de personnes célèbres et de lieux historiques ou importants.
- Certaines stations 'culturelles' ont un style particulièrement original; par exemple, Louvre-Rivoli a des copies de chefs d'œuvre du musée du Louvre.
- Au début de la Seconde Guerre mondiale, on a fermé la plupart des stations.
- Le métro de Paris a quelques 'stations fantômes' – ce sont des stations fermées au public. Elles sont un peu mystérieuses! Pour deux de ces stations, il est impossible d'entrer de la rue.

5 Le voleur du métro

Lis les articles et fais les activités.

| Accueil | **Nouvelles** | Affaires | Sport | Voyages | Santé |

Le voleur du métro

mardi 12 octobre
Attaque du matin

Hier matin, vers 6h, un homme masqué a attaqué un facteur près de la bouche de métro à Passy. Il a volé le sac du facteur et s'est échappé dans le métro. 'C'est sans doute le mystérieux voleur du métro,' a dit l'inspecteur de police du quartier.

mercredi 13 octobre
Un voleur qui aime les fleurs?

Hier matin, vers 9h, une vendeuse de fleurs près de la bouche de métro à Charles de Gaulle-Étoile, a été victime d'une attaque. Un homme lui a acheté un gros bouquet de roses rouges, puis, tout à coup, il a saisi son argent et a disparu dans le métro – avec les roses! On soupçonne le 'voleur du métro'.

jeudi 14 octobre
C'est encore le 'voleur du métro'?

Hier, à midi, tout près d'une bouche de métro à Châtelet, un homme a volé de l'argent à une vendeuse de journaux. L'homme s'est approché du kiosque, a acheté *France-Soir*, puis il a volé la caisse qui était sur le comptoir. Comme il s'est échappé dans le métro, on pense que c'est encore le 'voleur du métro'.

vendredi 15 octobre
Le voleur du métro, est-ce qu'il va gagner à la Loterie?

Hier après-midi, vers 15h30, un monsieur inconnu s'est présenté devant le kiosque d'un vendeur de billets de la Loterie nationale, place de la République. Il a acheté deux billets, puis, soudain, il a saisi au moins cent billets de loterie et des billets de 50 euros. Comme il est entré tout de suite dans le métro, on pense que c'est encore le 'voleur du métro'.

> la bouche = l'entrée/la sortie
> soupçonner *to suspect*

a Trouve l'équivalent en français.

Exemple: 1 un homme masqué

1 a masked man
2 the metro entrance
3 mysterious
4 victim of an attack
5 a big bunch of roses
6 he seized
7 an unknown man
8 the National Lottery

b C'est vrai (**V**), faux (**F**) ou pas mentionné (**PM**)?

Exemple: 1 F

1 Le voleur a attaqué un inspecteur de police à Passy.
2 À Charles de Gaulle-Étoile, il a acheté des fleurs.
3 Il s'est échappé dans le métro avec une vendeuse de fleurs.
4 Il a donné des roses à sa femme.
5 À Châtelet, il a demandé le journal *France-Soir*.
6 Il est descendu dans le métro avec la caisse de la pauvre vendeuse.
7 La vendeuse a immédiatement téléphoné à la police.
8 À République, il a gagné à la Loterie nationale.

c Écoute l'extrait des actualités et complète ce résumé.

Le (**1**) ___ du métro est très (**2**) ___. Hier, à sept heures du (**3**) ___, il a volé (**4**) ___ à la gare du Nord et, plus tard, vers (**5**) ___ du soir, il a volé (**6**) ___ dans un cabaret à (**7**) ___. Chaque fois, (**8**) ___ le vol, il (**9**) ___ dans le (**10**) ___. Voici le portrait-robot du voleur du métro. Si vous avez vu cet homme, téléphonez tout de suite à la police.

> Tu es détective? Regarde à la page 127, exercice 6.

6 À toi!

a À deux, regardez un plan du métro et décrivez un voyage. Posez des questions et répondez à tour de rôle.

- Tu es entré(e) où?
- Tu es sorti(e) où?
- Qu'est-ce que tu as fait?
- Tu es rentré(e) par quelle station?

b Écris tes réponses aux questions.

- describe a recent event
- give opinions
- use the perfect tense with *avoir* and *être*

1 Une journée à la Cité des sciences

🔊 Écoute la conversation. Dans quel ordre ont-ils fait ces activités?

Exemple: h, …

a Nous avons regardé un film à la Géode.
b Nous avons déjeuné au café du musée.
c Nous sommes entrés dans le sous-marin.
d Nous sommes descendus dans le jardin.
e Nous avons fait des expériences avec l'eau.
f Nous avons acheté des cartes postales.
g Nous sommes allés au Planétarium.
h Nous sommes montés dans la grande salle 'Explora'.
i Nous avons écouté des sons et de la musique.
j Nous avons visité l'exposition 'Jeux de lumière'.

La Cité des sciences

La Géode

L'Argonaute

Dossier-langue | **Grammaire 11.1**

Questions in the perfect tense

You have met many ways of asking questions in the perfect tense:

- change the tone of your voice: **Tu as fini tes devoirs?**
- add **Est-ce que …:**
  Est-ce que tu as fini tes devoirs? ↗
- turn the auxiliary verb round and add a hyphen (-):
  As-tu fini tes devoirs? Et Nadège, a-t-elle fini ses devoirs?
  Es-tu sorti(e) hier soir?
  (Why is there an extra **-t** when you turn round **il a** or **elle a**?)
- use a question word: **Qui a fini ses devoirs? Quand as-tu fini tes devoirs?**

Look back in this unit and find examples of each type.

To answer that you haven't done something, where do you put **ne/n'… pas**? Work it out from these examples:
Je n'ai pas fini mes devoirs. Je ne suis pas sorti(e).

Now make these sentences negative.

1 J'ai visité le musée.
2 Nous sommes allés à la tour Eiffel.
3 Elles sont entrées dans le café.
4 Il a regardé le film.

2 Que pensez-vous de la Cité des sciences?

On a posé cette question aux visiteurs de La Villette. Voilà une sélection des réponses. C'est une opinion positive (**P**) ou négative (**N**)?

Exemple: 1 P

1 La Cité des sciences, je la trouve très intéressante.
2 Je n'aime pas tellement La Villette. Il y a trop de monde.
3 Moi, j'aime surtout l'exposition sur les mers et les océans.
4 Je déteste l'architecture: c'est bizarre.
5 Moi, je suis venu avec ma famille, mais j'ai horreur des musées. C'est fatigant.
6 J'aime bien ce centre scientifique et technique. C'est très animé.
7 Je m'intéresse beaucoup à l'espace, alors je suis surtout venu pour les expositions sur l'histoire de la Terre et de l'univers – je les trouve excellentes.
8 La Géode, c'est bien. J'adore regarder les films sur l'immense écran.
9 Moi, je trouve que la Géode est très chère.

3 *À toi!*

a À deux, posez des questions et répondez à tour de rôle pour décrire une visite récente (vraie ou imaginaire).

Exemple: **A** *C'était quand, la visite?*
B *C'était le mois dernier.*
A *Qu'est-ce que vous avez fait?*
B *On est allés au château de Versailles.*

C'était quand?
le mois dernier
la semaine dernière
mercredi / samedi / dimanche dernier
pendant les vacances, etc.

Où êtes-vous allés?
la Tour de Londres
HMS Victory
le musée des Sciences
le château d'Édimbourg, etc.

Avec qui?
avec mes ami(e)s / mes parents
ma classe / ma famille, etc.

Comment avez-vous voyagé?
en car / en métro / en train /
en bateau / en bus, etc.

Description
la Tour de Londres est un monument historique très célèbre …
HMS Victory est un très vieux bateau …, etc.

Qu'est-ce que vous avez fait?
on a / nous avons visité / vu / acheté / fait …
on est / nous sommes allés / entrés / montés …

Qu'est-ce que vous avez fait pour le déjeuner?
on a / nous avons fait un piquenique
on est / nous sommes allés au café / à la cantine, etc.

Pour combien de temps?
le matin / l'après-midi / toute la journée
pendant deux / trois heures, etc.

C'était comment, la visite?

C'était J'ai trouvé ça	très assez	bien / amusant. intéressant / fascinant. fatigant / ennuyeux.
	magnifique / fantastique / génial / extra. super / excellent / marrant. affreux / horrible / nul.	
J'ai bien aimé …		
Je n'ai pas aimé …		

b Écris la description d'une visite. Pour t'aider, change les mots surlignés.

Exemple:

Un voyage scolaire à Versailles

Le mois dernier, je suis allé(e) au château de Versailles avec ma classe. Nous avons voyagé en RER.

Le château de Versailles est un monument historique très célèbre avec des jardins magnifiques. Nous avons visité le château. Nous avons vu des peintures et des sculptures. Puis nous avons visité les jardins.

Pour le déjeuner, nous avons fait un piquenique. Nous sommes restés là-bas toute la journée. Nous sommes rentrés au collège à 16 heures. C'était intéressant, mais un peu long.

c Parle pendant une minute d'une visite récente.

Stratégies

Sounding more interesting

Always be ready to give opinions, saying why you do or do not like something. Use phrases like ***à mon avis, …***; ***je trouve que …***; ***je pense que …***; ***j'aime / je n'aime pas …***; ***ça (ne) m'intéresse (pas)*** and give reasons with connectives such as ***parce que*** and ***car***.

Phonétique

Past participles with *être*

When you write the past participle of verbs with *être*, you need to remember to add '-e', '-s' or '-es' if the subject is feminine or plural, e.g. *allé, allé**e**, allé**s**, allé**es***. However, when you say these words they all sound exactly the same.

Listen to five sentences and write them correctly. Use the nouns and the form of the auxiliary verb to help you decide which spelling to use.

1 Chantez! Paris magnifique

a Écoute et chante puis remplis les blancs.

1 Nous avons visité
   La tour Eiffel cet été ,
   Et le Louvre, un grand ____,
   Paris, Paris magnifique.

2 On a pris le ____,
   Et aussi un des bateaux.
   De la Seine, tout est si beau,
   Paris, Paris magnifique.

3 Un jour, nous sommes allés
   Jusqu'à l'Île de la Cité,
   Nous avons beaucoup ____,
   Paris, Paris magnifique.

4 Nous nous sommes ____
   Le long des Champs-Élysées
   Où on trouve de beaux cafés,
   Paris, Paris magnifique.

5 On est partis de bonne heure,
   Avec Philippe et sa ____,
   Pour aller au Sacré-Cœur,
   Paris, Paris magnifique.
   Paris, Paris magnifique.

b Trouve l'équivalent en français.

1 this summer   4 along
2 so beautiful   5 early
3 as far as

 c Continue la chanson. Écris encore une strophe.

Voici des idées:

Puis descendre – sous Paris – les égouts – à mon avis – fou
Rentrer très tard – une fête – le parc – demain – le départ

2 Une photo

Qu'est-ce qu'on voit sur la photo?
Où est-on?
Parle d'un trajet en bus ou en métro que tu as fait récemment.
Comment est-ce que tu préfères voyager en ville? Pourquoi?

3 Un monument parisien

Trouve un site Web sur un monument parisien. Note des renseignements sur une fiche.

Exemple:

Nom:	la tour Eiffel
Site Web:	www.toureiffel.paris/fr
Construit:	en 1889
Hauteur:	…
Nombre de visiteurs:	… etc.

Essaie de trouver des informations un peu extraordinaires, par exemple des événements sportifs, artistiques ou bien un peu idiots qui ont eu lieu à ce monument!

Now I can …

■ talk about places in a town or city

Notre-Dame, c'est une cathédrale.	Notre-Dame is a cathedral.
Le Louvre, c'est un musée.	The Louvre is a museum.
au milieu de	in the middle of
une avenue	avenue
une cathédrale	cathedral
célèbre	famous
un centre commercial	shopping centre
une colline	hill
une église	church
un fleuve	river (flowing into the sea)
un funiculaire	funicular railway
un grand magasin	department store
une île	island
un jardin public	public gardens, park
un marché	market
un monument	monument
un musée	museum
une place	square
un quartier	district
situé(e)	situated
se trouver	to be situated

■ understand information in tourist materials

ouvert(e)	open
fermé(e)	closed
sauf (sf)	except
tous les jours (tlj)	every day
un jour férié	public holiday

■ say what the weather was like

il a fait beau	it was fine
chaud	hot
froid	cold
mauvais	bad (weather)
il y a eu du soleil	it was sunny
du brouillard	foggy
du vent	windy
il a plu	it rained
il a neigé	it snowed

■ travel by metro

Pour la tour Eiffel, c'est quelle station?	What station is it for the Eiffel Tower?
Pour Bir-Hakeim, c'est quelle direction?	What direction is it for Bir-Hakeim?
Est-ce qu'il faut changer?	Do I have to change?
Prenez la direction …	Go towards …
Changez à Trocadéro.	Change at Trocadéro.
Excusez-moi, je descends ici.	Excuse me, I'm getting off here.
Direction Nation, c'est par où, s'il vous plaît?	Where do I get the train for Nation, please?
C'est par là.	Over there.
un carnet	book of tickets
un panneau	sign
la sortie	exit
la station de correspondance	interchange, connecting station

une station de métro	metro station
un tarif unique	flat-rate fare
un ticket	ticket

■ describe what I did, etc. using the perfect tense

with avoir:

J'ai visité	I visited …
On a pris …	We took …
Nous avons vu …	We saw …
J'ai acheté …	I bought …
	(see also page 29)

with être:

Je suis allé(e) à …	I went to …
On est montés …	We went up …
Nous sommes entré(e)s …	We went into …
Le train est parti …	The train left …
	(see also page 30)

■ use expressions of past time (see Vocabulaire et expressions utiles page 141, section 5)

■ talk or write about a place I have visited recently (see also page 35)

Hier / Samedi / La semaine dernière …	Yesterday / On Saturday / Last week …
On a visité …	We visited …
On a voyagé en …	We travelled by …
L'après-midi, on …	In the afternoon we …
Nous sommes restés là tout l'après-midi.	We stayed there all afternoon.
C'était (très / assez / pas) … bien / intéressant / amusant / ennuyeux / fatigant / génial / affreux / horrible / nul	It was (very / quite / not) … good / interesting / enjoyable / boring / tiring / great / terrible / awful / rubbish
Nous sommes rentrés à …	We came back at …
J'ai horreur de … / Je déteste	I hate …

■ ask and answer questions about what I did or what happened (see also page 34 and Grammaire 11)

As-tu passé un bon weekend?	Did you have a good weekend?
Où es-tu allé(e)?	Where did you go?
Je suis allé(e) …	I went …
Qu'est-ce que tu as fait?	What did you do?
Tu as aimé?	Did you like / enjoy it?
Oui / Non, c'était …	Yes / No, it was …
Pierre, a-t-il visité le Louvre?	Has Pierre visited the Louvre?

■ use the perfect tense in the negative (see also page 34)

Je n'ai pas visité le Louvre.	I didn't visit the Louvre.
Nous ne sommes pas rentrés avant minuit.	We didn't get back before midnight.
Qu'est-ce que tu n'as pas aimé?	What didn't you like?

See **Vocabulaire et expressions utiles** (page 140) for general language which occurs frequently.

Presse-Jeunesse

Les sports d'hiver

Le ski

- En Norvège on a trouvé des gravures anciennes qui montrent des personnes avec des planches très longues et un seul bâton. Évidemment, les hommes préhistoriques ont inventé le ski – sans doute, pour les aider à chasser.
- En norvégien, le mot 'ski' veut dire 'bûche'*. Autrefois les skis étaient faits en bois, mais maintenant on utilise des produits artificiels, comme le plastique.
- Le ski moderne, pratiqué pour le plaisir, est né au début du 20e siècle quand on a construit les premières remontées mécaniques. Maintenant le ski est devenu très populaire dans le monde entier.
- Il y a le ski alpin (quand on descend les pentes en vitesse) et le ski de fond quand on fait une promenade à ski.

Les classes de neige

- Dans certaines écoles et collèges en France on organise des classes de neige.
- Un groupe d'élèves part à la montagne avec leurs professeurs pour une période de une à deux semaines. Les élèves passent une partie de la journée à faire du ski et l'autre à suivre les cours habituels.

Le snowboard

- Le snowboard est né dans les années soixante aux États-Unis.
- Plusieurs autres sports ont influencé ce nouveau sport, notamment le surf, le skate et le ski.
- De plus en plus populaire dans les années 1990, le snowboard est devenu un sport olympique aux Jeux Olympiques de 1998.

Un sport d'été

Le tennis

Le mot 'tennis' vient du verbe français 'tenez'. L'origine du jeu moderne était le jeu de paume, joué en France avec la paume de la main et une balle.

Le Grand Chelem* réunit les quatre tournois les plus importants du monde. Ils sont:

- L'Open d'Australie qui a lieu en janvier à Melbourne sur un terrain dur.
- Le tournoi de Roland Garros qui a lieu en mai-juin à Paris sur un terrain de terre battue.

- Le tournoi de Wimbledon (le plus célèbre du monde) qui a lieu en juin-juillet à Londres sur un terrain en gazon.
- Le tournoi de Flushing Meadow qui a lieu en août-septembre à New York, aux États-Unis, sur un terrain dur.

(une) bûche   *log*
(une bûche de Noël   *a chocolate yule log*)
le Grand Chelem   *The Grand Slam*

1 Tu as bien compris?

Réponds en anglais.

a Le ski

1 In which country were ancient cave carvings found, showing some early skiers?
2 What is the original meaning of the word 'ski'?
3 What were the first skis made of?
4 What invention, in the early 1900s, led to skiing becoming a modern sport?

b Le snowboard

1 In which country did snowboarding begin?
2 Besides skiing, which other sports influenced snowboarding?
3 What was a significant change in the importance of snowboarding in 1998?

c Le tennis

1 In the early days of tennis what was used to hit the ball?
2 Which is the only Grand Slam tennis tournament played on grass?
3 In which countries are the first and last Grand Slam tennis tournaments played?

La tradition de la bande dessinée

Presque tout le monde connaît Tintin et Astérix. Ce sont les personnages principaux du genre 'BD' dans les pays francophones, mais ce ne sont pas les seuls.

C'est quoi exactement, une BD?

C'est une histoire en images, avec le texte dans des bulles. Les BD sont imprimées dans un journal ou sous forme d'albums.

Quelles sont les origines de la BD?

C'est peut-être dans les grottes de Lascaux que le genre a commencé, ou bien en Égypte. La tapisserie de Bayeux (1077) est un bon exemple d'une histoire en images avec un texte pour commentaire.

Qui a créé Tintin?

Le 10 janvier 1929, dans un journal à Bruxelles en Belgique, Hergé a commencé la publication des aventures du jeune reporter Tintin et de son chien Milou.

- Hergé est le pseudonyme de Georges Remi – ce sont ses initiales inversées: RG.
- Il a publié 23 histoires de Tintin avant sa mort en 1983.

Et Astérix?

Astérix, Obélix et leurs amis Gaulois sont la création de deux Français: René Goscinny a écrit les scénarios, Albert Uderzo a fait les dessins. Astérix est né en 1956 et il est devenu un succès énorme.

- Il y a plus de trente volumes d'Astérix.
- On a vendu plus de 300 millions d'albums.
- On peut lire Astérix en environ 80 langues ou dialectes.

Quelles sont les autres BD?

Il y a un grand nombre de BD francophones. Voici quelques personnages classiques et toujours très populaires:

- Franquin (un Belge aussi!) a inventé l'ingénieux Gaston Lagaffe

- Morris (encore un Belge) a créé en 1947 le cowboy Lucky Luke

- Peyo a inventé les fameux Schtroumpfs en 1958

Le genre BD continue et il y a toujours de nouveaux auteurs, de nouvelles bandes dessinées à lire. Amusez-vous bien!

- On peut visiter des musées de la bande dessinée à Angoulême et à Bruxelles.
- Il y a un festival de la bande dessinée chaque année à Angoulême.

2 C'est quel nom?

Cherche les noms dans le texte.

1 Ici, il y a une vieille tapisserie célèbre.
2 Ici, on trouve des dessins préhistoriques.
3 Son vrai nom est Georges Remi.
4 C'est le chien de Tintin.
5 Une ville française où on fête la BD.

6 Ce Français a dessiné Astérix.
7 Un héros de BD qui habite dans l'ouest de l'Amérique.
8 Trois auteurs belges – Hergé, Morris et …
9 Ce jeune homme fait des 'gaffes' – des maladresses (*blunders*).
10 Des personnages bleus de BD, inventés par Peyo.

3A Ça t'intéresse?

- *talk about leisure activities*
- *use some expressions of time*

1 Mes loisirs

🔊 Écoute et lis les textes. C'est quelle image?

Exemple: 1 E

① Arthur

Ma passion, c'est le rugby. Il y a trois ans, mon père était dans l'équipe de Lille et chaque semaine toute la famille le regardait jouer. C'était fantastique. Maintenant, chaque semaine, c'est moi qui joue dans un club et mon père est l'entraîneur. Je rêve de jouer un jour dans l'équipe de France.

② Karima

Je m'intéresse à la musique. J'écoute surtout de la musique pop, mais j'aime aussi la musique classique de Debussy et de Beethoven. Je fais partie d'un groupe au club des jeunes – je joue de la guitare électrique et du clavier – et chaque samedi soir, on répète ensemble. À Noël, on a participé à la Bataille des Groupes au collège. C'était super!

③ Lilou

Moi, j'adore les ordinateurs et les jeux vidéo. J'ai tous les derniers jeux et je joue souvent avec mes amis ou je m'amuse seule. Quelquefois, je joue sur Internet avec une amie en Guadeloupe. Ça, c'est intéressant. S'il y a un bon film, j'aime aller au cinéma avec mes copains. J'aime les feuilletons à la télé et j'adore regarder les films en ligne! En plus, je lis chaque semaine des magazines.

④ Raj

Quand j'avais dix ans, mes parents m'ont donné un appareil photo. C'était un appareil numérique très simple, mais je faisais souvent de bonnes photos et cet été, j'ai gagné un concours avec une photo de mon chien. Le prix, un nouveau smartphone avec double caméra excellente! J'étais ravi! Maintenant, je fais des photos, des selfies et des clips vidéo tous les jours. Je poste les bonnes images sur mon blog.

⑤ Emma

La natation seule est assez ennuyeuse, alors j'ai décidé d'essayer le pentathlon. Je fais cinq sports: le tir au pistolet, l'escrime, la natation, l'équitation et la course à pied! Être pentathlète, c'est dur, mais c'est très varié et j'adore ça. Je m'entraîne régulièrement et un jour, j'espère participer aux Jeux Olympiques.

⑥ Gabriel

On dit que la danse, c'est seulement pour les filles. Moi aussi, je pensais ça, mais ce n'est pas vrai! Je fais de la danse moderne deux fois par semaine et, le weekend, il y a quelquefois des concours. C'est fatigant, c'est une vraie activité sportive, c'est amusant – et en plus, on est entouré de filles! Alors, les garçons, ne tardez pas!

un feuilleton   *soap, serial (TV)*

2 Trouve l'équivalent en français

Relis les textes et trouve ces expressions en français.

Exemple: 1 il y a trois ans

1 three years ago *il y a trois ans*
2 every week *chaque semaine*
3 I dream of playing *Je rêve de jouer*
4 we rehearse together *on répète ensemble*
5 It was great! *c'était super*
6 the latest games *les derniers jeux*
7 when I was 10 *Quand j'avais dix ans*
8 a very simple digital camera *un apparai numérique très simple*
9 every day *tous les jours*
10 it's hard *c'est dur*
11 I hope to take part *j'espere participer*
12 twice a week *deux fois la semaine*

3 Vrai ou faux?

Relis les textes. C'est vrai (**V**), faux (**F**) ou pas mentionné (**PM**)?

Exemple: 1 F

1 Arthur joue chaque semaine pour l'équipe de rugby de Lille. *✓*
2 Le groupe de Karima joue le samedi soir. *✓*
3 Quand elle était petite, Lilou habitait en Guadeloupe. *PM*
4 Lilou ne s'intéresse pas aux magazines. *F*
5 Raj était content de gagner un smartphone. *✓*
6 Emma s'entraîne trois fois par semaine. *PM*
7 Selon (*according to*) Gabriel, la danse est une activité uniquement pour les filles. *F*
8 Gabriel a des concours de danse tous les weekends. *✓*

Stratégies

Making sentences more interesting (1)

You have learnt several ways to make sentences longer and more interesting:

- add adjectives and adverbs
- join short sentences together using connectives
- add an extra detail.

When you are talking about your interests you can add details to say how frequently you do things, and at what time of day you do them. Look at the useful phrases in task 5. It is a good idea to learn them by heart and to try to use them as much as you can.

You can also use **avant** (before) and **après** (after) with nouns, e.g.

avant *le petit déjeuner*

après *les cours.*

4 Des phrases

a Trouve les paires pour faire des phrases.

Exemple: 1 c

b Qui parle à chaque fois?

Exemple: 1 Lilou

c Traduis les phrases complètes en anglais.

1 Je fais souvent des	a semaine dans un club.
2 Je prends des	b cinq sports régulièrement.
3 Je fais de la	c jeux avec des amis.
4 Je joue chaque	d on joue ensemble.
5 Chaque samedi soir,	e danse deux fois par semaine.
6 Je m'entraîne en	f photos tous les jours.

5 À toi!

a À deux, posez ces trois questions et répondez à tour de rôle.

Exemple:

A **Quels sont tes loisirs?**
B **Je joue au basket.**
A **Tu fais ça souvent?**
B **Tous les mardis après les cours.**
A **Pourquoi est-ce que tu aimes ça?**
B **J'adore ça parce que …** (etc.)

b Réponds aux questions pour écrire un paragraphe sur tes loisirs.

Exemple:

Tous les mardis après les cours, je joue au basket. J'adore ça parce que c'est un bon exercice physique et que ça me détend. (etc.)

Je joue	au rugby, etc. du clavier, etc. de la guitare, etc. sur l'ordinateur	chaque jour / lundi chaque semaine / mois / année tous les jours tous les lundis / mardis, etc. régulièrement souvent	
Je regarde	des films, etc.		
J'écoute	de la musique		
Je fais	du sport de la photo, etc.	une fois deux fois	par jour / semaine par mois / an
Je m'entraîne Je danse Je répète		le samedi	matin après-midi soir
C'est Ce n'est pas	fantastique / super / sympa rigolo / amusant dur / facile / sportif très varié / intéressant ennuyeux / barbant / casse-pieds (*boring*) nul cool / génial / excellent / trop bien passionnant		
Ça me détend (*It relaxes me*)			

3B **C'était comme ça**
■ *talk about when you were younger*
■ *recognise and use the imperfect tense*

C'est mon rêve

Camille rêve de devenir actrice internationale.

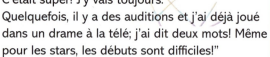

"J'adore le théâtre, ça me passionne vraiment. Mon rêve est de devenir comédienne. Quand j'étais petite, j'aimais faire du théâtre avec mes amis. J'ai commencé quand j'avais sept ans, je suis allée à un club de théâtre avec une copine. C'était super! J'y vais toujours. Quelquefois, il y a des auditions et j'ai déjà joué dans un drame à la télé; j'ai dit deux mots! Même pour les stars, les débuts sont difficiles!"

Le rêve de Fabien est de participer aux Jeux Olympiques.

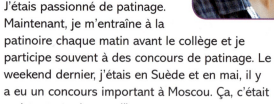

"Quand j'avais cinq ans, j'ai reçu des rollers. J'avais un bon sens de l'équilibre et j'ai appris très vite. Un an plus tard, j'ai essayé le patinage sur glace et c'était très facile pour moi. J'étais passionné de patinage. Maintenant, je m'entraîne à la patinoire chaque matin avant le collège et je participe souvent à des concours de patinage. Le weekend dernier, j'étais en Suède et en mai, il y a eu un concours important à Moscou. Ça, c'était vraiment passionnant!"

1 C'est mon rêve

a Choisis la bonne expression.

1 Camille wants to be **a)** a famous actress **b)** a stand-up comedian **c)** a super model.
2 When she was little she went to **a)** a supermarket **b)** an international school **c)** a drama club.
3 She thinks that for stars, the start is **a)** easy **b)** difficult **c)** not worth it.
4 When Fabien was five he got **a)** a scooter **b)** some roller skates **c)** some scales.
5 He tried ice skating **a)** five years later **b)** three years later **c)** one year later.
6 As a child he was really interested in **a)** cooking **b)** skating **c)** pets.
7 There was a competition in Moscow **a)** in May **b)** last weekend **c)** on Sunday.

b Lis l'article. Écris le numéro des cinq phrases qui sont vraies.

1 Elle est passionnée de théâtre.
2 Camille est très célèbre maintenant.
3 À l'âge de sept ans, elle faisait du théâtre dans un club.
4 Elle n'est pas passée à la télé.
5 On a donné des rollers à Fabien quand il était jeune.
6 Il a commencé à faire du patinage quand il avait six ans.
7 Le matin avant l'école, il fait du roller.
8 Il a participé à des concours internationaux.

Stratégies

Avoiding traps when translating

- **J'ai essayé le patinage** sounds very strange if you translate every word (I have tried the skating). Work out the meaning of the whole phrase and put it into good English. Can you think of other examples where **le/la/les** is not translated, e.g.

  Je n'aime pas le football?

- **Comédienne** looks similar to the English word 'comedian' but it is a **faux ami** (false friend) meaning 'actress' and is another way of saying **actrice**. With jobs, you need to **add** a word in English – **Elle rêve d'être comédienne** does not sound right as 'She dreams of being actress'.

- Make sure you translate the tense correctly. Can you work out which verbs are present, perfect and imperfect tense (see *Dossier-langue* page 43)?

Dossier-langue   Grammaire 12.7

The imperfect tense (*l'imparfait*) (1)

You have already met phrases such as **c'était intéressant** (it was interesting). This is an example of the imperfect, which is a past tense. It is used to describe what someone or something **was like** and to say what someone **used to do**.

Use the texts on these pages to work out the endings of these imperfect tense verbs in the singular:

j'ét____ à Paris – I was in Paris

j'aim____ les chats – I liked / used to like cats

c'ét____ facile – it was easy

j'av____ une copine – I had / I used to have a friend

elle s'appel____ Léa – she was called Léa

tu av____ six ans – you were six

il fais____ du soleil – it was sunny

Sur la photo, j'avais sept ans et toi, Luc, tu avais neuf ans. Mon chat s'appelait Minou.

2 Quand j'étais petit

a Écoute le grand-père de Marie. Mets les images dans le bon ordre.

Exemple: *C, …*

Ma première voiture

A — Les 24-heures du Mans

b Trouve les paires.

Exemple: **1** *c*

1 Quand j'étais petit,	**a** devenir pilote de course.
2 J'étais assez grand	**b** s'appelait Philippe.
3 J'aimais faire	**c** j'habitais au Mans.
4 Mon meilleur ami	**d** pas une voiture de course.
5 Je regardais chaque année	**e** pour mon âge.
6 C'était mon rêve de	**f** avais une voiture.
7 Dans les années soixante, j'	**g** les 24-heures du Mans.
8 Ma première voiture n'était	**h** du vélo.

c Traduis les phrases complètes en anglais.

3 Mon enfance

Complète les verbes à l'imparfait.

Exemple: **1** *étais*

- Quand j'(**1**) ét____ petite, j'(**2**) habit____ avec mes grands-parents.
- Tu (**3**) habit____ où?
- Dans un petit village, mais j'(**4**) all____ à l'école à Évreux.
- Tu (**5**) ét____ comment quand tu (**6**) av____ six ans?
- J'(**7**) av____ les cheveux blonds et j'(**8**) ét____ très petite.

4 À toi!

a À deux, posez les questions et répondez à tour de rôle.
- Tu habitais où quand tu avais sept ans? (*J'habitais à/en …*)
- Tu allais à quelle école? (*J'allais à/au …*)
- Qu'est-ce que tu aimais faire quand tu étais petit(e)? (*J'aimais … / Je jouais … / Je faisais … / J'allais …*)
- Tu étais comment? (*J'étais grand(e) / petit(e) pour mon âge; J'avais les cheveux blonds,* etc.)

b Écris tes réponses aux questions.

c Parle pendant une minute de ta vie à l'âge de sept ans – sans regarder tes réponses aux questions!

- learn about two francophone countries in Africa
- use the imperfect tense (all parts) to compare past and present

1 Du Sénégal à la France

a Jabu est sénégalaise. Il y a trois ans, elle a déménagé en France. Écoute et lis son témoignage puis choisis les bons mots pour compléter le texte.

Exemple: **1 b** *ma mère*

J'habitais à Dakar au Sénégal, mais (**1 a** *mon père* **b** *ma mère*) a trouvé un nouvel emploi à Lyon en France et nous sommes allés y habiter.

Le jour du déménagement, quand j'ai quitté tous mes (**2 a** *amis* **b** *copains*), j'étais très (**3 a** *triste* **b** *malheureuse*).

Au début, c'était très (**4 a** *dur* **b** *difficile*) et je voulais retourner au Sénégal, mais maintenant, ça va mieux et j'ai beaucoup de bons amis.

Dakar était une grande ville comme Lyon, mais Lyon est plus (**5 a** *impressionnant* **b** *moderne*) et il y a un tramway. Dakar n'était pas très moderne car il n'y avait pas de tramway et on voyait même des chevaux en ville.

Au collège à Lyon, nous commençons à huit heures et (**6 a** *demie* **b** *quart*); à Dakar, les cours commençaient à huit heures. Et à Dakar on parlait aussi français.

Mes (**7 a** *loisirs* **b** *passetemps*) restent les mêmes. Au Sénégal aussi, je jouais au tennis et j'allais au cinéma.

(**8 a** *Chez nous* **b** *À la maison*), nous mangeons comme au Sénégal, mais la nourriture (**9 a** *à la cantine* **b** *au collège*) était bien différente à Dakar. Là-bas, on mangeait plus de plats épicés. Ici, c'est souvent de la pizza!

Et une grande différence: il fait assez (**10 a** *beau* **b** *chaud*) à Lyon, mais il faisait très beau à Dakar!

b Complète le tableau en anglais pour comparer les deux pays.

	Au Sénégal	En France
name of city		
type of city		
transport		
school start time		
language at school		
leisure activities		
canteen food		
weather		

Dossier-langue | **Grammaire 12.7**

The imperfect tense (*l'imparfait*) (2)

In the text in task 1 there are several verbs in the imperfect tense. Pick out examples of most parts of the imperfect tense. Look at the endings and complete the table below for the imperfect of the verb **faire**.

je	fais___	I used to do, I was doing, I did
tu	faisais	
il/elle/on	fais___	
nous	fais___	
vous	faisiez	
ils/elles	fais___	

These endings are the same for all verbs. The first part of the verb is called the stem. All verbs (except one) form the stem in the same way:

- take the **nous** part of the present tense, e.g. (**nous**) **faisons**
- remove the **-ons** ending, e.g. fais~~ons~~
- add on the imperfect endings: **je fais**ais, etc.

The only exception is **être**. This has **ét-** as its stem (**j'étais**, etc.).

2 Ma vie au Tchad

Mayanar va au lycée en France, mais à l'âge de treize ans, elle vivait avec sa mère et sa grand-mère dans un camp de réfugiés au Tchad.

a Écoute son témoignage, puis complète les phrases avec la bonne forme des verbes à l'imparfait. L'infinitif de chaque verbe est dans la case.

> aller (×3) apprendre avoir (×2)
> commencer être faire (×4)
> finir nettoyer rentrer
> retourner réveiller

Nouvelles

| Accueil | **Monde** | Affaires | Politique | Technologie | Science | Santé | Divertissement | 🔍 Rechercher … |

Normalement à quatre heures du matin, j' (**1**) ___ à l'école coranique. Après ça, je (**2**) ___ à la maison, je (**3**) ___ du feu pour préparer le thé et la boule (un plat de pain accompagné de sauce, traditionnel au Tchad). Je (**4**) ___ mes deux frères et nous (**5**) ___ à l'école du camp. Les cours (**6**) ___ à sept heures. Avant l'entrée en classe, les élèves (**7**) ___ tous ensemble la cour de l'école. On (**8**) ___ les mathématiques, l'éducation à l'environnement, la géographie et la langue arabe.

On (**9**) ___ à la maison pour le petit déjeuner (la boule) entre neuf et dix heures. Il (**10**) ___ très chaud, alors à midi, je (**11**) ___ une courte sieste (mais il n'y (**12**) ___ pas de déjeuner), puis j' (**13**) ___ chercher de l'eau pour ma mère. Ensuite, je (**14**) ___ mes devoirs. Le deuxième et dernier repas de la journée (encore la boule) (**15**) ___ à six heures du soir et puis il y (**16**) ___ une heure d'enseignement coranique. Ma longue journée (**17**) ___ à dix heures du soir.

J'ai de la chance d'aller à l'école. Mon rêve, c'est de devenir médecin et de retourner dans mon pays d'origine.

b Écris un résumé en anglais de la journée de Mayanar.

3 Tu as changé d'école

a On te pose des questions sur ta dernière école. Complète les questions et prépare tes réponses.
(Tu peux parler de ton école primaire ou d'une école imaginaire.)

Exemple: 1 Tu _étais à quelle école?_

1 Tu ét___ à quelle école? *(J'étais à …)*
2 C'ét___ une école mixte? *(C'était …)*
3 Est-ce que tu aim___ ton ancienne école? *(Oui, j'aimais … / Non, je n'aimais pas …)*
4 Vous ét___ combien d'élèves dans ta classe? *(Nous étions …)*
5 Qu'est-ce qu'on fais___ comme sports? *(Nous faisions … / Nous jouions au …)*

6 Tu déjeun___ au collège? *(Je déjeunais …)*
7 Tu voul___ rester à ton école? *(Je voulais … / Je ne voulais pas …)*
8 Tu aim___ quelles matières? *(J'aimais surtout …)*
9 Qu'est-ce que vous av___ comme équipement – des tablettes, des laboratoires, etc.? *(Il y avait …)*

b À deux, posez cinq questions et répondez à tour de rôle.

c Écris tes réponses aux questions.

1 Ici, c'est différent

🔊 Écoute et lis les commentaires, puis complète les phrases avec des mots de la case.

> aussi longue   aussi populaires   moins importants   plus forte
> plus nombreux   plus chaud   plus intéressant   plus populaires

Au Tchad, il faisait (**1**) _____ qu'en France. Moi, j'aimais la chaleur, mais en France les problèmes d'eau et de nourriture sont beaucoup (**2**) _____ qu'au Tchad!

J'aime la musique et le sport. Je trouve que les chanteurs français sont (**3**) _____ que les chanteurs africains. Par contre, le foot et les équipes de foot sont (**4**) _____ au Tchad qu'en France.

Mayanar

En France, ça ne change pas beaucoup au collège. Par exemple, la journée scolaire est (**5**) _____ qu'au Sénégal. Mais mon prof de maths est (**6**) _____ que le prof à Dakar; maintenant je suis (**7**) _____ en maths et mes notes sont meilleures. Une chose est différente: les élèves sont (**8**) _____ qu'au Sénégal – là-bas nous avions moins d'élèves au collège.

Jabu

ℹ️ *Le Lièvre et la Tortue* est une fable de l'écrivain grec Ésope. En 1668, un écrivain français, Jean de La Fontaine, a réécrit la fable. Elle est devenue classique en France et partout au monde. La morale de la fable: la vitesse est inutile si on ne part pas à temps.

2 Vrai ou faux?

Relis les commentaires de Mayanar et Jabu. C'est vrai (**V**), faux (**F**) ou pas mentionné (**PM**)?

Exemple: 1 PM

1 Mayanar est plus contente en France qu'au Tchad.
2 À son avis, la vie était plus difficile au Tchad.
3 La musique américaine est moins populaire au Tchad.
4 Jabu trouve les maths plus difficiles en France.
5 Ses amies françaises sont aussi fortes en maths qu'elle.
6 Les élèves étaient moins nombreux dans son collège sénégalais.

Dossier-langue   **Grammaire 3.3**

Comparative of adjectives (*le comparatif des adjectifs*)

Look at the cartoon and find the words that you can use with an adjective or adverb to make comparisons (more … than, less … than, as … as).

Why do the adjectives sometimes have different endings?
Use the table to invent some more statements about the cartoon.

le …	est	plus	rapide(s)	que …
la …		moins	intelligent(e)(s)	
les …	sont	aussi	fatigué(e)(s)	

The French for 'better' is **meilleur(e)(s)**. Note that you don't need **plus** in front of it, but it still needs to agree with the noun.
Translate these sentences into English.
1 Mon collège est plus grand que mon école primaire.
2 Léa est moins sportive que Manon.
3 Les chiens sont aussi amusants que les chats.
4 Les lasagnes sont meilleures que les spaghettis.

➕ Invent four sentences with a comparison, including one silly one.

Exemple: **En Antarctique, les éléphants sont plus rares que les pingouins.**

3 Dakar et Lyon

Jabu parle de choses qui sont différentes maintenant.

a Choisis le bon mot pour compléter le texte.

Exemple: **1** *grand*

> allais   chers   contente   grand   intéressant
> meilleurs   moins   pareil   petite   vais

Avant, nous habitions un petit appartement à Dakar et je partageais une chambre avec ma sœur. En revanche, j'habite un plus (**1**) ____ appartement à Lyon.

Ma chambre était (**2**) ____ grande que maintenant et je n'avais pas d'ordinateur dans ma chambre. Je suis plus (**3**) ____ de ma chambre à Lyon.

Avant, on allait à l'école primaire. Elle était plus (**4**) ____ que le collège à Dakar, mais elle était plus intéressante. Pourtant, je trouve que mon collège à Lyon est encore plus (**5**) ____.

À Dakar, le foot était très populaire et à Lyon c'est (**6**) ____ : le foot est aussi populaire qu'à Dakar.

En France, je (**7**) ____ au cinéma presque tous les weekends, tandis qu'à Dakar, j'(**8**) ____ très rarement au cinéma.

Quand j'étais petite, mes parents choisissaient mes vêtements. Cependant, maintenant, je peux choisir mes propres vêtements. Ils sont (**9**) ____, mais ils sont plus (**10**) ____ que dans le passé.

b Trouve l'équivalent en français.

1 formerly   **3** now   **5** almost
2 on the other hand   **4** however (*2 words*)   **6** whereas / whilst

4 À toi!

a À deux, inventez des phrases à tour de rôle pour dire comment votre vie a changé depuis votre enfance. Dans le tableau, il y a des idées. N'oubliez pas de compléter les verbes à l'imparfait.

Exemple: **Maintenant, je vais au cinéma presque tous les weekends, tandis que quand j'étais petit(e), j'allais très rarement au cinéma, c'était par exemple pour fêter mon anniversaire.**

b Écris quelques phrases pour décrire les changements dans ta vie.

c Parle pendant une minute de ta vie à l'école primaire. Fais au moins trois comparaisons.

Maintenant, …		quand j'étais petit(e) …
ma maison est grande / petite,	mais	ma maison ____**ait** plus / moins grande / petite.
je vais au cinéma presque tous les weekends,		j'____**ais** très rarement / moins souvent au cinéma.
nous habitons en ville,	alors que/qu'	nous ____**ions** dans un village.
pour les vacances, nous allons à l'étranger,	tandis que/qu' (*whereas, whilst*)	nous ____**ions** toujours au bord de la mer.
au collège, je fais …		à l'école primaire, je ____**ais** …
les cours finissent à … heures,	par contre,	les cours ____**aient** à … heures.
les cours sont intéressants / ennuyeux / …	en revanche, d'autre part, (*on the other hand*)	les cours ____**aient** plus / moins / aussi intéressants / ennuyeux / …
je choisis les émissions que je veux regarder à la télé,		mes parents ____**aient** les émissions que je ____**ais** regarder à la télé.
je sors avec mes copains,	cependant,	nous ____**ions** souvent en famille.
je suis rarement malade,	pourtant, (*however*)	j'____**ais** souvent malade.
je m'intéresse à/au/aux …,		je m'____**ais** à/au/aux …
j'aime les légumes et le café,		j'____**ais** les bonbons et la limonade.

3E   Vu et lu

- talk about TV, cinema and books
- understand and give a short review (plot, opinion, etc.)

Vu et lu!

Qu'est-ce que tu as vu?
Qu'est-ce que tu as lu?
Raconte-nous comment c'était!

Film

Je suis toujours fana de Harry Potter et je connais tous les livres. Je les lisais déjà à l'âge de neuf ans, et les films étaient super aussi. Les personnages étaient exactement comme je les imaginais. C'était génial! **Sika**

Moi, j'adore les dessins animés et je trouve que la série *Toy Story* représente les meilleurs films de ce genre. Ce n'est pas seulement pour les petits: j'ai toute la collection et je les regarde au moins quatre fois par an! Pour moi, la partie la plus drôle, c'est quand Buzz et les autres traversent la rue pour trouver Woody. **Jérôme**

J'adore le film *Avatar*! C'est un très bon film avec des effets visuels extraordinaires. L'histoire de la découverte du monde des Na'vi est assez simple, mais il y a des acteurs et des effets spéciaux spectaculaires. Un film à voir et revoir plusieurs fois, surtout en 3D. **Thomas**

Télé

Quand j'étais petite, j'aimais les contes de fées, mais maintenant, j'ai quatorze ans! Alors, attention aux Lyoko Guerriers qui luttent contre leur ennemi mortel! Ma série préférée est *Code Lyoko Évolution*. J'aime le mélange d'animation et de 'vraies' personnes avec leurs pouvoirs exceptionnels. Si tu ne connais pas *Code Lyoko*, tu n'es pas cool! **Laure**

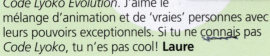

Fort Boyard (France 2): on passait déjà ce jeu en 1990 et ça tourne toujours. Évidemment, on aime regarder cinq candidats qui essaient de gagner des clés dans un fort en pleine mer! Eh bien, moi, je trouve que c'est ennuyeux! La chasse au trésor ne m'intéresse pas. C'est bien fait, mais c'est nul! **Khaled**

Lecture

Mon choix de livre: *Nos étoiles contraires* de John Green. Je ne connaissais pas l'œuvre de cet écrivain américain, mais un copain m'a recommandé ce livre. *Nos étoiles contraires*, c'est un roman sur l'amour de deux ados que le cancer va séparer, mais c'est plus qu'une simple histoire d'amour. L'amour, la vie, la mort et surtout l'humour … tout y était. C'était vraiment super. **Yannick**

Si tu aimes les histoires classiques pleines de choses à discuter, tu dois lire *La ferme des animaux* de George Orwell. D'un côté, c'est l'histoire assez simple de quelques animaux (surtout du cochon Napoléon), mais d'un autre côté, c'est une parodie puissante de la Révolution russe. Malheureusement, moi, je n'aime pas ce genre d'histoire! Ce n'était pas du tout de mon goût. **Nadia**

La ferme des animaux
George Orwell

un guerrier   *warrior*

1 Au cinéma et à la télé

Lis les opinions des films et des émissions de télé, puis lis les phrases suivantes. C'est vrai (**V**) ou faux (**F**)? Corrige les phrases qui sont fausses.

1 a Pour Sika, les personnages dans le film étaient meilleurs que dans le livre. F

  b Elle a vu le film il y a neuf ans. F

2 a Selon Thomas, *Avatar* était trop compliqué. F

  b Il trouve que les effets spéciaux du film étaient nuls. F

3 a Pour Jérôme, les ados sont trop âgés pour les dessins animés. F

  b Il regarde souvent les films de *Toy Story*. V

4 a Selon Laure, l'émission sur les guerriers était bien. F V

  b Dans la série, il y a des acteurs et aussi des dessins animés. V

5 a Selon Khaled, les jeux télévisés sont très intéressants. F

  b Il y avait quinze participants au jeu télévisé. F

2 C'est qui?

Lis les textes de Yannick et Nadia (*Lecture*).
Qui parle? Écris **Y** ou **N**.

1 C'était une histoire classique. N

2 Les personnages principaux étaient amoureux. Y

3 Le personnage principal était un cochon. N

4 L'auteur voulait critiquer la situation en Russie. N

5 J'ai bien aimé ce livre. Y

6 Je n'aime pas ce genre de livre. N

3 En anglais

Relis les textes (page 48). Traduis les sept <u>phrases soulignées</u> en anglais.

4 Une critique

J'ai lu *Je ne t'aime pas, Paulus* d'Agnès Desarthe. J'ai adoré l'humour de Julia, le personnage principal. Cette fille intelligente se trouvait moche et quand on lui a dit que Paulus Stern, le garçon le plus beau de la classe, était amoureux d'elle, elle a refusé fermement d'y croire. Mais, vrai ou pas vrai, elle pensait à Paulus tout le temps! C'est un roman plutôt féminin mais mon copain pouvait aussi s'identifier facilement à l'histoire. J'ai trouvé la fin un peu décevante; pourtant, je suis pressée de lire la suite: *Je ne t'aime toujours pas, Paulus*.

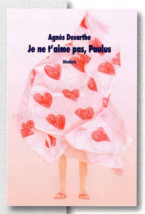

Agnès Desarthe
Je ne t'aime pas, Paulus
Medium

Lis la critique d'un livre, puis trouve l'équivalent en français.

1 the main character
2 the best looking boy
3 in love with her
4 a rather feminine novel
5 a bit disappointing
6 the sequel

5 Une présentation

a Écris la description d'un film, d'une émission de télé ou d'un livre. Utilise des phrases de cette page. Donne des opinions.

b Présente ta description à ton/ta partenaire ou à la classe, mais ne regarde pas ta description écrite.

J'ai (bien) aimé / Je n'ai pas (tellement) aimé …

ce livre / ce film / cette émission

L'auteur/L'écrivain / Le réalisateur / Le présentateur s'appelle …

C'est l'histoire de/d'…

Ça se passe … (où? quand?)

c'est/c'était super / génial / passionnant / pas bien / (très) ennuyeux / nul, etc.

c'est/c'était (ce n'est/n'était pas) de mon goût

j'ai détesté … / j'ai trouvé (que) …, etc.

le personnage principal / le héros / l'héroïne (très) sympa / égoïste / (complètement) fou (folle) / idiot(e), décevant(e), etc.

Stratégies

Using French websites (2)

For ideas look at some online reviews – use sites with .fr for France.

Think carefully about key search words.

Rather than waste time trying to understand a difficult page, move on to a different website.

Note down any useful phrases, but be careful not to copy other people's mistakes – French people do not always write perfect French!

Personalise reviews by thinking about whether you agree/disagree with them.

(See also page 20.)

Phonétique

Accents and pronunciation

Some accents change the way a letter sounds, but not always.

The circumflex accent (^) does not affect pronunciation.

However, 'é' and 'è' sound very different.

The tréma (¨) is used to separate two vowels that are normally sounded together.

Look at these words and listen to how they are pronounced.

âge	p**a**ge	g**oû**t	t**ou**t
étais	**ê**tre	r**é**fugiés	r**e**pas
r**é**guli**è**rement	r**e**gardais	tr**è**s	tr**é**sor
b**oi**sson	**é**go**ï**ste	**œu**f	N**oë**l

3F Ils étaient célèbres

- use the imperfect and perfect tenses together
- learn about some famous French people
- write a short profile of a famous person

1 Des Français et des Françaises célèbres

Lis les descriptions et trouve la bonne personne.

1 Au début de sa carrière elle chantait dans les rues de Paris. À l'âge de vingt ans, elle était chanteuse de cabaret et, finalement, elle est devenue très connue en France et partout en Europe.

Son nom de scène veut dire 'moineau' – comme l'oiseau, elle était petite et chantait beaucoup. Deux de ses chansons très populaires sont *Je ne regrette rien* et *La vie en rose*. *Édith Piaf*

2 Dans le monde entier, son nom est synonyme d'un prestigieux tournoi de tennis: Mais cet homme n'était pas un grand champion de tennis, il n'était pas président d'une fédération sportive. Il appréciait le sport, mais il était pilote, l'un des plus célèbres aviateurs de son temps.

Pendant la Grande Guerre il était prisonnier, mais il s'est échappé en 1918. Il est mort en octobre 1918 dans une bataille aérienne. Dix ans plus tard on a commémoré ce héros quand on a construit un nouveau stade à Paris. *Roland Garros*

3 C'est son oncle, un docteur, qui lui a appris à faire des statues en cire. À l'âge de dix-sept ans, elle faisait déjà des statues de personnes célèbres. Elle vivait à l'époque de la Révolution française, une période très agitée.

En 1802, elle est partie pour la Grande-Bretagne avec son musée de cire. Au début, elle a fait le tour du pays avec son exposition de statues. Puis elle s'est installée à Londres. Depuis, le musée de cire, qui porte son nom, est devenu très grand et très populaire. *Marie Tussaud*

4 Il était officier de marine et il s'intéressait surtout à la plongée sous-marine. Avec un ami, il a réalisé un scaphandre autonome: le plongeur porte des bouteilles d'air sur son dos.

Il était surtout célèbre pour ses films documentaires sur la vie sous-marine. Plus tard, il a conduit des campagnes pour protéger l'environnement, par exemple l'Antarctique, et pour cette raison on l'a surnommé 'Capitaine Planète'. *Jacques Cousteau*

| un scaphandre autonome | *aqualung* |

A Jacques Cousteau (1910–1997)

B Édith Piaf (1915–1963)

C Roland Garros (1888–1918)

D Marie Tussaud (1761–1850)

2 Des questions

Réponds aux questions en anglais.

1 Is *un moineau* a <u>bird</u> or a mammal?

2 How would you translate the title of the song *Je ne regrette rien* into English? *I don't regret anything*

3 What was Jacques Cousteau famous for? (*Name three things.*) *scaphandre autonome, films documentai, protéger l'envi*

4 What was Roland Garros famous for in his day? *Il était un pilote*

5 What event was taking place when Mme Tussaud was a young woman? *La révolution française.*

Dossier-langue **Grammaire 12.8**

Using the perfect and imperfect tenses

You have learnt two tenses to talk about the past – the perfect tense (**passé composé**) and the imperfect tense (**imparfait**).

Which tense is used to talk about a single action in the past?

Which tense is used to say what something was like, what used to happen and what was happening?

This picture will help:

The imperfect is like the river: it describes what was going on. The perfect is like the bridges: it is used for the actions and events which happened and are completed.

Look at the texts about famous people and find:

> 3 verbs in the imperfect
> 3 verbs in the perfect with **avoir**
> 3 verbs in the perfect with **être**.

3 Olivier est une star

Écoute Olivier et mets les images dans le bon ordre.

Exemple: C, …

4 À toi!

a Travaillez à deux. Regardez les images de la vie d'Olivier. Parlez de la vie de cette star à tour de rôle. Inventez des renseignements supplémentaires si possible. Pour vous aider, répondez aux questions.

- Où est-ce qu'il habitait quand il avait quatorze ans? *(appartement, Rouen)*
- C'était comment? Qu'est-ce qu'il faisait?
- Et maintenant, il habite où? C'est comment? *(plus / moins …)*
- Il a fait une audition à quel âge?
- On l'a aimé? Pourquoi? *(plus passionné, meilleur que les autres, moins sérieux, …)*
- Qui a gagné le concours? Elle était comment? *(meilleure? aussi bonne?)*
- Qui lui a offert un contrat?
- Comment sa vie a-t-elle changé? *(devenu plus célèbre / riche, déménagé à Paris / Nice / …, etc.)*

b Écris un résumé de la vie d'une star (vraie ou imaginaire), de quelqu'un que tu admires ou d'un personnage de livre ou de film.

Exemple:

Quand il avait sept ans, [nom] habitait à Londres dans un petit appartement, mais sa vie a beaucoup changé.

Maintenant, il habite dans une plus grande maison en France. Autrefois, il avait un vélo, tandis que maintenant, il a une belle voiture.

À l'âge de dix-huit ans, …

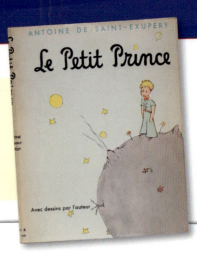

Antoine de Saint-Exupéry (1900–1944) était aviateur et sa vie était dominée par l'aviation. Il a eu beaucoup d'accidents et d'aventures en avion et il a disparu pendant une mission en 1944. Cependant, il est plus célèbre pour ses livres, où il raconte ses aventures et ses émotions de pilote.

Tous les Français connaissent *Le Petit Prince*. C'est l'histoire d'un petit garçon qui vient d'une autre planète.

Voici le début de l'histoire quand Saint-Exupéry raconte son enfance:

Le Petit Prince

Lorsque j'avais six ans j'ai vu, une fois, une magnifique image, dans un livre sur la Forêt Vierge qui s'appelait «Histoires Vécues». Ça représentait un serpent boa qui avalait un fauve. Voilà la copie du dessin.

On disait dans le livre: «Les serpents boas avalent leur proie tout entière, sans la mâcher. Ensuite ils ne peuvent plus bouger et ils dorment pendant les six mois de leur digestion».

J'ai alors beaucoup réfléchi sur les aventures de la jungle et, à mon tour, j'ai réussi, avec un crayon de couleur, à tracer mon premier dessin. Mon dessin numéro 1. Il était comme ça:

J'ai montré mon chef d'œuvre aux grandes personnes et je leur ai demandé si mon dessin leur faisait peur.

Elles m'ont répondu: «Pourquoi un chapeau ferait-il peur?»

Mon dessin ne représentait pas un chapeau. Il représentait un serpent boa qui digérait un éléphant. J'ai alors dessiné l'intérieur du serpent boa. Mon dessin numéro 2 était comme ça:

Les grandes personnes m'ont conseillé de laisser de côté les dessins de serpents boas ouverts ou fermés, et de m'intéresser plutôt à la géographie, à l'histoire, au calcul et à la grammaire. C'est ainsi que j'ai abandonné, à l'âge de six ans, une magnifique carrière de peinture.

1 Antoine de Saint-Exupéry

Lis les textes et réponds aux questions en anglais.

1 What was Saint-Exupéry's job as an adult?

2 What is he most famous for?

3 Where did the little prince of the story's title come from?

4 According to the book, how long does it take the snake to digest its prey?

5 Who was the boy hoping to frighten with his first drawing?

6 Why were they not frightened?

7 After the second drawing, what was he advised to concentrate on?

8 What happened about his career as an artist?

2 Une photo

💬 À deux, parlez de cette photo. Pour vous aider, répondez aux questions.

- Qui est-ce?
- Où est-il?
- Qu'est-ce qu'il fait? Pourquoi?
- Qu'est-ce qu'il a fait en ville ce matin?
- Qu'est-ce qu'il va faire ce soir? Pourquoi?

Sommaire

Now I can …

■ *talk about leisure activities*

Je joue au rugby	I play rugby
sur l'ordinateur	on the computer
de la guitare	the guitar
Je regarde des films	I watch films
un feuilleton	a soap / a serial
Je fais du sport	I do sport
du théâtre	drama
de la photo	photography
Je danse	I dance
Je m'entraîne	I train
Je participe à (un spectacle)	I take part in (a show)
Je répète	I practise, rehearse

■ *give opinions of leisure activities*

J'aime / J'adore	I like / I love
Ça me passionne	I'm really interested in that
Ça m'intéresse	I'm interested in that
un peu	a bit
beaucoup	a lot
C'est assez bien / pas mal	It's quite good / not bad
Ça ne m'intéresse (absolument) pas	I'm not (at all) interested in that
Ça ne m'intéresse pas du tout	I'm not at all interested in that
J'ai horreur de ça	I hate that
C'était	It was
fantastique	fantastic
super	super
sympa	nice
C'est (ce n'est pas) rigolo / amusant	It's (not) fun / enjoyable
C'est	It's
dur	hard
très varié	very varied
intéressant	interesting
ennuyeux / barbant / casse-pieds	boring
nul	rubbish
sensass / génial	excellent / great
passionnant	exciting
(trop) bien / cool	(really) good / cool

■ *use comparative adjectives*

aussi populaire(s) que	as popular as
plus important(e)(s) que	more important than
moins cher(s)/chère(s) que	cheaper than (less expensive)
meilleur(e)(s)	better

■ *use some expressions of time*

régulièrement	regularly
tous les jours	every day
tous les lundis / mardis	every Monday / Tuesday
souvent	often
toujours	always
chaque samedi	every Saturday
semaine	week
mois	month
année	year
une / deux fois par semaine	once / twice a week
le samedi matin	on Saturday mornings
après-midi	afternoons
soir	evenings

■ *use the imperfect tense (see pages 42–47)*

quand j'étais plus jeune	when I was younger …
il y avait	there used to be, there was / were
c'était ennuyeux	it was boring

■ *compare past and present (see also Vocabulaire et expressions utiles, pages 141–142)*

maintenant	now
autrefois	in the past, formerly
mais	but
cependant / pourtant	however
par contre / d'autre part / en revanche	on the other hand
tandis que/qu' / alors que/qu'	whereas, whilst
quand j'étais petit(e)	when I was young
quand j'avais cinq ans	when I was five

■ *talk about TV, cinema and books*

J'ai (bien) aimé …	I (quite) liked …
Je n'ai pas tellement aimé …	I didn't particularly like …
J'ai préféré …	I preferred …
J'ai adoré …	I loved …
J'ai détesté …	I hated …
À mon avis	In my opinion
C'était / Ce n'était pas …	It was / It wasn't …
super	super
génial	brilliant
passionnant	exciting
bien	good
ennuyeux	boring
nul	rubbish
décevant	disappointing
de mon goût	to my taste
le personnage principal	the main character
sympa	nice
égoïste	selfish
(complètement) fou	(absolutely) mad
idiot(e)	stupid
une émission	a programme
un roman	a novel
une histoire	a story
on peut s'identifier à …	you can identify with …
c'est l'histoire de …	it's the story of …
ça se passe	it takes place

See **Vocabulaire et expressions utiles** (page 140) for general language which occurs frequently.

Rappel 2 Unités 2–3

Stratégies

Working out meaning (2)

Some words might seem unfamiliar at first, but there are a few things you can look out for to help you work out the meaning.

Look out for **prefixes** (letters added to the beginning of words), e.g.

- **re-/ré-** (adds idea of 'again' or 'back'), e.g.
  commencer (to begin), **recommencer** (to begin again)
  venir (to come), **revenir** (to come back)
- **in-** (adds idea of 'not'), e.g.
  connu (well-known), **inconnu** (unknown)
  utile (useful), **inutile** (useless)
  (Beware! **in-** is pronounced differently before consonants and vowels – see *Phonétique* page 60.)
- **dé-** (like English '**dis-**' or '**de-**'), e.g.
  couvrir (to cover), **découvrir** (to discover)

Look out also for suffixes (letters at the end of a word). Often there are similar patterns in English, e.g.

French	English
-ment (absolument)	-ly (absolutely)
-té (une activité)	-y (activity)
-ie (la géographie)	-y (geography)
-eur/-euse (un chanteur)	-er (singer)
-ant (décevant)	-ing (disappointing)
-eux (nombreux)	-ous (numerous)
-que (historique)	-ic, -ical (historic(al))

Work out what these words mean, then check in a dictionary.

1	refaire	**5**	repayer	**9**	naturellement
2	remettre	**6**	réunir	**10**	charmant
3	remplacer	**7**	incroyable	**11**	avantageux
4	renvoyer	**8**	désagréable	**12**	politique

1 Qu'est-ce qu'on a fait?

Trouve la bonne partie du verbe **avoir**.

Exemple: **1** *on **a** regardé*

1 Hier, on (*ai / a / ont*) regardé un bon film à la télé.
2 Nous (*avez / ont / avons*) visité un musée moderne.
3 Qu'est-ce que tu (*as / a / ai*) fait à midi?
4 Moi, j' (*avez / as / ai*) mangé à la cantine.
5 Ma sœur (*a / as / ont*) pris un sandwich, comme d'habitude.
6 Vous (*avons / avez / ont*) vu le nouveau stade?
7 Mes parents (*avons / avez / ont*) pu voir un concert, la semaine dernière.
8 L'été dernier, David (*as / a / ai*) voyagé en avion pour la première fois.

2 Jeu de définitions

Choisis la bonne partie du verbe **être**, puis réponds aux questions.

Exemple: **1** *a* Il **est**

1 C'est un monument très célèbre. Il (**a** *êtes / est / sont*) en fer. Il (**b** *est / sont / es*) très haut. Il (**c** *es / êtes / est*) situé près de la Seine. Qu'est-ce que c'est?
2 C'est une cathédrale très célèbre. Elle (**a** *es / sommes / est*) située sur une île, l'Île de la Cité, au milieu de la Seine. Qu'est-ce que c'est?
3 Vous (**a** *est / êtes / es*) sur une très grande place, à Paris. Les Champs-Élysées (**b** *sont / suis / sommes*) à votre droite. L'Obélisque (**c** *êtes / suis / est*) juste en face de vous. Où (**d** *êtes / es / sommes*)-vous?
4 Je (**a** *sont / sommes / suis*) devant un très grand musée à Paris. Les tableaux qui (**b** *sont / sommes / suis*) dans ce musée (**c** *sommes / sont / êtes*) connus de tout le monde. Je ne (**d** *sont / suis / sommes*) pas très loin d'une très grande place, la place de la Concorde. Où (**e** *suis / sommes / sont*)-je?

3 Complète les phrases

Regarde les images et complète les phrases avec le bon participe passé.

Exemple: **1** *Il est venu en avion.*

descendue partis restées sortie tombé venu

1 Il est ____ en avion.

2 Je regrette, elle est déjà ____.

3 Elles sont ____ à la maison.

4 Luc est ____ d'un cheval.

5 Elle est ____ en parachute.

6 Nous sommes ____ silencieusement.

4 L'ABC des loisirs

Regarde bien cette liste de loisirs pour 23 des lettres de l'alphabet.

a Ferme le livre et dis (ou écris) le nom d'un loisir pour chaque lettre de l'alphabet. Combien de loisirs est-ce que tu peux trouver?

b Regarde la liste encore une fois. Peux-tu trouver …

- 4 sports
- 4 activités musicales
- 4 activités d'atelier (*studio/workshop*)
- 4 activités d'intérieur?

l'astronomie, l'athlétisme

le badminton, le ballet, le bricolage

la chorale, le cinéma, la couture, la cuisine, le cyclisme

la danse

les échecs, l'escalade, l'escrime

le football

le golf, la gymnastique

le handball, le hockey

l'informatique

le jardinage, le jazz, les jeux de société, le judo

le karaté

la lecture

la musique

la natation, la nature

l'opéra, l'orchestre

le patin à roulettes, le patinage, la peinture, la photo, la poterie

la randonnée, le roller, le rugby

le shopping, le skate, le ski

le tennis, le théâtre, le trampoline

la voile, le volleyball

le walking

le yoga

le zorbing

5 Ce n'était pas de ma faute!

Complète les bulles avec le bon verbe de la case et choisis la bonne bulle pour chaque image.

Exemple: **1** E *Ce n'était pas de ma faute!*

> était   avait   croyais   voulais   pensiez   savions

A Mais, je _____ seulement écrire mon nom.

B Alors, tu _____ qu'elle était ouverte au public!

C Et vous _____ qu'il n'y avait plus de bêtes ici.

D Nous ne _____ pas que la cage était ouverte!

E Ce n' _____ pas de ma faute!

F Je suis sûr qu'il y _____ un hôtel par ici!

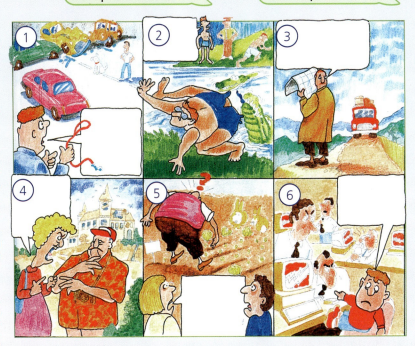

6 Au contraire

Trouve les contraires.

Exemple: **1** f

1	souvent	**a**	plus jeune
2	passionnant	**b**	fantastique
3	le matin	**c**	moins faible
4	nul	**d**	ennuyeux
5	avant	**e**	partir
6	rester	**f**	jamais
7	plus âgé	**g**	après
8	moins fort	**h**	le soir

7 Des mots en groupes

Trouve un mot pour compléter chaque groupe.

1 août, février, juillet, …
2 la flûte, la batterie, le piano, …
3 l'hiver, l'été, l'automne, …
4 vert, rouge, jaune, …
5 le football, la natation, le judo, …
6 vendredi, lundi, jeudi, …
7 aimait, faisait, avait, …
8 j'aime, ça me passionne, ça m'intéresse, …

4A La vie scolaire

- *understand information about school life in France*
- *describe your school and a typical school day*

1 Un quiz

🔊 Réponds aux questions. Puis écoute pour vérifier.

Que sais-tu de la vie scolaire en France?

1 Un collège français est une école pour les élèves de 11 à 14 ou 15 ans. Comment s'appelle la première classe au collège?

- **a** la sixième
- **b** la première
- **c** la classe préparatoire

2 Comment s'appelle le début de la nouvelle année scolaire qui a lieu en septembre?

- **a** l'emploi du temps
- **b** les cours
- **c** la rentrée

3 Les élèves de 13 à 14 ans ont environ combien d'heures de cours obligatoires par semaine?

- **a** 20
- **b** 25
- **c** 30

4 En général, chaque cours dure combien de temps?

- **a** une demi-heure
- **b** 40 minutes
- **c** une heure

5 On étudie beaucoup de matières différentes, mais il y a une matière qui n'est jamais sur l'emploi du temps dans une école publique en France. Qu'est-ce que c'est?

- **a** l'éducation physique et sportive
- **b** l'éducation civique
- **c** l'instruction religieuse

6 Qu'est-ce que la plupart des élèves portent pour aller au collège?

- **a** un uniforme scolaire
- **b** un sweat, un jean et des baskets
- **c** une jupe pour les filles et un pantalon pour les garçons

7 La journée scolaire peut commencer tôt et finir tard. Ça dépend des jours. Normalement, les cours commencent à quelle heure le matin?

- **a** 7h–7h30
- **b** 8h–8h30
- **c** 9h–9h30

L'enseignement en France		
Âge (moyen)	**Classe**	**École**
6–11 ans		École primaire (EP)
11–12 ans	sixième (6e)	Collège (C)
12–13 ans	cinquième (5e)	
13–14 ans	quatrième (4e)	
14–15 ans	troisième (3e)	
15–16 ans	seconde (2e)	Lycée (L)
16–17 ans	première (1e)	
17–18 ans	terminale	

Stratégies

Working out meaning (3)

- It's useful to be able to recognise some common spelling patterns. You know that **une école** means 'school' and **étudier** means 'to study'. What letter do these words begin with in English? Using this pattern, work out what the following words mean: **une écharpe**, **étrange**, **des épices**.

  This pattern doesn't apply to all words beginning with **é** in French but it can be a help sometimes.

- Understanding common prefixes can also help. **Un demi-pensionnaire** means a pupil who has lunch at school. The word **demi-pension** means 'half-board' (when staying at a hotel).

  The prefix '**mi**' is similar: The word **la mi-temps** means 'half-time'.

  Work out what the following mean: **une demi-journée**, **une demi-heure**, **le mi-trimestre**

2 Le collège Émile Zola

a Copie et complète la grille avec les informations sur le collège Émile Zola.

b Ajoute les informations sur ton école.

✚ **c** Écris un paragraphe sur ton école.

Je m'appelle Mathieu, j'ai quatorze ans et je suis en 4e au collège Émile Zola. C'est un collège mixte de 800 élèves. Au collège, il y a une bibliothèque, une salle de technologie et deux laboratoires de sciences. Pour le sport, il y a deux gymnases et un terrain de sport, mais il n'y a pas de piscine. Il y a une cantine pour les demi-pensionnaires, mais il n'y a pas d'internat.

J'aime | Commenter | Partager

	Le collège Émile Zola	Mon école
Nombre d'élèves:		
Mixte/Garçons/Filles:		
Uniforme:	**non**	
Piscine:		
Terrain de sport:		
Laboratoire de sciences:		
Bibliothèque:		
Cantine:		
Internat:		

3 Une journée scolaire

🔊 Complète le texte avec des mots de la case. Puis écoute pour vérifier.

Exemple: **1** *e (matin)*

Le collège est à environ vingt minutes de chez moi. Le (**1**) ____, je prends le bus vers 7 heures et demie. Les (**2**) ____ commencent à 8 heures presque tous les jours.

Pendant la journée, il y a trois (**3**) ____. La pause du matin est à 10 heures et dure dix minutes. Pendant la pause du matin, on peut acheter des (**4**) ____ et des pains au chocolat.

La pause-déjeuner est de 12 heures à 14 heures. Je suis demi-pensionnaire, alors je mange à la (**5**) ____. On mange assez bien.

Une fois par (**6**) ____, on a du poulet avec des frites. J'aime bien ça.

L'après-midi, on a une (**7**) ____ de dix minutes à 16 heures.

Normalement, les cours finissent à 17 heures. À la fin de la journée, je prends le (**8**) ____ pour rentrer chez moi.

a boissons **b** bus **c** cantine **d** cours
e matin **f** pauses **g** récréation **h** semaine

4 À toi!

💬 **a** À deux, posez des questions et répondez.

1 Comment s'appelle ton collège?

2 C'est où? *(C'est au centre-ville, à [nom de la ville], etc.)*

3 Il y a combien d'élèves?

4 À quelle heure est-ce que tu pars pour le collège? *(Je pars à …)*

5 Comment vas-tu au collège? *(Je vais …)*

6 Quand est-ce que les cours commencent?

7 Qu'est-ce que tu fais à l'heure du déjeuner/à la pause déjeuner? *(Je déjeune … / Je prends un sandwich et un fruit, etc.)*

8 Les cours finissent à quelle heure? *(Ils finissent …)*

b Écris tes réponses aux questions 1–8.

4B Quelles matières aimes-tu?

■ *discuss school subjects*
■ *say what is (not) going to happen*

1 Des questions sur les matières

🔊 Écoute les conversations et choisis la bonne réponse.

1 Quelles sont tes matières préférées? *(Note deux lettres.)*

a **b** 👑 **c** ➕ ➖

d 💻 **e** 🌼

2 Pourquoi? C'est ... *(Note deux lettres.)*

a utile **b** intéressant **c** facile **d** amusant

3 Quelles sont les matières que tu aimes le moins?

a 🎵 **b** 🌍 **c** 🎨

4 Qu'est-ce que tu étudies comme langues vivantes?

a **b** **c**

5 Qu'est-ce que tu fais comme sciences en ce moment?

a 🌼 **b** 🧲 **c** 🧪

6 Qu'est-ce que tu fais comme sports au collège? *(Note deux lettres.)*

a ⚽ **b** 🏑 **c**

d 🏊 **e** 🎾

7 Y a-t-il une nouvelle matière que tu voudrais faire?

a latin **b** sciences économiques **c** psychologie

8 Quelles sont les matières les plus importantes, à ton avis? *(Note deux lettres.)*

a ➕ ➖ **b** **c**

d 👑 **e** 🧪 **f** 🧲

2 À propos des matières

a Lis les contributions. C'est une opinion positive (**P**), négative (**N**) ou positive et négative (**P+N**)?

Exemple: 1 *P*

1 C'est intéressant et utile.

2 Ce n'est pas intéressant.

3 On dit que c'est une matière importante, mais à mon avis, c'est ennuyeux.

4 Le prof donne trop de devoirs et en plus je trouve ça vraiment difficile.

5 Le prof est sympa et explique tout très bien, mais je n'ai pas de bonnes notes.

6 Les cours sont souvent amusants et je trouve que c'est une matière utile.

b Complète les phrases.

1 Ma matière préférée est …, parce que …

2 J'aime toutes les sciences, surtout … , parce que …

3 Je n'aime pas beaucoup …, mais …

4 Je n'aime pas du tout … parce qu'il y a trop de devoirs.

5 Je ne suis pas fort(e) en … et je fais souvent des fautes.

6 Je trouve … vraiment difficile, mais le prof est sympa.

3 Une conversation

🔊 **a** Complète le texte avec des adjectifs de la case. Puis écoute pour vérifier.

💬 **b** À deux, lisez la conversation.

A Quelles sont tes matières préférées?

B J'aime bien la géographie parce que j'aime apprendre des choses sur les pays différents. On fait souvent des recherches sur Internet, c'est assez **1** ____. J'aime aussi l'EPS. Et toi?

A Moi, j'aime les langues, mais ma matière préférée, ce sont les maths. Je trouve que c'est une matière **2** ____ et **3** ____.

B C'est vrai, mais moi, je ne suis pas **4** ____ en maths et je trouve ça **5** ____.

A Qu'est-ce que tu apprends comme langues vivantes?

B J'apprends l'espagnol. Je trouve ça **6** ____. Je suis dans la même classe que mes amis et c'est bien. On travaille souvent en équipe.

> amusant   fort   difficile
> importante   intéressant   utile

➕ **c** Inventez d'autres conversations sur ce modèle.

4 Demain, c'est mardi

Demain, tu vas passer une journée dans un collège.

🔊 **a** Écoute et lis. Il y a six différences dans le texte. Copie la grille et note les mots qui sont différents.

	sur l'enregistrement	dans le texte
1	histoire	anglais

Demain, c'est mardi. Alors on va commencer à 9 heures par l'anglais. Puis il y a la récréation. On peut acheter quelque chose à manger, si tu veux. Ensuite, après la récréation, on va avoir deux heures de maths. Ça va être fatigant.

À midi, on va manger à la cantine. Puis on va sortir dans la cour. En général, on joue au football ou on bavarde.

Demain après-midi, on va commencer à 2 heures par la chimie. J'aime bien ça. On fait des expériences et c'est souvent amusant. Après, deux heures d'EPS. Cette semaine, on va faire de la natation alors n'oublie pas ton maillot de bain!

On va finir à 5 heures. Nous allons être fatigués, mais après-demain, c'est mercredi et on n'a pas cours, alors ça, c'est bien!

b Réponds aux questions.

1 On va commencer à quelle heure, demain matin?

2 Où est-ce qu'on va manger à midi?

3 Qu'est-ce qu'on va faire en EPS cette semaine?

4 On va finir à quelle heure?

Using *aller* + infinitive (*le futur proche*)

To say what you are going to do in the near future,
use the present tense of the verb **aller** + an infinitive:

je vais	travailler sur l'ordinateur
tu vas	être fatigué(e)
il/elle/on va	commencer avec l'histoire
nous allons	faire de la natation
vous allez	manger à la cantine à midi
ils/elles vont	faire un projet en maths

Work out how to say the following in French.
Tomorrow we're going to start at 9 o'clock.
That's going to be boring.
To say what you're not going to do, put **ne** and **pas**
round the part of **aller**:
Je ne vais pas changer d'école en septembre.
I'm not going to change schools in September.
Translate the following.
We're not going to eat in the canteen tomorrow.
That's not going to be easy.

5 La semaine prochaine

a Mathieu est un élève sérieux.
Qu'est-ce qu'il dit?

Exemple: *Lundi, je vais faire mes*
devoirs de sciences.
Je vais écrire …

lundi	sciences – écrire un paragraphe sur l'expérience
mardi	anglais – apprendre du vocabulaire pour un contrôle
mercredi	histoire – faire des recherches sur Internet
jeudi	géographie – lire le chapitre sur le Canada
vendredi	maths – finir des exercices
samedi	technologie – finir mon projet

b Sa sœur, Hélène, préfère s'amuser. Raconte ce
qu'elle va faire ou ce qu'elle dit.

Exemple: *Lundi, elle va sortir avec Daniel.*

lundi		avec Daniel.
mardi		à Fatima.
mercredi		'Lucas et moi, nous ____.'
jeudi		'Magali et moi, nous ____.'
vendredi		'Je ____ avec Pierre.'
samedi		'Je ____ avec Yasmine.'

6 Une visite au théâtre

Exemple: *Qui va organiser la visite au théâtre?*

a Complète avec la bonne forme du verbe **aller**.

b Trouve les paires.

c Traduis les réponses en anglais.

1 Qui ____ organiser la visite au théâtre?
2 Qu'est-ce que vous ____ voir?
3 Quand ____-vous partir au théâtre?
4 Comment ____-tu rentrer à la maison après?
5 Est-ce que Luc et Leïla ____ rentrer avec toi?

a On ____ partir à 14 heures.
b Oui, ils ____ rentrer en bus aussi.
c Nous ____ voir *Macbeth*.
d Je ____ prendre le bus.
e Mme Duval ____ organiser la visite.

7 Ça va être comment?

a À deux, lisez la conversation.

– Demain matin on va avoir deux heures d'EPS.
– Ça va être génial. J'adore le sport.
– Et l'après-midi nous allons faire des expériences
en chimie.
– Ça va être moins intéressant. Je n'aime pas du tout
les sciences.
– Puis après l'école, on va avoir beaucoup de devoirs.
– Ça ne va pas être amusant. Je déteste faire les
devoirs.

b Inventez d'autres conversations en changeant les
mots surlignés.

Des activités
faire des recherches sur Internet
faire un projet sur l'Afrique
faire de la natation en EPS
jouer un match contre le collège Henri Matisse
voir un film

Des adverbes
assez
très
moins
plus

Des adjectifs
amusant
ennuyeux
fatigant
intéressant
sympa
nul

Des avis
J'adore …
Je n'aime pas du tout …
Je déteste …

- discuss plans for the next school year
- use two verbs together

1 On parle des projets

◀)) Écoute la discussion entre Théo et Lucie. Ils parlent des options et de leurs projets d'avenir. Copie et complète les phrases.

1 Lucie va choisir ____, ____, et ____.
2 Plus tard dans la vie, elle veut être ____.
3 Elle veut laisser tomber ____ parce qu'elle est nulle en ____.
4 Théo va choisir ____ et ____.
5 Il veut choisir ____ parce qu'il est ____.
6 Sa famille va souvent en ____ alors ça va être ____.
7 Il veut continuer en ____ parce que c'est sa ____.
8 Il va laisser tomber ____ parce qu'il trouve que ce n'est pas ____.

> laisser tomber *(literally 'to let fall')* to drop

Dossier-langue   **Grammaire 15**

Two verbs together

Sometimes you find two (or more) verbs together in a sentence: a main verb followed by an infinitive.
Look at these examples.

1 *Je vais changer d'école en septembre.*

2 *J'espère commencer l'espagnol.*

3 *Je voudrais être médecin.*

4 *On peut étudier le latin.*

5 *Il veut laisser tomber l'informatique.*

a Find the infinitives in each one.
b Does the first or second verb change tense?
c Translate the sentences into English.

Now translate these sentences into French.

1 My friend is going to change school.
2 I would like to be a pilot.
3 She hopes to continue with music.

---

2 Une conversation

a Complète les questions avec un verbe à l'infinitif. Il y a plusieurs possibilités pour les questions 2 et 3.

1 Est-ce que tu vas ____ d'école en septembre?
2 Est-ce qu'on peut ____ de nouvelles matières l'année prochaine?
3 Pourquoi veux-tu ____ ça?
4 Qu'est-ce que tu vas ____ comme options?
5 Qu'est-ce que tu vas laisser ____ comme matières?

> commencer   tomber   choisir   étudier   changer

b Complète les réponses avec des verbes au présent.

a Je ____ choisir l'espagnol et la géographie. (*penser*)
b À mon avis, ça ____ être intéressant. (*aller*)
c Oui, je ____ aller au lycée en septembre. (*aller*)
d Je ____ laisser tomber la physique. (*vouloir*)
e Oui, c'est possible. Moi, j'____ commencer la psychologie. (*espérer*)

c À deux, lisez la conversation.

d Inventez une autre conversation sur ce modèle.

Phonétique

⬚ ◀)) **Nasal and non-nasal sounds**

You learnt how to pronounce **nasal sounds** (through the nose) earlier in the course. Practise saying these words correctly, then listen to check.

an/am/en/em – l**an**gue, sci**en**ces, appr**en**d

in/im – **in**téressant, dess**in**, **im**possible

on/om – opti**on**, t**om**ber, c**om**ptable

un/um – l**un**di, quelqu'**un**, parf**um**

In the following cases, these letter combinations make **non-nasal sounds**:

- if there is a double 'n' or 'm', e.g. a**nn**ée, co**mm**e
- if 'n' or 'm' is followed by a vowel, e.g. a**m**user, é**n**ergique

Practise saying these words, then listen to check.

chinois, demi, programme

Find three more words which contain a nasal sound, and three words which include the letters 'n' or 'm', but where the sound is not nasal.

3 Choisir – c'est difficile!

Lis le message de Raj.

a Trouve l'équivalent en français.
1 you have to choose
2 next year
3 my favourite subjects
4 I hope to begin
5 I'm rubbish at
6 I'm not much good at
7 I have to continue with
8 I'm going to drop
9 I'd really like to know
10 how that works

b Réponds aux questions.
1 Raj est en quelle classe?
2 Quand va-t-il changer d'école?
3 Quelles sont ses matières préférées?
4 Il n'est pas fort en quelles matières?
5 Qu'est-ce qu'il va laisser tomber comme matières?
6 Pourquoi va-t-il continuer en maths? (*parce que c'est …*)
7 Qu'est-ce qu'il veut faire plus tard dans la vie?

c Relis le message de Raj, puis regarde *Jeu de mémoire* à la page 130 et trouve les cinq phrases qui sont vraies.

| Boutique | Jeux | Applis | Livres | Musique | Vidéo |

Raj: ✉ ♥ ➪

Salut Thomas,

Comme tu le sais, je suis en troisième en ce moment et l'année prochaine, je vais changer d'école pour aller au lycée. En seconde, on va faire sept matières générales (français, maths, sciences, histoire-géo, etc.) qui sont obligatoires, et deux autres matières au choix. Cette année, il faut choisir des 'options' pour l'année prochaine – c'est difficile.

Mes matières préférées sont les langues vivantes, donc je vais continuer à étudier l'anglais et l'allemand et au lycée, j'espère commencer l'espagnol. Je suis nul en maths, je ne suis pas très fort en musique et je n'aime pas du tout le dessin. Il faut continuer en maths – c'est obligatoire, mais je vais laisser tomber la musique et le dessin.

Ma petite amie, Marine, veut être comptable, alors elle va commencer les sciences économiques. Elle va choisir la musique aussi parce qu'elle joue du piano et qu'elle s'y intéresse beaucoup.

Est-ce que, toi aussi, tu choisis des 'options' pour l'année prochaine? Je voudrais bien savoir comment ça se passe dans ton pays. Que vas-tu faire plus tard dans la vie? Je voudrais être professeur d'anglais, mais mon copain Benoît n'a pas encore décidé. Il s'intéresse beaucoup à l'informatique, alors il va peut-être devenir programmeur ou ingénieur.

@+ Raj

Dossier-langue **Grammaire 14.3**

il faut and *il ne faut pas*

- The expressions **il faut** and **il ne faut pas** are used to say what should or should not happen. They can be translated in different ways in English, e.g. 'it is (not) necessary', 'you must (not)', 'you should/shouldn't', 'you (don't) have to', 'you (don't) need to', etc.
- Find two examples in Raj's message.
- What kind of word normally follows **il faut/ il ne faut pas?**

4 À toi!

💬 **a** À deux, posez des questions et répondez.
- Qu'est-ce que tu vas choisir comme options l'année prochaine? Pourquoi?
- Qu'est-ce que tu veux laisser tomber? Pourquoi?
- Tu es assez fort(e) en quelles matières?
- Tu es moins fort(e) en quoi?

b Écris tes réponses aux questions.

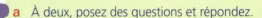

Mes opinions sur les matières
Mes matières préférées sont …
J'aime … parce que …
Je n'aime pas du tout … car …

　　+ (*opinion positive*)
　　j'aime bien le prof
　　c'est une matière utile, etc.

　　– (*opinion négative*)
　　nous avons trop de devoirs
　　c'est une perte de temps, etc.

Mes points forts et faibles
Je suis (assez) fort(e) en …
Je ne suis pas fort(e) en …
Je suis nul(le) en …

Des matières obligatoires
Les matières obligatoires sont …
Il faut continuer …
On ne peut pas laisser tomber …

En option
Je voudrais faire …
Je peux laisser tomber …
On peut choisir entre … et …
Je peux commencer …
Ça va être intéressant/différent, etc.
J'espère commencer …
　　la sociologie
　　l'étude des médias

L'année prochaine
Je vais choisir …

4D D'accord ou pas d'accord?

- discuss aspects of school life
- use different forms of the negative
- use *avoir raison* and *avoir tort*

1 Forum des jeunes: Les devoirs

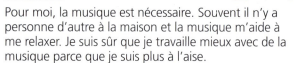 **forum des jeunes** Est-ce qu'on peut bien faire ses devoirs en écoutant de la musique?

Méloman: ✉ ♥ ⇨

Pour moi, la musique est nécessaire. Souvent il n'y a personne d'autre à la maison et la musique m'aide à me relaxer. Je suis sûr que je travaille mieux avec de la musique parce que je suis plus à l'aise.

Batterie++: ✉ ♥ ⇨

Moi, je pense que oui. Quand il n'y a pas de musique, j'entends tous les petits bruits de la maison. Avec de la musique, ça va mieux.

100sass: ✉ ♥ ⇨

Pour moi, ce n'est pas possible, je n'arrive pas à me concentrer sur mon travail. Alors, je ne fais jamais mes devoirs en écoutant de la musique.

1000feuille: ✉ ♥ ⇨

À mon avis, c'est possible pour les devoirs qui ne sont pas très difficiles. Mais pour apprendre et pour faire des devoirs où il faut vraiment se concentrer, je préfère le calme et le silence. Sinon, je n'apprends rien.

Lis le forum. Trouve l'équivalent en français.

1 Often there's nobody else at home.
2 I work better
3 I can't concentrate.
4 I never do my homework.
5 In my opinion
6 where you really have to concentrate
7 Otherwise, I learn nothing/don't learn anything.

2 Français–anglais

Trouve les paires.

1 Je n'y suis jamais allé.	a You never know.
2 On ne sait jamais.	b There's none left.
3 Il n'y en a plus.	c I've never been there.
4 Ça ne fait rien.	d We didn't do anything.
5 On n'a rien fait.	e It doesn't matter.
6 Je n'ai vu personne.	f I didn't see anyone.

Stratégies

More interesting conversations

- Try to give some positive and some negative opinions.
- Say someone is right and explain why.
- Say in your opinion, someone is mistaken and give a reason.
- Use fillers, such as: **Je ne sais pas / Je ne suis pas certain(e) / Ça dépend**.

Dossier-langue Grammaire 10

The negative

To make a sentence negative ('not'), put **ne/n'** and **pas** around the verb:

Je ne comprends pas l'exercice.
I don't understand the exercise.

There are other words you can use instead of **pas**. Look for some examples in the forum and read the examples below to work out the English meanings.

ne … pas	Ce n'est pas possible.
ne … plus	Cette année on ne fait plus d'allemand.
ne … jamais	Je ne fais jamais mes devoirs dans le bus.
ne … rien	Je ne comprends rien en espagnol.
ne … personne	Il n'y a personne au collège, le dimanche.

Look at the following examples and work out where the second part of the negative goes in the perfect tense.

Je n'ai pas fait mes devoirs.
I haven't done my homework.

Je ne suis jamais allé à Paris. *I've never been to Paris.*

Je n'ai rien acheté. *I didn't buy anything.*

With **ne … personne**, the pattern is different.

On n'a vu personne en ville.
We didn't see anyone in town.

Jamais, rien and **personne** can also be used on their own, often as answers to questions:

Tu as visité l'Afrique? Non, jamais.

Qu'est-ce qu'il y a à faire? Rien.

Qui est là? Personne.

3 Un voyage scolaire

🔊 a Écoute la conversation. C'est vrai (**V**), faux (**F**) ou pas mentionné (**PM**)?

1 Pierre n'est pas allé en voyage scolaire.
2 Il est arrivé en retard au collège.
3 La classe est allée à la Cité des sciences en car.
4 Lucie n'a pas vu l'exposition sur la mer.
5 Ils ont vu un film au cinéma du musée.
6 Ils n'ont rien mangé à midi.
7 Lucie ne mange pas de viande.
8 Elle n'a rien acheté au magasin.

➕ b Complète les phrases.

1 Pierre n'a pas pu aller en voyage scolaire parce qu'il était ____.
2 C'est dommage, parce qu'il n'est ____ ____ à la Cité des sciences.
3 Selon Lucie on ne peut pas tout ____ en ____ ____.
4 À midi, il y ____ du monde au restaurant et il n'y avait ____ ____ poisson.

4 Des dessins

Complète les bulles.

Je ___ comprends ___ pourquoi ça ___ marche ___. (*don't, doesn't*)

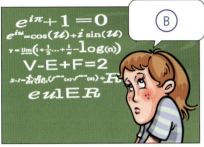

Les maths, ce ___ est ___ facile. (*not*)
Je ___ comprends ___ en maths. (*nothing*)

Vite, il ___ y a ___ dans la cantine. (*no one*)

Je peux sortir ce soir. Je ___ ai ___ de devoirs. (*no more*)

Ce ___ est ___ juste. (*not*).
Nous ___ utilisons ___ d'ordinateurs en classe. (*never*)

5 Forum des jeunes: L'école

a Lis le forum, puis écris à qui cela correspond.

Exemple: **1** *Technofille* (T)

1 À son école, on ne porte pas d'uniforme.
2 L'uniforme scolaire est obligatoire dans sa nouvelle école.
3 Elle ne perd pas de temps à choisir ses vêtements pour l'école.
4 Elle ne veut pas s'habiller comme les autres.
5 À son avis, les contrôles peuvent être utiles.
6 Il n'aime pas avoir trop de contrôles.

b Tu es d'accord ou pas d'accord avec qui? Pourquoi?

forum des jeunes
L'uniforme scolaire

Pamplemousse:
Récemment, j'ai changé d'école et maintenant je dois porter un uniforme. J'aime bien ça. Je ne passe plus des heures à décider ce que je vais mettre pour aller en classe.

Technofille:
Je suis contre l'uniforme scolaire. Je veux m'habiller comme je veux le matin. Je comprends les gens qui aiment avoir un uniforme, mais je sais que, moi, je ne pourrais jamais aller à l'école comme ça!

Les contrôles

Passionné de foot:
On ne veut plus de contrôles! Je trouve qu'il y a vraiment trop de contrôles cette année et je n'aime pas ça!

100sass:
Tu as raison, les contrôles sont barbants, mais c'est un moyen de nous motiver (et de nous forcer) à apprendre des choses.

6 Quel est ton avis?

Pour chaque expression, décide si on est d'accord (✓), pas d'accord (✗) ou neutre (?).

tu as raison *you're right*
tu as tort *you're wrong*

Exemple: **1** ?

1 Je n'ai vraiment pas d'opinion.
2 Il y a du pour et du contre.
3 Je suis de ton avis.
4 C'est ce que je pense moi aussi.
5 Je suis tout à fait d'accord.
6 Ça dépend.
7 Tu as raison.
8 Là, je ne suis pas d'accord.
9 Je ne suis pas du tout d'accord.
10 Tu as tort.

7 À toi!

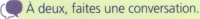

À deux, faites une conversation.

1 Tu aimes faire tes devoirs en écoutant de la musique? Pourquoi?
Non, s'il y a de la musique, je ne peux pas me concentrer.
Oui, parce que je n'aime pas le silence.
Quelquefois, mais seulement si le travail n'est pas compliqué.

2 À ton avis, l'uniforme scolaire est-il une bonne idée? Pourquoi?
Je trouve que c'est (pas) bien de porter un uniforme parce que …

3 Tu trouves qu'on fait assez de sport au collège?
À mon avis, on ne fait jamais assez de sport.
Comme je n'aime pas beaucoup le sport, je trouve que …

4E Il y a beaucoup de métiers

■ *talk about different careers*

1 La découverte professionnelle

> Salut, je m'appelle Marine et je suis en troisième. Cette année on peut choisir en option facultative (*as an optional subject*) la découverte professionnelle (DP3). Pendant trois heures par semaine, on se renseigne sur les métiers, les formations et le monde du travail. On fait des visites dans des entreprises et on écoute des professionnels qui nous expliquent leur métier, etc. C'est une bonne idée, non?

a Trouve l'équivalent en français.
1 we can choose
2 careers information
3 for three hours a week
4 we learn about
5 training
6 organisations

 b Traduis le texte en anglais.

2 C'est quel métier?

 Écoute et trouve la bonne image.

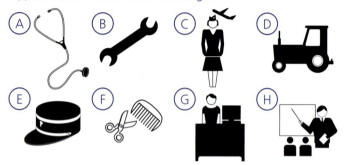

Lexique

Des métiers	Jobs
un(e) acheteur/-euse	buyer
un agent de police	police officer
un(e) agriculteur/-trice	farmer
un(e) architecte	architect
un(e) avocat(e)	lawyer
un(e) chauffeur/-euse (de taxi)	(taxi) driver
un(e) cuisinier/-ière	cook
un(e) dessinateur/-trice	designer
un(e) facteur/-trice	postman/woman
un(e) fermier/-ière	farmer
un gendarme	police officer
un(e) graphiste multimédia	web designer
une hôtesse de l'air/ un steward	flight attendant
un(e) infirmier/-ière	nurse
un(e) informaticien(ne)	IT specialist
un(e) ingénieur	engineer
un(e) instituteur/-trice	primary school teacher
un(e) journaliste	journalist
un(e) mécanicien(ne)	mechanic, train driver
un médecin	doctor
un(e) pilote	pilot
un(e) programmeur/-euse	computer programmer
un sapeur-pompier	firefighter
un(e) secrétaire	secretary
un(e) serveur/-euse	waiter/waitress
un styliste	fashion designer
un(e) technicien/-ienne	technician
un(e) vendeur/-euse	salesperson
un(e) vétérinaire	vet
un(e) webmaster	webmaster

Dossier-langue   Grammaire 1, 2.2

Talking about jobs

When talking about people's jobs, you don't use the article (**un/une**):

Il est agent de police.   **Elle est dentiste.**

Nouns which refer to jobs often have a special feminine form.
Main patterns:

		masculin	féminin
1	no change because masc. ends in **-e**	vétérinaire	vétérinaire
2	add **-e**	employé de bureau	employée de bureau
3	**-(i)er → -(i)ère**	infirmier boulanger	infirmière boulangère
4	**-eur → -euse**	vendeur	vendeuse
5	**-teur → -trice**	instituteur	institutrice
6	**-(i)en → -(i)enne**	mécanicien	mécanicienne

3 Une liste

Complète le tableau.

masculin	féminin
1 photographe	
2 représentant	
3 caissier	
4 pharmacien	
5 chanteur	
6	coiffeuse

4 On parle des métiers

Écoute les interviews et pour chaque personne note:
le métier, **un avantage**, **un inconvénient**.

Exemple: 1 *facteur*, …, …

5 Quel métier?

Propose un métier à chaque personne.
Cherche dans le *Lexique*. Il y a
plusieurs possibilités.

Exemple: **1 instituteur / institutrice**

1 Je voudrais travailler avec des enfants.
2 Je voudrais faire un métier médical.
3 Je voudrais travailler avec des animaux.
4 J'adore préparer des repas.
5 L'informatique, ça m'intéresse beaucoup.
6 Je voudrais travailler dans un magasin.
7 Je cherche un métier où l'on voyage.
8 J'aime faire du dessin.

Stratégies

Speaking more fluently

To make a conversation flow more naturally, try to
find a way of expressing the same idea if you don't
know the specific vocabulary.

- If you can't think of the word for someone's job,
  say where they work or what they do.

  **Il/Elle travaille dans le marketing /
  l'informatique / l'assurance / les finances /
  pour un organisme humanitaire.**

  You could also give the name of the company.

  Il/Elle travaille chez Renault / Apple.

  The most senior person, the manager or head of
  department, is often described as *le/la chef*, e.g.

  **Elle est chef réceptionniste. Il est chef de
  produit.** (product manager).

- If you can't think how to say to be unemployed
  (**être au chômage**), you could say that someone
  is not working at the moment.

  Il/Elle ne travaille pas en ce moment.

- If you can't think of the word for retired (**être
  retraité(e)** or **à la retraite**), you could say that
  someone doesn't work any more.

  **Mon grand-père/Ma grand-mère ne
  travaille plus.**

Phonétique

[↖] [◀))) '-eur/-euse'; '-ien/-ienne'; '-ier/ière'
Check that you can hear and say the different
masculine and feminine endings correctly.
Listen and write down whether the word you hear is
masculine (m) or feminine (f).

Exemple: 1 m, …

6 Que font-ils dans la vie?

Lis les phrases et devine l'emploi. Consulte le *Lexique*
pour t'aider.

Exemple: 1 Elle est professeur.

1 Elle travaille dans un collège. Elle donne des cours
   de technologie.
2 Elle travaille à l'hôpital. Elle s'occupe des malades.
3 Il porte un uniforme et il travaille au commissariat.
4 Il travaille dans un grand magasin. Il vend des
   vêtements.
5 Elle dessine des pages pour un site Web et elle crée
   des icônes et des dessins numériques.
6 Il s'occupe du bon fonctionnement d'un site Internet
   pour une entreprise ou pour une association.

7 Un message de Karim

Lis le message et réponds aux questions.

1 Qu'est-ce que le père de Karim fait dans la vie?
2 Est-ce qu'il aime son travail? Quels sont les
   inconvénients?
3 Que fait sa mère comme métier?
4 Qu'est-ce qu'elle pense de son emploi?
5 Qu'est-ce que Karim va peut-être faire?

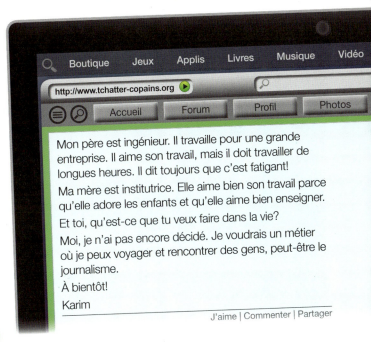

Boutique   Jeux   Applis   Livres   Musique   Vidéo

http://www.tchatter-copains.org ▶

Accueil   Forum   Profil   Photos

Mon père est ingénieur. Il travaille pour une grande
entreprise. Il aime son travail, mais il doit travailler de
longues heures. Il dit toujours que c'est fatigant!

Ma mère est institutrice. Elle aime bien son travail parce
qu'elle adore les enfants et qu'elle aime bien enseigner.

Et toi, qu'est-ce que tu veux faire dans la vie?

Moi, je n'ai pas encore décidé. Je voudrais un métier
où je peux voyager et rencontrer des gens, peut-être le
journalisme.

À bientôt!

Karim

J'aime | Commenter | Partager

8 *À toi!*

Écris six phrases sur l'emploi de personnes que
tu connais.

Exemple:

Mon père travaille dans l'informatique.
**Ma mère est graphiste multimédia, mais
elle ne travaille pas en ce moment.**
**Mon grand-père ne travaille pas en ce
moment, il est au chômage.**

- *use future time expressions*
- *understand and use different tenses*
- *find out about two famous French people*

1 Quand ça?

Écoute les conversations et note la phrase qui correspond.

Exemple: **1** **a (hier soir)**

a hier soir
b lundi dernier
c l'année dernière
d demain matin
e après-demain

f le mois prochain
g la semaine prochaine
h vendredi dernier
i samedi prochain
j l'année prochaine

2 Dans l'ordre

Aujourd'hui, c'est lundi. Écris ces expressions dans l'ordre chronologique.

Exemple: **1** **b (dans dix minutes)**

a jeudi prochain
b dans dix minutes
c l'année prochaine
d demain
e la semaine prochaine
f ce soir
g le mois prochain
h après-demain

3 Des questions et des réponses

a Trouve les paires.

1 Qu'est-ce que tu as fait comme devoirs hier soir?

2 Qu'est-ce que tu as comme cours aujourd'hui?

3 Qu'est-ce que tu vas choisir en option l'année prochaine?

4 Qu'est-ce que tu vas laisser tomber?

5 Qu'est-ce que vous avez fait l'année dernière comme sport?

a Nous avons fait de l'athlétisme.

b Je vais laisser tomber la géographie et l'allemand.

c L'année prochaine, je vais choisir l'histoire et l'art dramatique.

d Nous avons deux heures de maths, puis une heure d'anglais.

e J'ai fait du français et de la biologie.

b À deux, posez les questions 1–5 et inventez des réponses.

1 Comme devoirs, j'ai fait …
2 Aujourd'hui nous avons …
3 Je vais choisir …
4 Je vais laisser tomber …
5 Nous avons fait …

c Écris tes réponses.

4 Yassine Thomas – photographe

Choisis le bon verbe pour compléter ces phrases.

Exemple: **1** **En juin dernier, Yassine a commencé à travailler à l'agence 'Photos-images'.**

1 En juin dernier, Yassine (*commence / va commencer / a commencé*) à travailler à l'agence 'Photos-images'.

2 Elle (*va aimer / aime*) beaucoup ce travail.

3 Hier, elle (*est allée / va aller / va*) à Paris.

4 Demain, Yassine (*va prendre / a pris*) des photos de mariage.

5 Après-demain, elle (*est allée / va aller*) à Lille.

6 Vendredi prochain, elle (*a été / va être*) libre.

7 En dehors du travail, elle (*va faire / a fait / fait*) généralement du sport.

8 L'année dernière, elle (*joue / va jouer / a joué*) au championnat de tennis.

9 Pendant son temps libre, elle (*a aimé / aime / aimera*) aussi la musique.

10 Ce soir, elle (*va aller à / est allée à*) un concert de musique rock.

Dossier-langue | **Grammaire 12**

Talking about the past, the present and the future

• le passé	• le présent	• le futur
L'année dernière, j'ai fait de la gymnastique et de la natation en EPS. C'était fatigant.	Cette année, nous faisons de l'athlétisme. C'est dur et énergique.	L'année prochaine, je vais faire du kayak et du VTT. Ça va être super.

Look at the captions and find the following:
- one verb in the perfect tense
- one verb in the imperfect tense
- two verbs in the present tense
- two examples of **aller** + infinitive (*le futur proche*) to describe what is going to happen in the future.

5 Le collège Pierre de Coubertin

Le collège se trouve près de Nice dans le sud de la France. On lui a donné le nom de Pierre de Coubertin, le Français qui a organisé les premiers Jeux Olympiques modernes et internationaux en 1896.

Les Jeux Olympiques anciens ont eu lieu en Grèce, près de la ville d'Olympie, il y a environ 3 000 ans. Ils ont eu lieu régulièrement, puis en 393, les Grecs ont arrêté de les organiser. On ne sait pas pourquoi. Pierre de Coubertin a fait plusieurs voyages en Grèce, il s'est inspiré de ces Jeux anciens, et en 1896, il a organisé les premiers Jeux Olympiques modernes à Athènes. Coubertin a choisi la devise en latin *citius*, *altius*, *fortius* … (plus vite, plus haut, plus fort …). Il y avait environ deux cents athlètes de douze pays différents. Les femmes n'y participaient pas au début mais elles ont pu y participer à partir des deuxièmes Jeux Olympiques, à Paris, en 1900.

De nos jours on organise les Jeux d'été (avec environ trente sports) et les Jeux d'hiver (avec des sports sur neige et sur glace). Les langues officielles des Jeux sont le français, l'anglais et la langue locale.

Lis le texte et réponds en anglais.

1 What is Pierre de Coubertin famous for?
2 What happened in 393 BC?
3 What does the Olympic motto mean?
4 What changed between the first and second modern Olympics?
5 What are the official languages of the Games?

6 Le lycée Champollion

Le lycée Champollion, ou «Champo» est un lycée à Grenoble, dans le sud-est de la France. On lui a donné le nom de l'historien Jean-François Champollion, qui a réussi à déchiffrer des hiéroglyphes.

Jean-François Champollion est né en 1790, à l'époque de la Révolution française. Il a commencé l'école quand il avait huit ans. Il n'était pas fort en maths, ni en français; cependant il se passionnait pour les langues anciennes, le latin et le grec.

Plus tard, il est allé au lycée Stendhal à Grenoble. Il était très fort en langues et il a étudié l'hébreu et l'arabe. Ensuite, il est allé à Paris pour étudier d'autres langues. Il a appris environ neuf langues et il est devenu passionné par le monde des Égyptiens de l'Antiquité.

Pendant cette époque, on a redécouvert la pierre de Rosette en Égypte. Mais personne ne comprenait les hiéroglyphes. Champollion s'est mis au travail et il a finalement réussi à déchiffrer le système des hiéroglyphes en 1822.

L'obélisque de la place de la Concorde à Paris est couvert de hiéroglyphes.

La pierre de Rosette a joué un rôle important dans le déchiffrement des hiéroglyphes.

a Lis le texte et réponds en anglais.

1 What was happening in France at the time Champollion was born?
2 What were his favourite school subjects?
3 About how many languages did he learn?
4 What had been discovered in Egypt around that time?

b Complète la carte avec les renseignements sur Champollion.

➕ c Fais des recherches sur le lycée Stendhal à Grenoble. Est-ce qu'il existe toujours? Qui était Stendhal? Pourquoi était-il célèbre?

Carte d'identité

Nom: Champollion

Prénom: (1) ....

Né: (2) ....

Mort: 1832

Langues parlées: (3) ...., (4) ...., et d'autres (il y a plusieurs possibilités)

Métier: historien

1 Le Petit Nicolas

Beaucoup de Français connaissent les histoires du 'petit Nicolas' par Sempé et Goscinny. Il s'agit d'une collection d'histoires, racontées par un petit garçon de sept à huit ans qui va à l'école primaire. Lis l'extrait du premier livre, *Le Petit Nicolas*.

On a eu l'inspecteur

La maîtresse est entrée en classe toute nerveuse. «M. l'Inspecteur est dans l'école, elle nous a dit, je compte sur vous pour être sages et faire une bonne impression.» Nous on a promis qu'on se tiendrait bien, d'ailleurs, la maîtresse a tort de s'inquiéter, nous sommes presque toujours sages. «Je vous signale, a dit la maîtresse, que c'est un nouvel inspecteur, l'ancien était déjà habitué à vous, mais il a pris sa retraite …» Et puis, la maîtresse nous a fait des tas de recommandations, elle nous a défendu de parler sans être interrogés, de rire sans sa permission, elle nous a demandé de ne pas laisser tomber des billes comme la dernière fois que l'inspecteur est venu et qu'il s'est retrouvé par terre, elle a demandé à Alceste de cesser de manger quand l'inspecteur serait là et elle a dit à Clotaire, qui est le dernier de la classe, de ne pas se faire remarquer.

« Vous là-bas, regardez moi bien dans les yeux ! »

« Pour les grimaces, je suis très fort »

Réponds en anglais.

1 Why is the teacher anxious?

2 According to Nicolas, why should she not be worried?

3 Why is the former inspector no longer coming to the school?

4 What happened when the last inspector visited the class?

5 Mention at least two things that she asks the class not to do.

sages	*well-behaved*
qu'on se tiendrait bien	*that we would behave well*
d'ailleurs	*moreover*

2 Une photo

Regarde la photo et réponds aux questions.

1 Où est-ce qu'on a pris la photo?

2 Qu'est-ce qu'on voit comme nourriture sur la photo?

3 Que penses-tu des repas à la cantine du collège?

4 Qu'est-ce que tu as mangé hier à midi?

5 Où est-ce que tu vas déjeuner demain?

3 Une école dans un pays francophone

Cherche le site Web d'une école en France ou dans un autre pays francophone. Note des renseignements sur l'école, par exemple: le nom, l'adresse, les activités, des projets, etc.

On met souvent les menus de la cantine sur les sites Web de l'école. Copie le menu du jour que tu préfères dans ton cahier.

Now I can …

■ *talk about school life*

la bibliothèque	library
la cantine	canteen
un collège	school (11–14/15 years)
la cour	playground
un cours	lesson
un(e) demi-pensionnaire	a day pupil who has lunch at school
les devoirs (m pl)	homework
une école publique	state school
une école privée	private school
un(e) élève	pupil
un emploi du temps	timetable
le gymnase	gym
un internat	boarding school
un laboratoire	laboratory
un lycée	school (15–19 years)
la rentrée	beginning of school year in September
la salle de classe	classroom
le terrain de sport	sports ground
un uniforme scolaire	school uniform

■ *talk about school subjects*

l'allemand (m)	German
l'anglais (m)	English
les arts plastiques (m pl)	art and craft
la biologie	biology
la chimie	chemistry
le dessin	art
l'étude des médias (f)	media studies
l'EPS (éducation physique et sportive) (f)	PE
l'espagnol (m)	Spanish
le français	French
la géographie	geography
la gymnastique	gymnastics
l'histoire (f)	history
l'informatique (f)	IT
l'instruction civique (f)	citizenship
l'instruction religieuse (f)	religious instruction/studies
les langues vivantes (f pl)	modern languages
le latin	Latin
les maths (f pl)	maths
la musique	music
la physique	physics
les sciences économiques (f pl)	economics
les sciences physiques (f pl)	physical sciences
la sociologie	sociology
le sport	sport
les SVT (sciences de la vie et de la terre) (f pl)	natural sciences
la technologie	technology

■ *say which subjects I like or dislike*

Mes matières préférées sont …	My favourite subjects are …
Les matières que j'aime le moins sont …	The subjects I like least are …

■ *give reasons (see also page 58)*

positive:

On dit que c'est une matière importante/utile.	They say it's an important/ useful subject.

negative:

À mon avis, c'est ennuyeux.	In my opinion, it's boring.

■ *discuss strengths and weaknesses*

Je suis nul(le) en …	I'm no good at …
Je ne suis pas fort(e) en …	I'm not good at …
Je suis assez fort(e) en …	I'm quite good at …

■ *discuss options*

Il faut choisir entre … et …	You have to choose between … and …
Je vais continuer à étudier …	I'm going to continue studying …
Je vais laisser tomber …	I'm going to drop …
J'espère commencer …	I hope to start …

■ *discuss future plans*

L'année prochaine, je vais …	Next year, I'm going to …
J'ai l'intention de …	I intend to …
Je voudrais travailler dans l'informatique.	I would like to work in IT.
Je n'ai pas encore décidé.	I haven't decided yet.

■ *talk about different careers (see page 65)*

■ *use different forms of the negative (see Grammaire 10)*

ne … pas	not
ne … plus	no more, no longer
ne … jamais	never, not ever
ne … personne	no one, not anyone
ne … rien	nothing, not anything

■ *say what is (not) going to happen, using aller + infinitive (see also page 59)*

Demain matin, on va avoir EPS.	Tomorrow morning we're going to have sport.
Ça va être génial.	That's going to be great.
Demain soir, on va avoir beaucoup de devoirs.	Tomorrow evening we're going to have a lot of homework.
Ça ne va pas être amusant.	That's not going to be fun.

■ *use expressions of future time (see also page 66)*

après-demain	the day after tomorrow
ce soir	this evening
dans une demi-heure	in half an hour
demain	tomorrow
(lundi) prochain	next (Monday)
la semaine prochaine	next week
le mois prochain	next month

■ *understand and use different tenses to refer to the past, the present and the future*

Aujourd'hui, nous avons deux heures de français.	Today we have two lessons of French.
Hier, j'ai joué un match de basket.	Yesterday I played a basketball match.
L'année prochaine, je vais laisser tomber l'histoire.	Next year I'm going to drop history.

Presse-Jeunesse ②

Vous aimez la peinture?

**Il y a beaucoup de peintres français qui sont très célèbres.
En voici trois des plus populaires.**

1 Claude Monet

Complète la liste.

Exemple:

1 *une peinture*

Français	Anglais
(1) ____	a painting
(2) ____	painters
un tableau	(3) ____
en plein air	(4) ____
(5) ____	in his studio
la lumière	(6) ____
un paysage	(7) ____
(8) ____	in the country
(9) ____	museums

> On peut voir le travail de Monet dans de nombreux musées à Londres et à Paris, et visiter sa maison et son jardin à Giverny.

Claude Monet (1840–1926)

Quand Claude Monet s'ennuyait à l'école, il s'amusait à dessiner des caricatures de ses professeurs dans ses cahiers.

Plus tard, il est devenu le plus célèbre d'un groupe de peintres qu'on appelle les Impressionnistes.

On leur a donné le nom 'Impressionnistes' à cause de ce tableau de Monet qui s'appelle *Impression, Soleil levant*.

Comme les autres Impressionnistes, Monet aimait travailler en plein air, pas dans son atelier.

Les Impressionnistes aimaient les couleurs vives et ils s'intéressaient aux 'effets spéciaux' de la lumière et du brouillard. Monet a souvent peint le même paysage plusieurs fois, mais sous des lumières différentes.

Monet et sa famille habitaient une maison à la campagne, à Giverny. Chaque matin, il se levait vers cinq heures et faisait le tour du jardin, qu'il avait planté lui-même et où il réalisait beaucoup de ses peintures.

Vers la fin de sa vie, quand il y voyait moins bien, il faisait surtout des tableaux des nénuphars (*water-lilies*), dans son jardin d'eau.

Impression: Sunrise, Le Havre, 1872 (oil on canvas) by Claude Monet (1840–1926) Musée Marmottan, Paris, France/ Giraudon/Bridgeman Art Library

Water Lilies by Claude Monet

Paul Cézanne (1839–1906)

Cézanne est né et a été élevé à Aix-en-Provence mais il a passé beaucoup de temps à Paris, où il a discuté des idées artistiques avec les Impressionnistes et avec son ami, l'écrivain Émile Zola.

Plus tard, il est retourné en Provence et c'est là qu'il a passé la dernière partie de sa vie. Parmi ses peintures, il a créé beaucoup de natures mortes*, souvent avec des fruits ou des légumes.

Cézanne adorait les couleurs de la Provence, surtout le bleu de la mer, le pourpre des montagnes et le vert et le jaune de la nature. Il aimait peindre des paysages comme la montagne Sainte-Victoire, qu'on trouve dans au moins trente de ses tableaux.

Cézanne n'a pas vendu beaucoup de tableaux dans sa vie, mais, heureusement pour lui, son père était riche. Après sa mort, Cézanne a eu une influence énorme sur les autres artistes et aujourd'hui on vend ses tableaux à des prix fantastiques.

Apple basket by Paul Cézanne

Mont Sainte Victoire, 1900 (oil on canvas) by Paul Cézanne (1839–1906) Hermitage, St. Petersburg, Russia/Bridgeman Art Library

> On peut voir le travail de Cézanne à Londres et à Paris, et visiter sa maison à Aix-en-Provence.

2 Paul Cézanne

Trouve les paires.

une nature morte	*still-life painting*

1 Les couleurs favorites de Cézanne	**a** un ami de Cézanne.
2 De nos jours, pour acheter un tableau par Cézanne	**b** de la Montagne Sainte-Victoire.
3 Une nature morte contient souvent	**c** n'était pas pauvre.
4 La maison de Cézanne est	**d** sont le bleu, le pourpre, le vert et le jaune.
5 L'auteur Émile Zola était	**e** des fruits et des légumes.
6 Beaucoup de peintres admiraient	**f** il faut être riche.
7 Cézanne a fait plus de trente tableaux	**g** l'œuvre de Cézanne.
8 Le père de Cézanne	**h** à Aix-en-Provence.

Henri Matisse (1869–1954)

Quand il était jeune, Matisse ne s'intéressait pas du tout à la peinture. Il avait l'intention d'être avocat.

À l'âge de vingt ans, il était à l'hôpital et sa mère lui a acheté une boîte de couleurs. C'est comme ça qu'il a commencé à peindre.

Matisse adorait le dessin. Quand il était vieux et devait rester au lit, il a dessiné sur le plafond de sa chambre à l'aide d'une canne à pêche.

Il a comparé l'art à un bon fauteuil où on peut se relaxer quand on est fatigué.

Matisse est célèbre surtout pour ses couleurs vives comme dans son tableau, *La chambre rouge*.

Plus tard, il a fait des collages avec des papiers découpés. Il a dit que comme ça, il semblait couper directement dans la couleur pure.

L'œuvre, *L'escargot*, est un de ses découpages les plus célèbres qu'on peut voir à la Tate Modern, un musée d'art contemporain à Londres.

La chambre rouge; la desserte – Harmonie rouge, 1908 The Red Room or Dessert: Harmony in Red, 1908 by Henri Matisse (1869–1954) Photo © Archives Matisse © Succession H. Matisse/DACS 2011

L'escargot, 1953 by Henri Matisse Photograph ©Tate, London 2011 © Succession H. Matisse/DACS 2011

3 Henri Matisse

Trouve l'équivalent en français.

Exemple: **1** quand il était jeune

1 when he was young
2 a box of paints
3 drawing
4 a fishing rod
5 famous
6 bright colours
7 to cut
8 London

4 C'est qui?

C'est Monet (**M**), Cézanne (**C**) ou Henri Matisse (**HM**)?

Exemple: **1** M

1 Il n'aimait pas l'école.
2 Il aimait utiliser les couleurs primaires, surtout le rouge.
3 Il avait un grand ami qui était auteur.
4 Il faisait des collages avec du papier coloré.
5 C'est sa mère qui l'a encouragé à faire de la peinture.
6 Il parlait de l'art avec ses amis dans la capitale du pays.
7 Il a fait une peinture qui a donné le nom à un mouvement artistique.

5 Le jeu des nombres

Chaque réponse est un nombre.

(3) (50) (100) (6) (31) (14) (11)

1 Quelquefois on appelle la France, 'l'Hexagone' à cause de sa forme. Un hexagone a combien de côtés?
2 Il y a combien de jours en août?
3 'L' est le chiffre romain pour quel nombre?
4 L'eau se transforme en vapeur à quelle température?
5 Il y a combien d'étages à la tour Eiffel à Paris?
6 Le tunnel sous la Manche fait combien de kilomètres environ?

7 La France a des frontières communes avec combien de pays? (On ne compte pas Andorre ni Monaco qui sont des principautés.)
8 Il y a combien de jours fériés en France? (On ne compte pas le vendredi saint qui est jour férié en Alsace seulement.)
9 Il y a combien de cents dans un euro?
10 La fête nationale en France est à quelle date, au mois de juillet?

6 Ce jour-là

Tu es fort en histoire? Fais ce jeu pour le savoir! Trouve les paires.

1 Le 15 mai 1889, …
2 Le 19 juillet 1900, …
3 Le 11 novembre 1918, …
4 Le 20 octobre 1935, …
5 Le 29 mai 1953, …
6 Le 20 juillet 1969, …
7 Le 11 février 1990, …
8 Le 31 août 1997, …
9 Le 11 septembre 2001, …
10 Le 29 avril 2011, …

a des Américains sont arrivés sur la Lune.
b on est monté à la tour Eiffel pour la première fois.
c Hillary et Tensing sont montés au sommet du mont Everest.
d le métro à Paris a été ouvert.
e on a joué au Monopoly pour la première fois.
f la princesse Diana est morte dans un accident à Paris.
g des terroristes ont attaqué New York et Washington.
h Le prince William et Kate Middleton se sont mariés à Westminster Abbey à Londres.
i Nelson Mandela est sorti de prison.
j On a signé l'armistice pour mettre fin à la Première Guerre mondiale (1914–1918).

5A Au parc du Futuroscope

- **find out about the Futuroscope theme park**
- **understand the pronoun** y

1 Le Futuroscope

Lis les textes et fais les exercices à la page 73.

Futuroscope

Un cube géant, une sphère énorme, un grand cristal réfléchissant – ces pavillons futuristes se trouvent au parc du Futuroscope. Dans ce grand parc de l'image et du cinéma, on utilise la technologie la plus récente pour créer une expérience unique. Voici quelques-unes des attractions qu'on trouvera au parc.

A La Gyrotour

Embarquez dans la Gyrotour pour une belle vue panoramique sur toutes les attractions du parc.

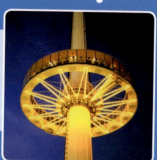

B La machine à voyager dans le temps

À bord d'un train aux effets spéciaux, les visiteurs seront transportés de l'époque de la préhistoire à la conquête de l'espace. Ils visiteront des scènes historiques en compagnie des Lapins Crétins (*Raving Rabbits*).

C Arthur, l'Aventure 4D

Devenez tout petit comme un Minimoy et partez avec Arthur à bord d'un véhicule. Vous plongerez au cœur de l'action pour franchir des dangers et des obstacles dans une course contre la montre.

D Sous les Mers du Monde

Sous un dôme géant, vous plongerez dans un monde sous-marin, où vous trouverez les créatures les plus exotiques de la planète. Vous verrez plus de soixante espèces différentes: poissons, tortues, étoiles de mer, et la pieuvre géante du Pacifique.
Un voyage fascinant dans le grand bleu. Film 3D projeté sur un écran hémisphérique. Lunettes à cristaux liquides.

E Danse avec les Robots

Dans une ambiance clubbing, dix robots vous invitent à danser. Les danseurs-robots, à sept mètres de hauteur, sont balancés en tous sens. Les visiteurs vivront un tourbillon de sensations vertigineuses. Une robot-party exceptionnelle à partager en famille (enfants à partir de 1,20m). Trois niveaux d'intensité au choix.

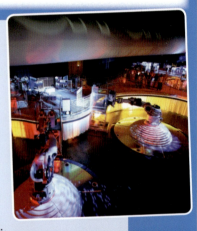

F Les Mystères du Kube

Des archéologues ont découvert un cube mystérieux dans les glaces du pôle Sud. Soudain tout change: le Kube est un être vivant et magique.

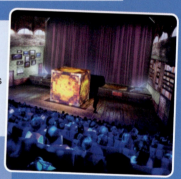

G Le spectacle nocturne

Chaque soir, le lac se transforme en une vaste scène. Des images géantes sont projetées sur des écrans d'eau, avec des effets spéciaux, des lasers et des feux d'artifice. Un spectacle exceptionnel, magique et inoubliable!

Vous n'imaginez pas ce qui vous attend!

a Trouve l'équivalent en français.

1 the most recent
2 special effects
3 the conquest of space
4 a race against time
5 you'll dive into the heart of the action
6 submarine world
7 you'll see more than 60 different species
8 a whirlwind of dizzying sensations
9 a living and magical being
10 on to screens of water
11 fireworks
12 unforgettable

➕ **c** Choisis une de ces attractions et fais-en un petit résumé en anglais.

2 Visitez le parc du Futuroscope

🔊 Écoute la publicité. On parle de quelques-unes de ces attractions, mais pas de toutes. Note les attractions dans l'ordre mentionné.

Exemple: A, …

3 Des questions et des réponses

Trouve les paires.

1 Où se trouve le parc du Futuroscope?	**a** On peut y voir des films avec des effets spéciaux.
2 Comment peut-on y aller?	**b** En train ou en voiture.
3 Qu'est-ce qu'on peut y faire?	**c** Il y a des hôtels au parc et dans la région.
4 Est-ce qu'il y a un bus de Poitiers au parc?	**d** Oui, il part toutes les trente minutes.
5 Est-ce qu'on peut loger au parc?	**e** C'est à sept kilomètres au nord de Poitiers.

4 Des expressions utiles

Trouve les paires.

Exemple: 1 *c*

1 J'y vais.	**a** I went there last summer.
2 On y va.	**b** We're there.
3 On peut y voir beaucoup de choses.	**c** I'm going there.
4 On va y aller en bus.	**d** You can see lots of things there.
5 J'y suis allé l'été dernier.	**e** Let's go.
6 On y arrive.	**f** We're going to go by bus.

b Complète les phrases

1 Le parc du Futuroscope est un parc d'attractions sur le thème (**a** *du sport* **b** *du cinéma* **c** *de la musique*).
2 Les pavillons ressemblent à des bâtiments (**a** *très modernes* **b** *historiques* **c** *de luxe*).
3 On peut y voir beaucoup (**a** *d'animaux* **b** *de poissons* **c** *de films*).
4 Pour certains films, il faut porter (**a** *des écouteurs* **b** *des lunettes spéciales* **c** *des gants*).
5 Il y a un spectacle au lac (**a** *tous les soirs* **b** *seulement le weekend* **c** *en hiver*).

Stratégies

Making descriptions more interesting

Many adjectives are used in the descriptions of Futuroscope to make the attractions sound more exciting.

Find:
- an adjective used three or more times
- an adjective describing size
- two adjectives you find especially effective

Write a sentence about something you have seen or done using at least two adjectives.

Dossier-langue   Grammaire 6.4

The pronoun 'y'

Look at **y** (meaning 'there') in these sentences. Which words has it replaced? Translate the example and notice the difference between where **y** goes in French and where 'there' goes in English.

– **Comment peut-on aller au parc du Futuroscope?**
– **On peut y aller en train.**
– **Tu y es allé?**
– **Non, mais j'y vais ce weekend.**

The pronoun **y** saves you having to repeat the name of a place.

It often replaces a phrase beginning with **à** or **au** as in **au parc du Futuroscope**.

It goes before the verb but, if there are two verbs together, it usually goes before the second one.

5B On fait des projets
■ *use the future tense (regular verbs)*
■ *talk about future plans*

1 On visitera Futuroscope

🔊 Écoute les conversations et complète les résumés.

a Choisis le bon mot.

Exemple: 1 *a* avril

Mathieu

Thomas, un copain de Mathieu, arrivera le 26 (**1 a** *avril*, **b** *juin*).

Il passera (**2 a** *six*, **b** *dix*) jours en France. Pendant sa visite, la famille visitera le Futuroscope. Ils passeront deux jours au (**3 a** *camping*, **b** *parc*) et une (**4 a** *semaine*, **b** *nuit*) à l'hôtel. Comme ça, ils pourront voir le (**5 a** *concert*, **b** *spectacle*) du soir, qui commence à (**6 a** *8h*, **b** *10h*). Ils prendront (**7 a** *le train*, **b** *le car*) directement au parc. Ils partiront tôt le samedi et ils rentreront le (**8 a** *dimanche*, **b** *lundi*) soir.

b Choisis le bon mot de la case. Tu n'auras pas besoin de tous les mots.

Julie

Pour fêter son (**1**) ___, Julie visitera Futuroscope avec son père. Elle invitera une (**2**) ___, Aurélie.

Ils iront au parc en (**3**) ___. Le père de Julie regardera le site Web pour les horaires et les (**4**) ___. Si possible, il achètera les (**5**) ___ à l'avance. Comme ça, ils passeront plus de temps au (**6**) ___.

a amie	**b** anniversaire	**c** fête
d billets	**e** parc	**f** attractions
g prix	**h** voiture	

Dossier-langue   **Grammaire 12.9**

The future tense (*le futur simple*) (1)

- You have learnt to say what you are going to do in the future, using **aller** + the infinitive (see page 59).
- Another way to talk about the future is to use the future tense (**le futur simple**), which is often used in written or printed French.

  To form the future tense, you add the future endings to the future stem.

The future stem

- With regular **-er** and **-ir** verbs, the future stem is the same as the infinitive: **jouer-**, **finir-**.
- With **-re** verbs, you drop the final **-e** from the infinitive: **prendr-**.
- In all cases, the future stem ends in **-r** and you hear this 'r' sound whenever the future tense is used.

The future endings

- Here is the complete future tense of the verb **passer**:

je passer**ai**	nous passer**ons**
tu passer**as**	vous passer**ez**
il/elle/on passer**a**	ils passer**ont**

- The highlighted endings are like the present tense of which common French verb?
- Find some examples of regular verbs in the **futur simple** in task 1.

Irregular verbs

- Some common verbs, such as **être**, **avoir**, **aller**, **pouvoir**, **faire**, have an irregular future stem (you will learn about this later), but all verbs have the same future endings.

---

2 Des attractions

Complète les textes avec la bonne forme du verbe au futur simple.

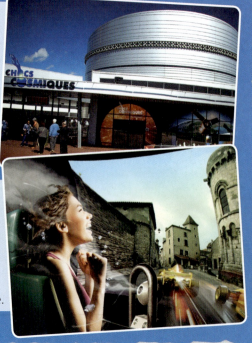

A **Chocs Cosmiques**

Vous (**1** *quitter*) la terre et vous (**2** *partir*) dans l'espace. Vous (**3** *passer*) du passé au futur et vous (**4** *découvrir*) les impacts cosmiques qui forment l'univers. Spectaculaire!

Film projeté sur un dôme.

B **La Vienne Dynamique**

Dans des sièges qui simulent les mouvements dans le film, on (**1** *traverser*) une forêt mystérieuse et on (**2** *visiter*) la région en voiture de Formule 1. Vous (**3** *sortir*) de la salle avec la tête qui tourne.

Phonétique

▷ 🔊 **The letter 'r'**

The letter 'r' is pronounced much more strongly in French. It is formed near the back of the throat. Practise saying this sentence and try to exaggerate the r sound.

Quatre rats bruns terribles partiront mardi chercher des carottes à Grenoble.

Listen and write down some sentences with this sound.

3 Les vacances

Change les verbes du présent au futur simple.

Exemple: 1 **je partirai**

A – Quand est-ce que tu partiras en vacances?

– Je (**1**) *pars* le 8 avril. Je (**2**) *passe* une semaine chez mon oncle. Et toi, tu (**3**) *restes* à Paris?

– Non, je (**4**) *passe* cinq jours en Bretagne.

– Et tu (**5**) *rentres* quand?

– Je (**6**) *rentre* le 15 avril.

B – Et vous, où est-ce que vous passerez vos vacances?

– Nous (**1**) *retournons* dans les Alpes.

– Est-ce que vous (**2**) *logez* à l'hôtel?

– Oui, nous (**3**) *descendons* dans un petit hôtel à Grenoble.

– Est-ce que vous (**4**) *prenez* le train?

– Non, nous (**5**) *prenons* la voiture. Nous y (**6**) *restons* dix jours.

4 Un message

Complète le message de Mathieu avec la bonne forme du verbe au futur simple. Choisis parmi les verbes dans la case.

Exemple: 1 **nous visiterons**

Salut Thomas,

Pendant ton séjour en France, nous (**1**) ___ le parc du Futuroscope. Tu y es allé? C'est un grand parc d'attractions sur le thème du cinéma. C'est près de Poitiers. Nous (**2**) ___ le train pour le parc samedi matin, et nous (**3**) ___ deux jours au parc. La nuit, on (**4**) ___ à l'hôtel.

On (**5**) ___ de voir beaucoup d'attractions. J'espère que tu (**6**) ___ la visite.

@ +

Mathieu

| aimer | essayer | loger | passer | prendre | visiter |

5 À deux

 a Choisissez trois activités de la case pour samedi prochain, mais ne les montrez pas à votre partenaire. À tour de rôle, posez des questions pour deviner les activités choisies. Après trois questions, donnez la bonne réponse.

Exemple:

– jouer sur l'ordinateur
– regarder un film
– lire un livre

A Samedi prochain, est-ce que tu joueras au football?

B Non.

A Tu prendras des photos?

B Non.

A Tu écriras des messages?

B Non, samedi prochain, je jouerai sur l'ordinateur, je regarderai un film et je lirai un livre.

Des activités

• jouer au football / au tennis / sur l'ordinateur
• regarder un film / la télé
• lire un magazine / un livre
• écrire des mails / des messages / des textos
• téléphoner à des amis
• partir à la mer / à la campagne
• visiter un musée
• prendre des photos
• sortir avec des amis
• manger dans un fastfood
• passer le weekend chez des amis
• travailler

 b Écris cinq activités que tu vas faire ce weekend. À tour de rôle, posez des questions pour deviner les activités choisies. On répond uniquement par **oui** ou **non**. Qui devine le plus d'activités en une minute?

6 À toi!

Écris quelques phrases pour décrire des projets pour le weekend prochain. Voici des idées:

Samedi après-midi, je … et mes amis …

Samedi soir, on …

Dimanche matin, nous …

Dimanche après-midi, est-ce que tu … ?

5C À l'hôtel

- find out about hotel facilities
- enquire about hotel services
- report problems

En France, on trouve des hôtels de toutes sortes: des grands hôtels de luxe aux petits hôtels simples. Pour trouver une chambre d'hôtel, on peut demander la liste des hôtels à l'office de tourisme, ou consulter des listes sur Internet.

1 Un hôtel

Lis la publicité et fais les exercices.

Futuroscope

Rechercher ...

| Page d'accueil | Attractions | **Hébergement** | Avis de visiteurs | Plan du parc |

Hôtel du Futuroscope

Hôtel du Parc du Futuroscope avec accès direct au parc par une passerelle piétonnière réservée aux clients de l'hôtel. 290 chambres confortables avec douche et toilettes pouvant héberger de 1 à 5 personnes. Petit déjeuner buffet servi dans le restaurant, bar, wifi gratuit.

Les chambres:

- 290 chambres pouvant accueillir de 1 à 5 personnes.
- Télévision.
- Salle de bains avec douche et WC.
- Les chambres sont équipées de lits superposés: le couchage en hauteur ne convient pas aux enfants de moins de 6 ans.
- Des lits bébés sont à votre disposition (sous réserve de disponibilité) sur demande au moment de la réservation.
- Plusieurs chambres sont accessibles aux personnes à mobilité réduite (selon disponibilité).
- Chambres non-fumeurs.

Le restaurant:

- Petit déjeuner buffet servi au restaurant.
- Espace bar et snacking dans le hall de la réception.

Les services:

- Réception 24h/24.
- Bagagerie.
- Animaux acceptés (gratuit) dans l'hôtel en présence de leurs maîtres.
- Parking gratuit.
- Accès wifi (gratuit).
- Accès direct au parc par passerelle piétonnière réservée aux résidents de l'hôtel.
- Navette gratuite Hôtel→Parc (uniquement vacances scolaires, weekends et jours fériés – service modifiable sans préavis).

2 C'est pour combien de nuits?

🔊 **a** Écoute les six conversations. Note les détails mentionnés pour chaque réservation (nuits, personnes, prix, etc.).

Exemple: **1** *4 nuits, 3 personnes*

b Dans les deux dernières conversations (5 et 6), les personnes ne font pas de réservation. Pourquoi?

Des raisons possibles	
l'hôtel est	complet
	trop cher
	trop loin de la gare/du centre-ville
l'hôtel n'a pas de	parking
	restaurant
	wifi

a Trouve l'équivalent en français.

Exemple: **1** *passerelle piétonnière*

1	pedestrian bridge	**7**	availability
2	shower	**8**	non-smoking
3	to welcome	**9**	luggage room
4	free of charge	**10**	school holidays
5	bunk beds	**11**	public holidays
6	is not suitable for	**12**	without warning

b Describe a typical room at the hotel.

c Consulte la publicité et réponds.

Exemple: **1** *Oui, il y a du wifi gratuit.*

1 On peut y utiliser Internet?
2 On peut aller au parc à pied?
3 On peut y stationner sa voiture?
4 On peut y prendre des repas?
5 On peut y regarder des films à la télé?
6 Est-ce qu'on peut laisser sa valise à l'hôtel avant de partir?

Stratégies

Working out the gender of nouns

Usually nouns are used with an article (**le/la** or **un/une**) which indicates the gender, but these are not always used in publicity material.

Sometimes the spelling of a noun can indicate whether it's masculine or feminine (see *Grammaire* 1.2)

If there is an adjective used with the noun or after **est/sont**, check whether the form is masculine or feminine.

Look out for prepositions which may help:

masculine	feminine
au	*à la, en*
du	*de la*

Using these clues, work out the gender of the following words:

**passerelle chambre navette
lit parc parking**

Lexique

 une chambre pour une personne

 une chambre à deux lits

 une chambre à trois lits

 une chambre à grand lit

 avec salle de bains et WC

 avec douche

 avec cabinet de toilette

 un ascenseur

 un bar

 un restaurant

 animaux acceptés

piscine

4 À la réception

🔊 **a** Écoute les conversations et mets les images (A–J) dans l'ordre.

Exemple: 1 C

b Trouve la phrase (1–10) qui correspond à chaque image.

Exemple: A 9

1 Est-ce qu'il y a un parking à l'hôtel?
2 Il n'y a pas de savon dans la chambre.
3 La clé numéro onze, s'il vous plaît.
4 L'hôtel ferme à quelle heure, le soir?
5 Le petit déjeuner est à quelle heure, s'il vous plaît?
6 Avez-vous une chambre de libre pour ce soir?
7 La douche dans ma chambre ne marche pas.
8 Il n'y a pas de serviettes dans ma chambre.
9 Est-ce qu'il y a un restaurant à l'hôtel?
10 La télévision dans ma chambre ne marche pas.

➕ **c** Invente trois phrases ou questions différentes.

Exemple: *La clé ne marche pas.*

5 Des questions et des réponses

Trouve les paires.

3 On arrive à l'hôtel

🔊 **a** Écoute et lis. Il y a cinq différences dans le texte. Copie la grille et note les différences.

	sur l'enregistrement	dans le texte
1	*deux chambres avec salle de bains*	*deux chambres avec douche*

💬 **b** À deux, lisez la conversation, puis changez des informations pour inventer d'autres conversations.

A Bonjour, madame. J'ai réservé deux chambres à l'hôtel.
B Oui. C'est à quel nom?
A Simon.
B Ah oui, deux chambres avec douche pour une nuit, c'est ça?
A Oui.
B Attendez, je vais voir si les chambres sont prêtes.
…
Oui, ça va. Voici vos clés. Ce sont les chambres 25 et 26, au deuxième étage.
A Merci. Est-ce qu'il y a un code pour le wifi?
B Oui, le voilà.
A Le restaurant est ouvert à quelle heure le soir?
B Entre 19h30 et 22h. Vous voulez réserver une table?
A Non, merci. Où est l'ascenseur, s'il vous plaît?
B C'est un peu plus loin, à gauche.
A Merci.

1 Le petit déjeuner est à quelle heure, s'il vous plaît?
2 Où est le restaurant, s'il vous plaît?
3 Avez-vous de la place pour ce soir?
4 La navette (*shuttle bus*) part à quelle heure, s'il vous plaît?
5 Est-ce qu'il y a le wifi à l'hôtel?
6 Est-ce qu'on peut avoir du gel douche pour la chambre 5?

a Voici les horaires. La prochaine navette part à 10 heures.
b Oui, qu'est-ce que vous voulez comme chambre?
c Oui, on va s'en occuper.
d Oui, voilà le code.
e Le restaurant est au rez-de-chaussée, par là.
f C'est à partir de 7 heures.

5D On pense à l'avenir

1 Que feront-ils?

a Écoute les conversations et trouve les paires.

Exemple: 1 c

b Choisis quatre phrases et traduis-les en anglais.

Exemple: 1 Cécile will *do* gymnastics.

1 Cécile
2 a Roland
   b Le grand-père de Roland
3 Karima
4 a Samedi après-midi, Daniel
   b Dimanche, s'il se lève assez tôt, il
5 a Hélène
   b Elle
6 Luc et sa famille
7 Sika et sa sœur
8 Nicolas et ses amis

a aura beaucoup de travail.
b aura 70 ans.
c fera de la gymnastique.
d fera du vélo.
e feront du roller.
f ira chez ses grands-parents.
g ira peut-être au match.
h iront aux magasins.
i pourra jouer au badminton avec Fatima.
j seront en Suisse.
k sera libre samedi après-midi.

Dossier-langue   Grammaire 12.9

The future tense (*le futur simple*) (2)

Some verbs are irregular in the way they form the future stem.

However, the endings are always the same.

Copy and complete all forms of the verb **faire** in the future tense.

For help, look at *Les verbes* (*Grammaire* 16).

faire au futur simple	
je fer___	nous ferons
tu feras	vous ___
il/elle/on ___	ils/elles feront

Here are some other verbs with an irregular future stem.

infinitif	futur simple	anglais
aller	j'irai	I'll go
avoir	j'aurai	I'll have
	il y aura	there will be
être	je serai	I'll be
envoyer	j'enverrai	I'll send
faire	je ferai	I'll do
pouvoir	je pourrai	I'll be able to
venir	je viendrai	I'll come
voir	je verrai	I'll see

Look back at page 72 and find some more examples of the irregular future tense.

- Work out how to say the following:
  1 We'll see. (*On ...*)
  2 It will be good. (*Ce ...*)
  3 I'll do that tomorrow. (*Je ...*)
  4 Will you be able to phone tonight? (**Est-ce que tu ...**)

- For the negative, put **ne** and **pas** round the verb in the usual way.

  Je n'aurai pas le temps. *I won't have time.*

  Tu n'auras pas besoin de tout ça.
  You won't need all that.

  Il ne sera pas à la maison demain.
  He won't be at home tomorrow.

2 Mon anniversaire

Complète le message avec les verbes de la case.

Exemple: 1 c (nous ferons)

http://www.tchatter-copains.org

Salut Élodie,

Ça va? Pour mon anniversaire cette année, nous (**1**)___ quelque chose de différent.

Nous (**2**)___ tous à Futuroscope. Mon amie, Aurélie, (**3**)___ avec nous au parc. On dit que c'est super sympa!

On passe des films avec beaucoup d'effets spéciaux. Nous (**4**)___ des films sur des écrans géants.

Il y (**5**)___ un spectacle de nuit sur le lac.

On (**6**)___. Ça, c'est sûr!

Je t'(**7**)___ une photo.

Julie

a aura	b enverrai	c ferons	d irons
e s'amusera	f viendra	g regarderons	

3 Demain

Choisis les bons verbes pour compléter le message.

Exemple: 1 b (On viendra)

Aurélie,

On (**1 a** *viendrai* **b** *viendra* **c** *viendrez*) te chercher vers 8 heures demain matin. Comme ça, nous (**2 a** *serons* **b** *serez* **c** *seront*) à l'entrée vers 9 heures, quand le parc s'ouvrira.

Est-ce que tu (**3 a** *pourrai* **b** *pourras* **c** *pourra*) apporter un imper? J'espère qu'il (**4 a** *fera* **b** *ferez* **c** *feront*) beau, mais on ne sait jamais!

On (**5 a** *commencerai* **b** *commenceras* **c** *commencera*) par les attractions les plus populaires. Ensuite, on (**6 a** *prendra* **b** *prendrez* **c** *prendront*) la Gyrotour, si la queue n'est pas trop longue.

À midi, nous (**7 a** *ferai* **b** *feras* **c** *ferons*) un piquenique. Comme ça, on (**8 a** *évitera* **b** *éviterons* **c** *éviterez*) d'attendre dans les cafés.

On s'amusera bien!!!

À+ Julie

4 Destination Cosmos!

Complète la description d'une nouvelle attraction.

☆ Vous … un voyage unique dans l'espace. (*faire*)
☆ Vous … projeté dans l'univers. (*être*)
☆ Vous … plus vite que la vitesse de la lumière. (*aller*)
☆ Vous … les autres planètes du système solaire. (*voir*)
☆ La Terre … très petite. (*devenir*)
☆ On ne la … presque plus. (*voir*)

5 La semaine prochaine

a Écris ton agenda pour une semaine pendant les vacances. Note une activité différente pour cinq jours mais garde un jour libre.

b À deux. Posez des questions pour découvrir ce que votre partenaire fera la semaine prochaine et quand il/elle sera libre.

Exemple:

A Qu'est-ce que tu feras lundi?
B Lundi, j'irai au stade.
A Est-ce que tu seras libre mardi?
B Non, mardi , je …, (etc.)

Tu écris: **lundi – au stade;**
Tu écris: **mardi …**

lundi	**aller au stade**
mardi	**faire du roller**
mercredi	**aller au supermarché**
jeudi	**jouer au hockey**
vendredi	**aller au club de théâtre**
samedi	**être libre**

6 Des messages

a Complète les messages avec le verbe au futur simple.

Exemple: **1** elle n'<u>ira</u> pas

b Combien de personnes sortiront vendredi?

1) *Cécile est malade, alors elle n'(aller) pas au club de gym vendredi.*

2) *Raj (aller) directement au stade vendredi.*

3) *Karima a téléphoné. Elle (venir) au café à 8 heures vendredi.*

4) *Daniel a téléphoné. Il ne (pouvoir) pas aller au stade vendredi soir.*

5) *Yasmine (aller) au cinéma vendredi prochain.*

6) *Kamal ne (être) pas à la maison vendredi.*

7) *Sika a téléphoné. Vendredi prochain, elle (faire) du babysitting pour ses parents.*

8) *Nicolas a téléphoné. Il (avoir) le temps d'aller à la piscine vendredi.*

7 À toi!

La semaine prochaine, tu sortiras tous les jours. Écris quelques phrases pour décrire où tu iras et ce que tu feras.

Exemple:

Lundi, j'irai au cinéma pour voir …
Ce sera amusant. Mardi, je ferai …
Voici des idées:

- *discuss the weather*
- *understand a simple weather forecast*
- *use expressions of time*

Quand on sort, on veut savoir quel temps il va faire. On trouve la météo sur Internet, dans les journaux, à la radio et à la télé. Les prévisions météorologiques sont souvent représentées par des symboles.

1 On parle beaucoup du temps

🔊 Écoute les conversations (1–8) et note les symboles (A–L) qui correspondent. (Tu n'auras pas besoin de tous les symboles.)

Exemple: **1** *C*

La météo

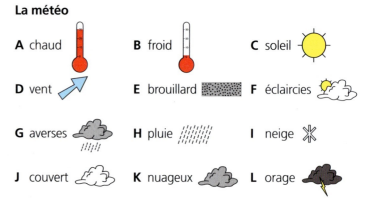

A chaud   B froid   C soleil

D vent   E brouillard   F éclaircies

G averses   H pluie   I neige

J couvert   K nuageux   L orage

2 La météo pour samedi

Lis les phrases et consulte la carte. Six phrases seulement sont bonnes. Trouve les six phrases et tu auras la météo pour toute la France.

Exemple: *a, …*

a Dans le nord de la France, il y aura de la pluie.

b Dans les Alpes, il fera très froid avec des chutes de neige.

c Dans la région parisienne, il y aura des éclaircies pendant l'après-midi.

d Dans le nord-est de la France, le brouillard sera présent toute la journée.

e Près de la Manche et en Bretagne, le ciel restera couvert.

f Dans le Val de Loire, il y aura du beau temps ensoleillé.

g Sur la côte atlantique, le temps sera variable, mais le vent d'ouest deviendra assez fort ce soir.

h Dans les Pyrénées, il fera froid avec des risques d'orages.

i Dans le Midi, il y aura quelques averses.

j Dans le centre de la France, il y aura du soleil toute la journée.

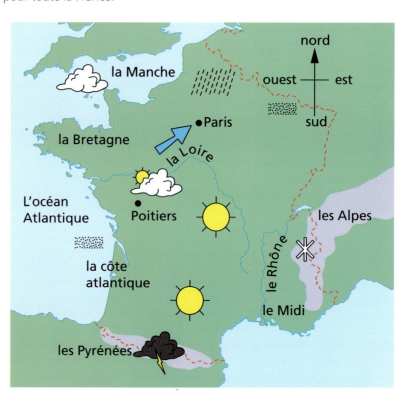

le présent	le passé composé	l'imparfait	le futur simple
il fait beau	il a fait beau	il faisait beau	il fera beau
il fait chaud	il a fait chaud	il faisait chaud	il fera chaud
il fait froid	il a fait froid	il faisait froid	il fera froid
il y a du soleil	il y a eu du soleil	il y avait du soleil	il y aura du soleil
il y a du vent	il y a eu du vent	il y avait du vent	il y aura du vent
il y a du brouillard	il y a eu du brouillard	il y avait du brouillard	il y aura du brouillard
il pleut	il a plu	il pleuvait	il pleuvra
il neige	il a neigé	il neigeait	il neigera
le temps est nuageux	le temps a été nuageux	le temps était nuageux	le temps sera nuageux

3 Et maintenant … la météo

🔊 Écoute la météo. Pour chaque région, dessine les bons symboles et note la température.

Exemple: 1  12°C

1 dans le Nord
2 en Bretagne
3 dans les Alpes
4 dans la région parisienne
5 sur la côte atlantique
6 dans le Midi

Stratégies

Applying patterns

In English, you add '-y' to a weather noun to make an adjective to describe the weather, e.g. snow + y = snowy.
Look at the example below to see which letters you add in French. Then work out the other adjectives to describe the weather.

Quand il y aura …,	le temps sera …	anglais
de la neige,	neigeux.	*snowy*
un orage,	1 ____	*stormy*
un nuage (ou deux!),	2 ____	*cloudy*
de la brume (*mist*),	3 ____	*misty*
de la pluie,	4 pluvi____	*rainy*

4 Trois listes

Classe ces mots et expressions en trois listes pour désigner le présent, le passé et le futur.

demain · en ce moment · hier · dans cinq jours · à présent · hier soir · l'année prochaine · samedi dernier · il y a trois ans · la semaine dernière · plus tard · l'année dernière · aujourd'hui · avant-hier · la semaine prochaine · après-demain

Phonétique

 🔊 The letters 'o', 'ô', 'au(x)', 'eau(x)'

Use your knowledge of grammar to help choose the correct spelling of this sound.
1 Which letters come at the end of a plural word?
2 Find a noun ending in -*o* and a noun containing *ô*.
3 Find an adjective containing *au* and another ending in -*eau*.
4 Practise writing down correctly four sentences you hear.

5 Pour décrire le temps

Complète les phrases avec la bonne expression du tableau (en bas de la page 80).

Exemple: 1 Hier matin, <u>il a fait beau</u> / <u>il y a eu du soleil</u>.

1 Hier matin, …
2 Hier après-midi, …
3 Demain, on dit qu'il … ❋
4 Aujourd'hui, …
5 En ce moment, …
6 Avant-hier, …
7 Selon la météo, après-demain, … ▒▒▒
8 J'espère qu'il … pour le weekend.

6 C'est quand?

Choisis une expression de l'exercice 4, pour compléter ces phrases. Attention – regarde bien les verbes. Si le verbe est au présent / passé / futur, choisis une expression qui désigne le présent / passé / futur aussi. Il y a plusieurs possibilités.

Exemple: 1 **En** *ce moment, il* joue au volley.

1 …, il joue au volley.
2 Est-ce que vous serez libre … ?
3 …, j'ai visité le musée des sciences.
4 Est-ce qu'ils iront au Canada … ?
5 As-tu vu le match à la télé … ?
6 …, elle travaillera au supermarché.
7 …, nous sommes allés à un parc d'attractions.
8 …, elles font du bateau au lac.
9 Ils ne sont pas là …
10 On regardera le film …

- *describe a recent event*
- *talk about other theme parks*
- *use different tenses*

1 En direct de Futuroscope

🔊 **a** Écoute les interviews (1–8). Est-ce qu'on parle du présent (**Pr**), du passé (**P**) ou du futur (**F**)?

Exemple: **1** Pr

b Choisis **a**, **b** ou **c** pour compléter le résumé des interviews.

> C'est (**1 a** *la première* **b** *la deuxième* **c** *la troisième*) fois que Sophie visite le parc.
>
> Elle a beaucoup aimé la Vienne Dynamique parce qu'(**2 a** *on allait sur la Lune* **b** *il n'y avait pas de queue* **c** *il y avait des sièges qui bougeaient*). Elle reviendra (**3 a** *demain* **b** *la semaine prochaine* **c** *l'année prochaine*).
>
> Daniel est (**4 a** *anglais* **b** *américain* **c** *canadien*). Il est déjà venu au parc (**5 a** *la semaine dernière* **b** *avant-hier* **c** *hier*). Dans le magasin de souvenirs, il a acheté un tee-shirt et (**6 a** *un livre* **b** *un stylo* **c** *un poster*).

2 Cette année ou l'année dernière?

Lis ces phrases. Mathieu et ses parents parlent de leurs vacances, mais est-ce qu'ils parlent de cette année ou de l'année dernière?

Exemple:

Cette année	L'année dernière
1	2

1 On prendra l'avion.
2 On a pris la voiture.
3 Nous sommes allés aux États-Unis.
4 Nous irons au Royaume-Uni.
5 Je passerai trois jours à Londres.
6 J'ai passé trois jours à New York.
7 Nous louerons une voiture.
8 J'irai aussi à Édimbourg.
9 Nous sommes aussi allés à Washington.
10 On a logé dans des motels.
11 On logera dans des chambres d'hôtes.
12 Mathieu est monté au sommet de la statue de la Liberté.

Dossier-langue | **Grammaire 12**

Using four different tenses

le présent	le passé composé	l'imparfait	le futur simple
Ce n'**est** pas fatigant. J'**aime** beaucoup les parcs d'attractions.	Mes amis **sont allés** au parc Astérix. Je **suis sorti** à midi. Ma mère **a attendu** le bus.	C'**était** génial. Il **faisait** mauvais. Il y **avait** du monde.	Ce **sera** sympa. J'**irai** en France le mois prochain.
subject + 1 part	subject + 2 parts	subject + 1 part	subject + 1 part
	'é', 'u' or 'i' sound for regular verbs		'r' sound

- Find at least one example of each tense on this page.

3 Forum des jeunes: Des parcs d'attractions

 **forum des jeunes**

Avez-vous visité un parc d'attractions ou même plusieurs?
C'était bien? Comment les trouvez-vous?

 100sass ✉ ♥ ⇨
À mon avis, l'Europa Park en Allemagne est le plus grand et sûrement le meilleur parc d'attractions en Europe. Il vaut le détour même si vous vivez loin. Il y a beaucoup d'attractions aux sensations fortes.

 Sportive7 ✉ ♥ ⇨
Je suis d'accord avec 100sass. L'Europa Park, c'est super! Avec plein de décors, c'est mon parc préféré!

 Chocolat+ ✉ ♥ ⇨
Moi, j'ai fait Portaventura en Espagne et c'était génial! C'est un peu le même style que l'Europa Park avec les différents continents.

 Méloman ✉ ♥ ⇨
J'ai fait Disneyland Paris et les attractions au parc sont super. Je vous conseille à tous d'y aller, vous ne serez pas déçus!

 Bonne Génie ✉ ♥ ⇨
J'aime bien le parc de Fraispertuis dans l'est de la France mais je ne peux pas dire si c'est le meilleur parc d'attractions, car je n'ai pas visité d'autres parcs d'attractions. Voici quatre attractions que j'aime: le Grand Canyon (c'est un grand huit qui n'a pas la forme d'un huit), le Flum (on est dans une sorte de tronc d'arbre sur l'eau), la mine d'or (on est dans une mine d'or et on voit des automates qui y travaillent) et le cinéma virtuel. Il y a aussi un petit train qui vous fait faire le tour du parc.

a Trouve l'équivalent en français.

1 it's worth a detour
2 I agree
3 it was brilliant
4 you won't be disappointed
5 I can't say it's the best
6 roller-coaster
7 on water
8 gold mine
9 puppets
10 which takes you on a tour

b Tu as bien compris?

1 How many different theme parks are mentioned in the forum?
2 Which one seems the most popular?
3 Which country is it in?
4 What kind of attraction is *le Grand Canyon*?

4 À toi!

a À deux, posez des questions de chaque section et répondez.

Le présent

- Normalement, qu'est-ce que tu aimes faire pendant les vacances? *(Pendant les vacances, j'aime …)*
- Comment aimes-tu passer le weekend? *(Le weekend, j'aime …)*
- Qu'est-ce que tu fais avec tes amis? *(Quelquefois, on … / nous …)*

Le passé

- Est-ce que tu as visité un parc d'attractions? *(Oui, j'ai visité … Non, je n'ai jamais visité de …)*
- Quel parc? Quand? Avec qui? *(Je suis allé(e) …)*
- Qu'est-ce que tu as surtout aimé? *(J'ai surtout aimé …)*
- Qu'est-ce que tu as fait pendant les dernières vacances? *(J'ai fait …)*
- Qu'est-ce que tu as fait pour fêter ton dernier anniversaire?

Le futur

- Qu'est-ce que tu feras pendant les prochaines vacances? *(Pendant les prochaines vacances, j'irai … / je ferai … / je partirai en …)*
- Est-ce que tu sortiras pour la journée? Où iras-tu? Avec qui? *(Un jour, je sortirai avec mes amis. Nous irons …)*

b Choisis deux questions de chaque section et écris tes réponses.

✚ Parle pendant une minute de tes vacances dans le passé et à l'avenir sans regarder tes réponses aux questions!

5 Un message

Écris un message à des amis en France. Voici des idées:

- Où es-tu?
- Combien de temps y passes-tu?
- Quel temps fait-il?
- Qu'est-ce que tu as fait hier?
- Qu'est-ce que tu feras demain?

1 Le Petit Prince

Beaucoup de personnes connaissent l'histoire du Petit Prince de Saint-Exupéry, car c'est l'un des livres les plus lus au monde et on l'a traduit en plus de 250 langues. L'histoire raconte la rencontre entre un aviateur, qui a dû atterrir dans le désert du Sahara à cause d'une panne de moteur, et un petit garçon très sympa. En voilà un extrait:

Le premier soir je me suis donc endormi sur le sable à mille milles de toute terre habitée. J'étais bien plus isolé qu'un naufragé sur un radeau au milieu de l'océan. Alors vous imaginez ma surprise, au lever du jour, quand une drôle de petite voix m'a réveillé. Elle disait:

– S'il vous plaît … dessine-moi un mouton!

– Hein!

– Dessine-moi un mouton …

J'ai sauté sur mes pieds comme si j'avais été frappé par la foudre. J'ai bien frotté mes yeux. J'ai bien regardé. Et j'ai vu un petit bonhomme tout à fait extraordinaire qui me considérait gravement.

> atterrir *to land*
> une panne de moteur *engine failure*
> un naufragé *a shipwrecked person*
> frappé par la foudre *struck by lightning*

Lis les textes et réponds en anglais.

1 Where did the pilot land?
2 Why did he have to land there?
3 What did it feel like?
4 What did he hear at sunrise?
5 What was he asked to draw?
6 After rubbing his eyes, what did he see?

3 Une photo

- Qu'est-ce qu'on voit sur l'image?
- Ça se passe où?
- Quel est ton parc d'attractions préféré? Pourquoi?
- Où es-tu allé(e) récemment avec tes amis?
- Trouve un titre à la photo.

2 Le Petit Prince au Futuroscope

Au Futuroscope on a fait une attraction sur le thème du Petit Prince et de ses voyages dans l'univers. À l'entrée de l'attraction on voit des statues des personnages principaux, comme le Petit Prince et le Renard. Ensuite, les visiteurs passent dans une salle de cinéma et prennent place debout sur des plates-formes. Là ils regardent un film 4D, d'une durée de douze minutes, qui raconte ce qui se passe après la fin de l'histoire de Saint-Exupéry.

Lis les textes et réponds en anglais.

1 Why do you think Futuroscope decided to base an attraction on the Petit Prince?
2 What do visitors see at the entry to the attraction?
3 Where do they stand during the film?
4 How long is the film?
5 How does it relate to the book?

4 Un parc d'attractions en Europe

a Trouve le site Web d'un parc d'attractions en Europe mais trouve le texte en français!

- Ça se trouve où?
- Qu'est-ce qu'il y a comme attractions?
- C'est ouvert quand?
- Comment peut-on aller au parc?
- Ça coûte combien pour un adulte et pour un enfant?

b Écris un message, comme le message de Mathieu (page 75).

Mentionne:

- le moyen de transport
- l'hôtel, combien de nuits
- trois attractions qu'on fera
- une attraction qu'on ne fera pas.

Now I can …

■ *talk about a theme park*

une attraction	attraction
un bâtiment	building
un forfait	inclusive ticket
les horaires (m pl) (d'ouverture)	(opening) hours
un spectacle	show
un billet	ticket
l'entrée (f)	entrance
la séance	performance
un séjour	stay
faire la queue	to queue
se trouver	to be situated
un grandhuit	roller-coaster
un flum	flume
faire le tour	to go around

■ *use the pronoun y*

Comment peut-on y aller?	How can you go there?
On peut y aller en bus.	You can go there by bus.
J'y suis allé(e) samedi dernier.	I went there last Saturday.
On y va?	Shall we go?

A special use of y:

il y a	there is/are
il y aura	there will be
il y avait	there was/were

■ *use the future tense (see pages 74, 75, 78, 79)*

■ *talk about leisure activities*

acheter des glaces / des souvenirs	to buy ice-cream / souvenirs
aller au centre de loisirs	to go to the leisure centre
aller boire un coup au café	to go out for a drink at a café
aller voir mon équipe préférée	to go and see my favourite team
assister à un concert / un spectacle	to attend a concert / a show
bavarder avec mes copains / copines	to chat with my friends
écouter de la musique	to listen to music
faire du patinage	to go ice-skating
jouer un match de netball / rugby	to play in a netball / rugby match
lire le journal	to read the paper
prendre le bus en ville	to take the bus into town
prendre un selfie	to take a selfie
regarder un film	to watch a film
télécharger des films / des chansons	to download films / songs
utiliser les médias sociaux	to use social media

■ *stay at a hotel and enquire about hotel services*

une chambre	room
avec salle de bains	with a bathroom
avec douche	with a shower
avec cabinet de toilette	with washing facilities
un (grand) lit	(double) bed
une nuit	night
un ascenseur	lift
une clé	key
complet	full
du gel douche	shower gel
un jardin	garden
un parking	car park
prêt	ready
un restaurant	restaurant
le savon	soap
une serviette	towel
le premier étage	the first floor
le deuxième étage	the second floor
le rez-de-chaussée	the ground floor
le sous-sol	the basement
à gauche	on the left
à droite	on the right
Avez-vous une chambre de libre?	Do you have a room available?
Je voudrais réserver une chambre pour une personne.	I would like to book a room for one person.
C'est combien?	How much is it?
C'est pour une / deux / trois nuit(s).	It's for one / two / three night(s).
Est-ce qu'il y a un restaurant / un parking / un ascenseur?	Is there a restaurant / a car park / a lift?
C'est à quelle heure, le petit déjeuner / le dîner?	What time is breakfast / dinner?
L'hôtel ferme à quelle heure?	What time does the hotel close?
La télévision / Le téléphone ne marche pas.	The television / telephone is not working.
Quel est le code pour le wifi?	What's the code for the WiFi?

■ *understand and discuss the weather forecast (see also pages 80 and 81)*

la météo	the weather forecast
prévoir	to forecast, predict
Quel temps fera-t-il?	What will the weather be like?
Il fera beau / mauvais (temps).	It will be nice / bad.
Il fera chaud / froid.	It will be hot / cold.
Le temps sera variable / ensoleillé.	The weather will be variable / sunny.
Le ciel sera couvert.	The sky will be overcast.
Il y aura du brouillard / du soleil / du vent.	It will be foggy / sunny / windy.
Il fera entre 17 et 20 degrés.	It will be between 17 and 20 degrees.
une averse	shower
la brume / brumeux	mist / misty
une chute de neige	snowfall
une éclaircie	sunny period
la neige / neigeux	snow / snowy
un nuage / nuageux	cloud / cloudy
un orage / orageux	storm / stormy
la pluie / pluvieux	rain / rainy

See **Vocabulaire et expressions utiles** (page 140) for general language which occurs frequently, such as numbers, colours, adjectives, adverbs, prepositions, days, months, seasons, expressing opinions, etc.

Stratégies

Tips for comparing English and French spellings

The spelling of some French and English words follows certain patterns that can help you work out the meaning. Here are a few examples.

French	English
individu**el**, essenti**el**	individu**al**, essenti**al**
popul**aire**, le somm**aire**	popul**ar**, summ**ary**
(en) **av**ance, **av**antage, un **av**ocat	(in) **adv**ance, **adv**antage, **adv**ocate (lawyer)
une **é**cole, un **é**cran, **é**peler, **é**trange	**s**chool, **s**creen, to **s**pell, **s**trange
un memb**re**, décemb**re**	memb**er**, Decemb**er**
pron**on**ce, une ann**on**ce	pron**oun**ce, ann**oun**cement
(avec) vig**eur**, un radiat**eur**, un dans**eur**	(with) vig**our**, radiat**or**, danc**er**
séri**eux**, furi**eux**	seri**ous**, furi**ous**
le g**ou**vernement, le m**ou**vement	g**o**vernment, m**o**vement
l'intér**êt**, l'h**ô**pital, une **î**le	inter**est**, h**o**spital, **is**le/**is**land
posit**if**, pass**if**	posit**ive**, pass**ive**

1 C'est quel mot?

a Trouve un mot de la case pour chaque catégorie 1–10.

b Ajoute un deuxième mot de la même catégorie.

Exemple: **1** a un tigre, b un chien

1 un animal
2 une couleur
3 un jour de la semaine
4 une matière scolaire
5 un mois
6 une planète
7 quelque chose à manger
8 une saison
9 un sport
10 un verbe

août
devoir
jaune
la natation
la Terre
la chimie
du poulet
le printemps
mercredi
un tigre

2 Un jeu de définitions

Trouve la bonne réponse.

Exemple: **1** un uniforme scolaire

1 On le porte tous les jours dans certaines écoles.
2 Ces élèves déjeunent à la cantine du collège.
3 Souvent on apprend les sciences dans cette salle.
4 On trouve des livres et des magazines ici, et souvent des ordinateurs connectés à Internet.
5 On fait de la natation ici.
6 On fait du sport, comme du football et du hockey ici.
7 Pour la gymnastique, on va là-bas.
8 On consulte ce document pour savoir ce qu'on a comme cours.
9 On doit souvent les faire après les cours pour mieux apprendre.

3 Des mots sans voyelles

a Copie et complète les verbes.

b Complète les traductions anglaises.

Français	Anglais
1 _ppr_ndr_	to learn
2 c_mm_nc_r	to ___
3 d_v_n_r	to become
4 f_n_r	to ___
5 f_ _r_	to do / make
6 m_ng_r	to ___
7 p_rt_r	to leave
8 s_v_ _r	to know how to
9 s_rt_r	to go out
10 tr_v_ _ll_r	to ___

4 Des mots en famille

Écris l'équivalent en anglais de ces expressions, puis vérifie dans un dictionnaire.

a 1 écrire
2 l'écriture
3 par écrit
4 un écrivain
b 1 lire
2 la lecture
3 un lecteur/une lectrice

c 1 faire
2 un fait
3 en fait
4 faisable
d 1 travailler
2 le travail scolaire
3 des travaux (sur la route)
4 travailleur/travailleuse
5 la fête du travail

5 Chasse à l'intrus

a Trouve le mot qui ne correspond pas et explique pourquoi.

b Ajoute un nouveau mot qui correspond.

Exemple:

1 a la bibliothèque – *ce n'est pas une matière*
b *l'histoire*

Ce n'est pas	un adjectif
	une langue
	une matière scolaire
	un métier
	un sport
	un verbe

1 la bibliothèque, la chimie, la géographie, la technologie
2 l'athlétisme, le basket, le gymnase, la natation
3 allemand, anglais, espagnol, jamais
4 ennuyeux, faire, génial, utile
5 hier, fermer, ouvrir, voir
6 ascenseur, avocat, infirmière, ingénieur

6 Des questions utiles

a Trouve les paires.

Exemple: **1 f**

b Invente trois questions différentes.

Exemple: *Où se trouve le restaurant?*

1 Où se trouve
2 On peut y aller
3 Avez-vous
4 Est-ce qu'il y a un
5 C'est à quelle heure,
6 L'hôtel ferme
7 Quel est le code
8 Quel temps

a pour le wifi?
b en bus?
c une chambre de libre?
d ascenseur à l'hôtel?
e à quelle heure?
f l'hôtel?
g fera-t-il demain?
h le petit déjeuner?

7 À l'hôtel

Complète les mots avec des voyelles et écris l'équivalent en anglais.

Exemple: **1** *une chambre – a room*

1 _n_ ch_mbr_
2 l_ s_ll_ d_ b__ns
3 l_ d__ch_
4 l_ l_t
5 _n_ n__t
6 l_ cl_
7 l_ s_v_n
8 _n_ s_rv__tt_
9 q__l _t_g_?
10 l_ s__s-s_l

8 Le Salon de la Jeunesse

Complète les informations sur cet événement pour les jeunes. Écris les verbes au futur simple.

Le Salon de la Jeunesse (**1**)____ (*avoir*) lieu à Montréal le mois prochain. Le Salon (**2**)____ (*ouvrir*) ses portes le 18 avril et (**3**)____ (*continuer*) jusqu'au 25 avril. Au Salon, on (**4**)____ (*trouver*) des renseignements sur tous les sujets. Chaque jour, il y a (**5**)____ (*avoir*) un programme différent. Des personnalités célèbres (**6**)____ (*visiter*) le Salon. On (**7**)____ (*organiser*) des quiz, des jeux et des concours. Des musiciens et des groupes (**8**)____ (*donner*) des spectacles. Les jeunes (**9**)____ (*pouvoir*) participer aux différentes activités. On espère que tous les jeunes de la région (**10**)____ (*venir*) à ce grand événement.

9 Des nombres

Complète les phrases.

1 Il y a douze m _ _ _ dans l'a _ _ _ _ _.
2 Il y a cinquante-deux c _ _ _ _ _ dans un j _ _ de c _ _ _ _ _.
3 Normalement, un adulte a trente-deux d _ _ _ _.
4 Il y a soixante m _ _ _ _ _ _ dans une h _ _ _ _.
5 Il y a onze joueurs dans une é _ _ _ _ _ de f _ _ _ _ _ _ _.
6 Il y a mille m _ _ _ _ _ dans un k _ _ _ _ _ _ _ _.
7 Il y a dix-huit trous sur un t _ _ _ _ _ _ de g _ _ _.
8 Il y a trente-deux pièces dans un jeu d'é _ _ _ _ _.

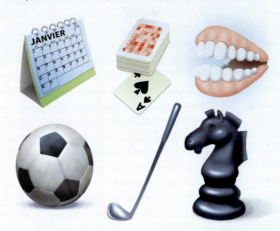

10 Je ne suis pas content!

Écris ces phrases à la forme négative.

Exemple: **1** *Ça ne va pas.*

1 Ça va.
2 J'ai trouvé mon portable.
3 J'ai téléphoné à mes amis.
4 L'ordinateur a marché.
5 J'ai surfé sur Internet.
6 J'ai joué aux jeux en ligne.
7 À midi, j'ai bien mangé.
8 Le soir, j'ai regardé la télé.

unité 6 Bonjour le Québec

6A Bienvenue au Québec

- find out about Quebec in Canada
- use superlative adjectives

1 Le Québec, une région francophone

🔊 **a** Regarde les photos du Québec, puis écoute le journaliste, Hugo Lemont. Il parle de beaucoup de choses, mais pas de toutes les choses illustrées. Écoute bien et note les choses dont il parle.

Exemple: A, …

Le Québec est la plus grande province du Canada mais sa population est assez faible. C'est la seule province au Canada où la majorité de la population est francophone.

L'érable est un arbre important au Canada. On voit une feuille d'érable sur le drapeau canadien et on prend du sirop d'érable avec différents plats.

Montréal n'est pas la capitale, mais c'est la plus grande ville du Québec. À Montréal il y a beaucoup de choses à faire; il y a des magasins, des théâtres, des musées. Il y a souvent des concerts et des festivals.

En été, il fait généralement beau. En juillet et en août, il fait très chaud, environ 30 degrés. On peut faire du rafting sur le fleuve, le Saint-Laurent.

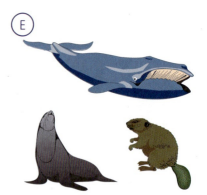

Dans les forêts on peut voir des animaux et des oiseaux sauvages. Près de la côte, on voit des phoques et des baleines.

L'hiver est long; c'est la saison la plus difficile. Pendant cinq mois, les températures descendent en dessous de zéro. En hiver, il neige souvent.

C'est bien pour les sports d'hiver: on peut faire du ski et du patinage. Le hockey sur glace est un sport national.

Au mois de février, il y a le célèbre carnaval de Québec avec un grand bonhomme de neige et des sculptures de glace.

b Trouve l'équivalent en français.

1 tree
2 flag
3 maple syrup
4 river
5 wild
6 whales
7 ice skating
8 snowman

2 Le Québec Flash

Complète les informations avec un mot de la case.

a capitale	**e** lacs
b dur	**f** langue
c espagnol	**g** neige
d habitent	**h** plus

Le Québec Flash

- C'est la (**1**) _____ grande province du Canada; elle est trois fois plus grande que la France.
- La (**2**) _____ est la ville de Québec.
- La population est d'environ 8 millions.
- Beaucoup de personnes (**3**) _____ dans la région de Montréal.
- La majorité de la population parle français comme (**4**) _____ maternelle.
- On parle aussi anglais, italien, (**5**) _____ et arabe.
- Le climat est assez (**6**) _____: en été, il fait souvent chaud et il ne pleut pas beaucoup, mais en hiver, il fait très froid et il (**7**) _____ souvent.
- C'est une province de forêts et de (**8**) _____.

Dossier-langue — Grammaire 3.4

Superlative adjectives

1 Look at the quiz questions in task 3 and find out how to say 'the biggest', 'the highest' and 'the longest'.

2 Look at the adverts below and find two more examples like this.

> **Venez à Miniprix pour les meilleurs produits, aux prix les plus bas!**

> **Prenez le métro!**
> C'est le moyen le plus rapide et le moins cher de traverser la ville.

> **Faire des courses par Internet:** c'est le moyen le moins fatigant. Consultez notre page Web, où vous pouvez commander de tout.

3 Look at the adverts again and find out how to say that something is 'the least expensive' and 'the least tiring'.

4 Finally, can you find the special way to say 'the best'?

To say that something is 'the greatest', 'the most famous', etc. you add **le**, **la** or **les** to **plus** + an adjective. This is called the superlative, and the adjective must agree with the thing(s) being described.

You can also say that something is the 'least expensive', the 'least tiring', etc. by using **le**, **la** or **les** + **moins** + an adjective. To say that something is 'better' or 'the best', use **(le) meilleur**, **(la) meilleure**, **(les) meilleurs**, **(les) meilleures**.

Phonétique

 #### The letter 'h' at the beginning of a word

Remember that the letter 'h' is not normally pronounced. Practise saying this sentence, then check your pronunciation.

En hiver, l'homme qui habite à l'hôpital joue au hockey et au handball avec un hollandais.

The letters 'ch' and 'th'

These are pronounced differently in French. Practise saying the following.

Charles cherche le thé et le chocolat pour le chat sympathique de Thierry.

Listen and write down some sentences with these sounds.

3 On fait un quiz

a Devine les bonnes réponses.

🔊 **b** Écoute pour vérifier.

La France et le Canada

1 Quelle ville est la plus grande, Paris ou Montréal?

2 Quel pays est le plus grand, la France ou le Canada?

3 Quelle tour est la plus haute, la tour Eiffel à Paris ou la tour CN à Toronto?

4 Quel fleuve est le plus long, la Seine ou le Saint-Laurent?

5 Quelles montagnes sont les plus hautes, les Alpes ou les Rocheuses?

4 L'astronomie, ça t'intéresse?

🔊 À Montréal, il y a un planétarium très intéressant. On y apprend plein de choses sur notre système solaire et les planètes. Écoute la conversation et réponds aux questions.

1 Quelle est la planète la plus proche de la Terre?

2 Quelle planète se trouve le plus loin de la Terre?

3 Quelle est la plus petite planète?

4 Quelle est la plus grosse planète?

5 Quelle est la planète la plus chaude?

6 Quelle est la planète la plus froide?

7 Quelle est la planète la plus brillante?

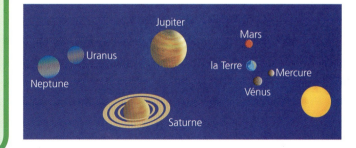

6B Ma ville, ma région

- *find out more about Montreal*
- *talk about your own town and region*
- *understand and use the pronouns me, te, nous, vous*

1 Montréal – un mini-guide

🔊 Écoute et complète le guide avec les mots de la case.

Exemple: 1 f *(Québec)*

a	deuxième	**e**	patinage
b	métro	**f**	Québec
c	musées	**g**	Saint-Laurent
d	parc	**h**	ski

Ville: Montréal

Situation: dans le sud du (**1**) ___ sur le fleuve (**2**) ___

Aspects généraux: 1,6 million d'habitants; (**3**) ___ ville francophone du monde

Principales attractions: (**4**) ___, cinémas, théâtres, etc., parc olympique, (**5**) ___ du Mont-Royal

Activités sportives: la natation, le (**6**) ___ (sur glace et à roulettes), le cyclisme, le hockey sur glace et le (**7**) ___

Transports: le (**8**) ___, le bus, le train

2 Tu m'entends?

Thomas (T) va à Montréal pour participer à un stage sur l'environnement.

🔊 **a** Écoute et lis les conversations avec sa mère (M) et sa sœur, Camille (C), et choisis les bons mots.

Exemple: 1 *a*

M Thomas, je te parle. Tu m'entends?

T Oui, je t'entends, Maman.

M Tu vas m'envoyer (**1 a** *un texto* **b** *un mail* **c** *un courriel*) quand tu arriveras?

T Oui, bien sûr, Maman.

M Thomas, tu ne m'as pas donné de renseignements sur (**2 a** *ton stage* **b** *ton hôtel* **c** *ton voyage*).

T Si, si, je t'ai tout donné (**3 a** *ce matin* **b** *lundi* **c** *hier*). Ne t'inquiète pas, Maman!

…

C Thomas, tu peux me rendre un service?

T Peut-être, Camille.

C Alors, tu peux m'acheter (**4 a** *une casquette*, **b** *une écharpe*, **c** *un tee-shirt*) de Montréal?

T Je verrai si j'ai le temps.

C Et tu peux m'acheter un sac réutilisable et (**5 a** *une affiche* **b** *un poster* **c** *une carte*) pour ma chambre?

T Je veux bien t'acheter tout ça, si tu me donnes de l'argent à l'avance!

b Trouve l'équivalent en français.

Exemple: 1 *je te parle*

1 I'm speaking to you
2 Can you hear me?
3 I gave you everything
4 Can you buy me …?
5 if you give me the money

3 Des expressions utiles

Trouve les paires.

1 Tu m'attends?	**a** Are you interested in that?
2 On nous a dit que c'est bien.	**b** Will you wait for me?
3 Ça vous intéresse?	**c** Do you mind?
4 Ça m'énerve.	**d** They've told us it's good.
5 Ça vous dérange?	**e** It gets on my nerves.
6 Je t'invite.	**f** I'll treat you.

La tour olympique
C'est la plus grande tour inclinée du monde. On peut monter au sommet par le funiculaire.

Dossier-langue **Grammaire 6.2c**

Object pronouns: *me, te, nous, vous*

These useful French pronouns have several meanings:

français	anglais
me (m')	me , to me, for me
te (t')	you, to you, for you (when using **tu**)
nous	us, to us, for us
vous	you, to you, for you (when using **vous**)

Ça vous intéresse, le sport?

Pouvez-vous nous aider?

Je t'ai vu en ville.

Look at the examples and work out: where the object pronoun usually goes, where it goes when there's an infinitive, where it goes when the verb is in the perfect tense.

Then translate the sentences.

4 En ville

Complète ces conversations avec **nous** ou **vous**.

Exemple: 1 *nous*

– Pouvez-vous (**1**)___ donner des renseignements sur la ville? On (**2**)___ a dit que c'est une ville intéressante.

– Bien sûr, et je vais (**3**)___ donner un plan de la ville.

– Pouvez-vous (**4**)___ expliquer où se trouve le café des Arts?

– Oui, je vais (**5**)___ montrer ça sur le plan.

…

– Qu'est-ce que je (**6**)___ sers, madame?

– Un café, s'il (**7**)___ plaît. Merci. Je (**8**)___ dois combien?

5 On parle de sa région

Roselyne et Benoît sont deux jeunes Français qui habitent en Angleterre en ce moment.

a Écoute Roselyne et réponds en anglais.

1 Whereabouts in England does Roselyne live?
2 What does she mention, apart from shops, in the centre of town?
3 What does she say is interesting for young people?
4 What's her opinion of the town?

b Écoute Benoît et complète les phrases.

Exemple: **1** *le nord de l'Angleterre*

1 Benoît habite dans un village dans ____.
2 Au village, il y a quelques magasins, un bureau de poste, ____ et des pubs aussi.
3 Pour les jeunes, il n'y a ____.
4 Pour s'amuser, ____ à Leeds ou à York.
5 Dans la région, il y a des ____, comme York par exemple, avec sa ____ et ses vieilles ____.
6 On peut faire des randonnées ____, à ____ ou à ____.

c Lis les phrases. C'est positif (**P**), négatif (**N**) ou positif et négatif (**P+N**)?

Exemple: **1 P**

1 En été, on organise des festivals de musique – ça, c'est bien.
2 Il n'y a pas de piscine et il n'y a pas de stade, mais en général, ça me plaît.
3 Il n'y a rien dans le village et je n'aime vraiment pas habiter ici.
4 Il faut toujours sortir du village pour faire quelque chose d'intéressant.
5 En ville, il y a beaucoup de choses à faire et je voudrais bien y vivre.
6 C'est bien, parce qu'on connaît beaucoup de personnes, mais il n'y a pas de gare. Ça, c'est dommage.

6 Notre ville

Écris un message à des amis français.

Exemple:

> Nous habitons à Leeds. C'est une grande ville industrielle, située dans le nord de l'Angleterre, à 200 miles environ de Londres.

> Le weekend, j'aime aller en ville avec mes amis. Au centre-ville, on trouve beaucoup de magasins, des théâtres, des boîtes, etc. Quelquefois nous allons à la piscine ou au cinéma. Samedi dernier nous sommes allés à un match de football.

> À Leeds et dans la région, les touristes peuvent visiter des musées intéressants et des maisons historiques. Cet été, il y aura beaucoup de visiteurs pour le festival de musique rock.

> À mon avis, Leeds n'est pas la plus belle ville du monde, mais c'est une ville très animée et ça me plaît bien.

1 Décris ta ville ou ton village.

C'est une	grande petite	ville industrielle / touristique de … habitants.
… située dans	le nord le sud l'ouest l'est le centre	de l'Angleterre. de l'Écosse. de l'Irlande. du pays de Galles.
Elle se trouve	près de … / à … miles/kilomètres de …	
C'est un village à la campagne. La ville la plus proche s'appelle …		

2 Parle un peu de ce qu'il y a dans la ville ou dans la région, et de ce qu'il n'y a pas.

Près de …, À …,	il y a	un vieux château. un musée intéressant. une cathédrale célèbre. beaucoup de grands magasins. un grand centre commercial très moderne, etc.
Dans mon quartier, il n'y a pas de … À …, il n'y a rien, mais à …, il y a …		

3 Parle des distractions.

> Les touristes peuvent visiter …
> Mes amis et moi, nous aimons aller …
> Comme distractions, il y a …
> Nous avons …
> Il n'y a pas beaucoup de distractions.
> Il n'y a rien à faire / à voir.

4 Et donne ton avis sur ta ville ou sur ta région.

> Je suis content(e) de vivre ici.
> Je m'amuse bien ici.
> À mon avis, c'est trop tranquille ici.
> Je trouve qu'il n'y a pas assez de distractions.
> On a besoin d'un cinéma / un bowling / une piscine ici.
> Je trouve que nous habitons trop loin de …

7 On fait une interview

Prépare tes réponses à ces questions. Puis travaillez à deux pour faire une interview.

- Où est-ce que tu habites? (*J'habite à …*)
- C'est où, exactement? (*C'est dans le nord/ le sud/l'est/l'ouest/au centre de … C'est près de …*)
- Qu'est-ce qu'on peut faire dans la ville? (*On peut …*)
- Qu'est-ce qu'il y a d'intéressant pour les jeunes? (*Moi, j'aime aller … parce que …, Mes amis et moi, nous aimons beaucoup …, On aime …*)
- Qu'est-ce que tu n'aimes pas dans ta ville? De quoi a-t-on besoin? (*À mon avis, il y a trop de monde/circulation. On a besoin d'une patinoire, etc.*)

6C On doit faire ça!

- ask for information at a tourist office
- recommend places to see and things to do
- use the verb *devoir*
- make excuses

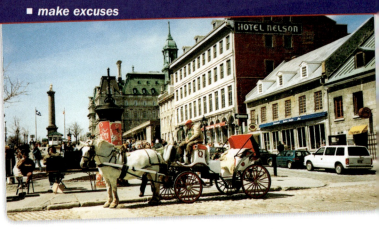

1 On demande des renseignements

🔊 Écoute et trouve la bonne réponse.

1 La touriste doit visiter
  a le jardin botanique
  b le Biodôme
  c le parc Mont-Royal

2 Pour voir un match, les garçons doivent aller
  a au centre sportif
  b au parc
  c au stade olympique

3 Pour visiter le parc d'attractions, les touristes doivent aller
  a au centre-ville
  b à l'île Sainte-Hélène
  c au parc Mont-Royal

4 Pour y aller en métro, ils doivent prendre la ligne
  a 4   **b** 14   **c** 24

5 Pour faire du rafting, on doit
  a réserver à l'avance
  b aller directement au bureau
  c aller au vieux port

6 Pour y aller, on doit prendre le métro jusqu'au terminus, puis le bus
  a 10   **b** 100   **c** 110

2 À l'office de tourisme

💬 **a** À deux, lisez la conversation.

b Changez les mots surlignés pour inventer d'autres conversations.

A Bonjour, je peux vous aider?

B Bonjour. Nous sommes en vacances ici. Qu'est-ce qu'il y a à voir et à faire dans la région?

A Alors, comme distractions en ville, il y a un château historique et un musée. Vous aimez le sport?

B Oui, j'aime le sport, surtout la natation.

A Alors, nous avons une très belle piscine en ville. On peut aussi faire du kayak en rivière si ça vous intéresse.

B Ah oui, ça m'intéresse beaucoup. Où est-ce qu'on peut en faire?

A Alors voilà un dépliant avec tous les renseignements.

B Merci et au revoir.

Je passe quelques jours ici / dans la région.
Comment est-ce que je peux bien profiter de mon séjour ici?

un cinéma multiplex / un nouveau complexe sportif / un parc d'attractions / un stade

le tennis / le golf / le cyclisme / le patinage
des courts de tennis / un golf municipal / des pistes cyclables / une grande patinoire

faire du rafting / du ski / du hockey sur glace / du VTT

3 Bonjour de Montréal!

Lis le message de Raj et réponds aux questions.

Exemple: **1** à Montréal

> Je passe dix jours à Montréal avec mon collège. Nous sommes arrivés lundi dernier. Hier, nous avons fait du ski. C'était très bien, mais fatigant. Il fait très froid et il neige beaucoup.
>
> Demain, nous allons visiter le Biodôme. C'est un musée sur l'environnement. On a créé quatre régions climatiques différentes. Moi, je vais aller directement à la région tropicale! Nous allons rentrer jeudi prochain.
>
> À bientôt,
>
> **Raj**

1 Raj passe ses vacances où?
2 Quand est-il arrivé?
3 Qu'est-ce qu'il a fait hier?
4 C'était bien?
5 Quel temps fait-il?
6 Qu'est-ce qu'il va faire demain?

4 Un message

Tu passes des vacances à l'étranger. Écris un message à tes amis.

Voici des idées:

Je passe …
Nous sommes arrivés …
Hier, nous avons fait …
Nous sommes allés à …
C'était …
Demain, nous allons visiter …

Le Biodôme à Montréal

5 Qui va au match?

Lis la conversation entre Nicolas (N), Marion (M) et Raj (R). Puis réponds aux questions.

N Marion, est-ce que tu veux aller au match, samedi?

M Non, Nicolas, je suis désolée, mais je dois rester à la maison avec ma petite sœur.

N Et toi, Raj, tu dois rester à la maison aussi?

R Non, Nicolas. Moi, je peux aller au match avec toi. Est-ce que Fatima vient aussi?

N Non, elle doit aller chez le médecin.

R Et Camille et Émilie, est-ce qu'elles viennent?

N Non, elles doivent aller chez leurs grands-parents.

R Et Sanjay?

N Non, il doit faire ses devoirs.

Exemple: **1** Sanjay

1 Qui doit faire ses devoirs?
2 Qui doit aller chez les grands-parents?
3 Qui doit faire du babysitting?
4 Qui doit aller chez le médecin?
5 Qui peut aller au match? (*deux personnes*)

6 Français–anglais

Trouve l'équivalent en anglais. Tu n'auras pas besoin de toutes les phrases.

Exemple: **1** h

1 Tu dois absolument voir ça.
2 Je dois rentrer à 9 heures.
3 J'ai dû faire mes devoirs hier soir.
4 Il doit être fatigué.
5 Ils doivent ranger leur chambre.
6 Vous devez descendre ici.
7 Elles ont dû manquer le bus.
8 Nous devons arriver au collège à 9 heures.

a He must be tired.
b They will have to tidy their room first.
c I had to do my homework last night.
d They have to tidy their room.
e I have to be home at 9 o'clock.
f We have to arrive at school at 9 o'clock.
g They must have missed the bus.
h You really must see that.
i They will have to miss the bus.
j You have to get off here.

Dossier-langue | **Grammaire 14.2**

The verb *devoir* (to have to, must)

Copy and complete the table for **devoir**. There are several examples on these pages.

je ____	I have to, must
tu dois	you have to, must
il/elle/on ____	he/she/one has to, must
nous devons	we have to, must
vous devez	you have to, must
ils/elles ____	they have to, must

Like the verbs **aller**, **pouvoir** and **vouloir**, **devoir** is often followed by an infinitive.

Can you work out why 'homework' is translated as **les devoirs** in French? What do you think **un devoir** means?

Devoir has an irregular past participle in the perfect tense:

J'ai dû travailler hier.
I had to work yesterday.

Phonétique

 ◄)) The letters 'u' and 'ou'

Some past participles end in -*u(e)(s)* or -*û(e)(s)*.

These all sound the same, but this sound is not found in English, so it's worth practising.

*Tu m'as v**u**   Dans la r**u**e   Quand j'ai vend**u**   Des choses perd**ues***

The sound is different from *ou*, which is used in English.

Nous sommes tous debout et regardons les bijoux.

For more practice of *ou*, read the poem *Le hibou* (page 96).

Use your knowledge of grammar to write down the sentences you hear correctly.

7 Des messages

◄)) **a** Écoute les conversations et note la raison qui correspond à chaque excuse.

Exemple: **1** b

Les raisons

a aller chez le dentiste
b jouer à un concert
c travailler au restaurant
d chercher ses enfants à la gare
e aller chez le médecin
f jouer à un match de football
g aller à l'hôpital
h aller à Paris

b Complète les messages pour M. Leclerc, qui organise les activités à la maison des jeunes. Utilise la bonne forme du verbe **devoir** dans chaque message.

Exemple: **1** **Marion ne peut pas aller au match parce qu'elle doit jouer à un concert.**

1 Marion ne peut pas aller au match parce qu'elle …
2 Sanjay ne peut pas aller au stade parce qu'il …
3 Nicolas et Raj ne peuvent pas aller à la piscine parce qu'ils …
4 Camille et Émilie ne peuvent pas aller à la patinoire parce qu'elles…
5 Ibrahim doit partir à 3 heures parce qu'il …
6 Mme Dupont doit partir à 5 heures parce qu'elle …
7 Les Legrand ne peuvent pas aller à la réunion parce qu'ils …
8 Les Duval ne peuvent pas venir dimanche parce qu'ils …

✚ c Invente des excuses. Complète les phrases.

1 Je suis désolé(e), je ne peux pas … parce que je dois …
2 Mon ami(e) ne peut pas … parce qu'il/elle doit …
3 Mes parents ne peuvent pas … parce qu'ils doivent …

6D Chacun doit faire sa part

- say what can and should be done to protect the environment
- use *il faut* and *il ne faut pas*

1 Les problèmes de l'environnement

Trouve la bonne réponse à chaque question.

1 Quels sont les principaux problèmes?
2 Quel est le plus grand problème, pour toi?
3 Est-ce qu'il y a des problèmes de pollution dans ta région?
4 Qu'est-ce que le gouvernement a fait pour réduire la pollution?
5 À ton avis, est-ce que les problèmes deviendront plus graves à l'avenir?

a À mon avis, la pollution en ville est le plus grand problème. En été, quand il fait chaud et qu'il n'y a pas de vent, il est difficile de respirer.
b Oui, la circulation en ville est insupportable et pollue l'air.
c Il y a beaucoup de problèmes, comme la pollution, la circulation et le changement climatique.
d Je pense que les problèmes deviendront plus graves parce que le gouvernement ne fait pas assez d'efforts.
e On a créé des pistes cyclables et des zones piétonnes et on organise le recyclage des déchets.

2 Pour améliorer la ville

Complète les phrases.

Exemple: 1 f

1 On doit
2 Le gouvernement
3 De temps en temps, les gens
4 Quelquefois, vous
5 On doit créer
6 Moi, je ne

a doit améliorer les transports en commun.
b devez laisser la voiture à la maison.
c des pistes cyclables.
d dois pas jeter de papiers dans la rue.
e doivent circuler à pied.
f planter des arbres.

3 Des expressions utiles

Trouve les paires.

1 la circulation
2 améliorer
3 le verre
4 la poubelle
5 trier
6 les déchets (*m pl*)
7 plusieurs
8 jeter
9 nettoyer
10 une pile

a battery
b dustbin
c glass
d rubbish
e several
f to clean
g to improve
h to sort
i to throw
j traffic

4 Les 3 R

Complète le texte avec les mots de la case.

Exemple: 1 c (consommer)

a le papier   b recyclables   c consommer
d plusieurs   e la poubelle   f tout

Stratégies

Understanding and answering questions

- Check you know the meanings of the various question words (see *Grammaire* 11.2).
- Make sure you know which tense is used in the question. In task 1, find a question in the perfect tense and one in the future tense. What do you notice about the replies?
- Are you being asked what you think? If so, you could start your answer with **À mon avis …** (*In my opinion …*)
- If the question starts with **Est-ce que …** it is probably a yes/no question, but try to expand your answer by giving more details or an opinion or reason. Find the question in task 1 that starts in this way and translate it into English. Then find the answer and translate that.

Dossier-langue   Grammaire 14.3

Il faut + infinitive

The expressions **il faut** and **il ne faut pas** are used to say what should or should not happen. They can be translated in different ways in English, e.g. 'it is (not) necessary', 'you must (not)', 'you should/shouldn't', 'you (don't) have to', 'you (don't) need to', etc.

Find some examples on these two pages and translate them into English.

What kind of word normally follows **il faut/il ne faut pas**?

You have already met **on doit** and **on ne doit pas**, which are used in a similar way.

Les 3 R: Voici trois règles importantes:

1 **Réduire:** il faut moins (**1**)＿＿ – comme ça il y aura (*there will be*) moins de déchets.
2 **Réutiliser:** il faut réutiliser les objets (**2**)＿＿ fois avant de les jeter dans (**3**)＿＿.
3 **Recycler:** il faut recycler le verre, (**4**)＿＿, le plastique et le métal. Il ne faut pas (**5**)＿＿ jeter dans la même poubelle, on doit trier les déchets et mettre les objets (**6**)＿＿ dans le bon conteneur.

5 Que peut-on faire?

a Complète les phrases avec **Il faut** ou **Il ne faut pas**.

b Choisis quatre phrases et traduis-les en anglais.

1 ____ améliorer les transports en commun.
2 ____ augmenter les tarifs.
3 ____ conserver l'énergie.
4 ____ laisser la télé allumée quand on ne la regarde pas.
5 ____ polluer l'air avec la production d'énergie.
6 ____ trouver des méthodes plus propres pour produire de l'énergie.
7 ____ conserver l'eau.
8 ____ laisser couler l'eau du robinet quand on se brosse les dents.

6 À mon avis

a Écoute la première personne et trouve les deux phrases qui correspondent.

a Il faut nettoyer les lacs et les rivières.
b Il faut recycler le plus possible.
c Il faut réduire la circulation.
d Il faut jeter les piles dans un conteneur spécial.

b Écoute la deuxième personne et réponds en anglais.

1 Describe the state of the lake at Annecy some time ago.
2 What is the lake like now?

c Écoute la troisième personne et complète les phrases.

1 On doit réduire ____ ____ dans nos villes, et il faut faire vite!
2 Quelquefois, il y a tellement de ____ qu'il est difficile de ____ en ville.
3 Nous devons améliorer les ____ ____ ____.
4 Il faut créer plus de ____ ____.

7 L'esprit vert

Est-ce qu'on a l'esprit vert chez toi?

a Réponds aux questions avec: **toujours**, **quelquefois** ou **jamais**.

b À deux, discutez vos réponses. Qui a le plus de points? Êtes-vous d'accord sur les actions à prendre?

1 Pour économiser l'électricité, est-ce que tu éteins l'ordinateur ou la télé quand tu fais autre chose?
2 Est-ce que tu éteins la lumière quand tu sors d'une pièce?
3 En hiver, est-ce que tu portes un pull de plus au lieu d'augmenter le chauffage?
4 À la maison, est-ce qu'on trie les déchets, pour recycler le verre, le papier, le métal et le plastique?
5 Est-ce qu'on composte les matières organiques au lieu de les jeter à la poubelle?
6 Quand on va au supermarché, est-ce qu'on apporte son propre sac, normalement?
7 Pour de petits voyages, est-ce qu'on laisse la voiture à la maison pour partir à vélo, à pied ou en transport en commun?

Compte tes points!

toujours: 3 points **quelquefois:** 2 points **jamais:** 0
(*Question 4*: compte 1 point de plus pour chaque matériau recyclé.)
15 + Bravo! Tu fais un grand effort pour l'environnement.
10 + C'est pas mal. Continue à faire un effort.
7 ou moins Encore un peu d'effort.

8 À toi!

a À deux, discutez des questions de l'exercice 7.

b Écris quelques phrases sur la protection de l'environnement. Réponds à ces questions:

• Qu'est-ce que les individus peuvent faire?
• Qu'est-ce que tu fais, personnellement, pour protéger l'environnement?

À mon avis, il faut …
    améliorer les transports en commun.
    décourager / interdire les voitures au centre-ville.
    créer des pistes cyclables.
Les gens doivent …
    prendre le bus / le métro / le train pour aller au centre-ville.
    conserver / économiser l'énergie.
Moi, je fais du recyclage.
Je vais en ville à pied / à vélo.
J'apporte mon propre sac quand je fais des achats.

1 Un rap

🔊 Écoute et lis ces extraits d'un rap sur les transports en commun à Montréal.

Attention la terre, POLLUTION!
Pour un monde plus vert, SOLUTION!

La pollution de l'air, c'est aussi mon affaire.
Les transports au pays sont les plus grands coupables:
Monoxyde de carbone, oxyde nitreux,
L'auto pollue la terre, n'y a-t-il rien à faire?

Quat'cent millions d'autos parcourent les routes du monde.
Quand elles seront vieilles, quand elles seront finies,
Des carrosseries rouillées, l'acide dans les batteries,
Où est-ce qu'on les mettra? Dans le sol, tu vois ça?

Quand toi, et toi, et moi crierons pour une ville saine,
Le maire, les députés seront bien obligés
D'interdire les autos, d'ajouter des métros,
Des trains, des autobus et des voies réservées!

Une ville sans autos serait bien plus tranquille:
La route serait facile et belle en autobus,
Et cela va si vite, en train ou en métro.
Moi, j'aimerais bien une ville, une ville moins polluée!

Attention la terre, POLLUTION!
Pour un monde plus vert, SOLUTION!

coupable	*guilty*
sain(e)	*healthy*
serait	*would be*

Trouve l'équivalent en français.
1 it's also my business
2 Can nothing be done?
3 Where shall we put them?
4 a healthy city
5 would be much calmer

2 Un poème

Maurice Carême était un grand poète belge, né en 1899 et mort en 1978. Il était instituteur et ce poème explique les exceptions d'une règle de l'orthographe (*the exceptions to a spelling rule*): les sept mots qui se terminent en '-ou', mais qui forment le pluriel avec un '-x', et pas avec un '-s'.

LE HIBOU

Caillou, genou, chou, pou, joujou, bijou,
Répétait sans fin le petit hibou.

Joujou, bijou, pou, chou, caillou, genou,
Non, se disait-il, non, ce n'est pas tout.

Il y en a sept pourtant, sept en tout:
Bijou, caillou, pou, genou, chou, joujou.

Ce n'est ni bambou, ni clou, ni filou …
Quel est donc le septième? Et le hibou,

La patte appuyée au creux de sa joue,
Se cachait de honte à l'ombre du houx.

Et il se désolait, si fatigué
Par tous ses devoirs de jeune écolier

Qu'il oubliait, en regardant le ciel
Entre les branches épaisses du houx,

Que son nom, oui, son propre nom, hibou,
Prenait, lui aussi, un 'x' au pluriel.

From L'arlequin *by Maurice Carême*
© *Fondation Maurice Carême*

🔊 Écoute et lis le poème et réponds en anglais.
1 The little owl is trying to remember the words ending in *-ou* which take an *x* in the plural. What is the problem?
2 What state of mind is the bird in?
3 What is the answer to the problem?
4 Give the English translation of any three words in the poem ending in *-ou*.

3 Une photo

Regarde l'image et réponds aux questions.
1 Qu'est-ce qu'il y a sur la photo? / Qu'est-ce qu'on fait sur la photo?
2 Qu'est-ce que tu as fait récemment pour protéger l'environnement?
3 Qu'est-ce que tu feras plus tard dans la vie?

4 Une ville au Québec

Trouve des renseignements sur Internet et prépare un dépliant touristique ou dessine une affiche pour encourager les touristes à visiter la ville.

Sommaire

Now I can ...

■ understand information about an area or country

la côte	coast
l'équateur (m)	equator
un fleuve	river (flowing into the sea)
une forêt	forest
francophone	French-speaking
une île	island
un lac	lake
loin	far
la mer	sea
la montagne	mountain
l'océan (m)	ocean
un pays	country
une plage	beach
plat	flat
une région	region

■ talk about towns and villages

C'est ...	It's ...
une grande ville	a large town
une ville moyenne	a medium-sized town
une petite ville	a small town
une ville touristique / industrielle	a tourist / industrial town
un village	a village
à la campagne	in the country
à la montagne	in the mountains
sur la côte	on the coast
près de ...	near ...

■ say where a place is situated

dans le nord	in the north
dans l'ouest	in the west
dans le sud	in the south
dans l'est	in the east
au centre	in the centre
à ... kilomètres de ...	... kilometres from ...
près de ...	near ...

■ talk about local facilities

une bibliothèque	library
une cathédrale	cathedral
un centre sportif / un complexe sportif	sports centre
un château	castle, stately home
une gare (routière)	(bus) station
un hôtel de ville	town hall
un marché	market
un musée	museum
un office de tourisme	tourist office
un parc (d'attractions)	(theme) park
une patinoire	ice rink
une piscine	swimming pool
une piste de ski artificielle	dry ski slope
un stade	stadium
une station-service	petrol station
un théâtre	theatre
une zone / rue piétonne	pedestrian precinct / street
un quartier	district

Il n'y a rien à faire.	There's nothing to do.
Ça me plaît, comme ville.	I like it as a town.
À mon avis, c'est trop tranquille ici.	I think it's too quiet here.
On a besoin d'un cinéma.	We need a cinema

■ use the superlative (see page 89)

le/la/les moins cher(s)/ chère(s)	the cheapest (the least expensive)
le/la/les plus grand(e)(s)	the biggest
le/la/les meilleur(e)(s)	the best

■ understand and use the pronouns me, te, nous, vous (see page 90)

Je vais t'envoyer un texto.	I'll send you a text.
Tu m'entends?	Can you hear me?
Pouvez-vous nous recommander un hôtel?	Can you recommend us a hotel?
Je peux vous aider?	Can I help you?

■ use expressions with ça

Ça t'intéresse?	Does that interest you?
Ça m'énerve.	It gets on my nerves.
Ça vous dérange?	Is that disturbing you?

■ use the verb devoir to say that I 'have to' or 'must' do something (see page 93)

■ understand information about the environment

un arbre	tree
augmenter	to increase
la circulation	traffic
le climat	climate
les déchets (m pl)	rubbish
les dégâts (m pl)	damage
éteindre	to switch off
un incendie	fire
une inondation	flood
interdire	to forbid
la pluie	rain
polluer	to pollute
polluant	polluting
une poubelle	dustbin
le recyclage	recycling
les transports en commun (m pl)	public transport
trier	to sort (e.g. rubbish)
une usine	factory

■ use il faut and il ne faut pas + infinitive (see page 94)

Il faut réduire la pollution.	We must reduce pollution.
Il ne faut pas détruire les forêts.	We mustn't destroy the forests.

See **Vocabulaire et expressions utiles** (page 140) for general language which occurs frequently, such as numbers, colours, adjectives, adverbs, prepositions, days, months, seasons, expressing opinions, etc.

Presse-Jeunesse ③

Sport sport sport

1 Le basket et le golf – tu as bien compris?

Le basket
- Le basket a été inventé aux États-Unis en 1891.
- Il devient de plus en plus populaire dans le monde entier.
- Au début, les Américains ont dominé le sport. Pendant les Jeux Olympiques en 1936 ils ont gagné 63 matchs de suite.
- Dans ce sport c'est un avantage d'être grand. Le joueur le plus grand qui a fait partie d'un match faisait 2,45 mètres.
- Beaucoup de vedettes américaines disent que le basket est leur sport de spectacle favori.

Le golf
- Le golf est né en Écosse il y a plus de 500 ans.
- À l'origine, les bergers frappaient des cailloux ronds avec des bâtons.
- Aujourd'hui, c'est l'un des sports les plus pratiqués au monde, surtout au Japon et aux États-Unis, et les joueurs professionnels de golf peuvent gagner beaucoup d'argent.

Lis les textes et réponds en anglais.
1 Which is the older sport, golf or basketball?
2 Where was basketball invented?
3 Where did golf originate?
4 What did golfers originally use for clubs?

Les Jeux Olympiques pour la Jeunesse (Les JOJ)

Les premiers Jeux Olympiques pour la Jeunesse ont eu lieu en août 2010 à Singapour. Plus de 3 000 athlètes internationaux âgés de 14 à 18 ans, dont au moins 60 Français, ont participé aux mêmes sports que ceux des Jeux Olympiques.

Il y a aussi les JOJ d'hiver qui durent environ neuf jours. Les premiers JOJ d'hiver ont eu lieu à Innsbruck en Autriche en 2012.

Voici une des raisons officielles pour la création de ces JOJ:

«Les Jeux Olympiques de la Jeunesse (JOJ) ont pour mission d'inciter les jeunes du monde entier à s'adonner au sport ainsi qu'à adopter et appliquer les valeurs olympiques.»

Bonne raison, non?

Les sports olympiques

C'est le CIO (Comité International Olympique) qui juge si un sport est assez populaire et suffisamment pratiqué dans le monde, pour être classé sport olympique.

2 Les JOJ

Lis l'article et trouve les paires.

1 Les premiers JOJ ont eu lieu	a neuf jours
2 Ils ont lieu	b tous les quatre ans.
3 Les participants sont âgés	c à Singapour.
4 Les premiers JOJ d'hiver ont eu lieu	d en Autriche.
5 Ils durent environ	e de quatorze à dix-huit ans.
6 L'organisation qui prend les décisions sur les JO	f s'appelle le Comité International Olympique (CIO).

3 Les sports olympiques

Complète le nom des sports dans ces listes et traduis-les en anglais.

a Quelques sports olympiques d'été:

1 la n_t_t_on synchr_ni_ée
2 le pl_ngeon
3 l'_thl_tisme
4 la b_x_
5 le c_cl_sme sur p_ste et sur r_ute
6 l'_quitat__n
7 la _ymn_stique
8 le v_lleyb_ll
9 le _e_ _is de t_ble
10 la vo_le

b Quelques sports olympiques d'hiver:

1 la l_ge
2 le h_ckey s_r gl_ce
3 le pat_n_ge
4 le _k_ (alp_n ou de f_nd)
5 le _andb_ll
6 le _n_wbo_rd

4 Trouve les paires

1 l'aviron	a wrestling
2 l'équitation	b archery
3 l'escrime	c ski jumping
4 l'haltérophilie	d rowing
5 la lutte	e weightlifting
6 le saut à ski	f horse-riding
7 le tir à l'arc	g fencing

La plupart des jeunes reçoivent de l'argent de poche

Selon une enquête, presque tous les jeunes reçoivent de l'argent de poche régulièrement. Certains reçoivent cet argent uniquement pour les grandes occasions (des anniversaires, des fêtes, etc.), mais en général, on reçoit une somme d'argent régulièrement, toutes les semaines ou tous les mois.

Quelquefois, il y a une prime si on a de bonnes notes au collège. Et beaucoup de jeunes rendent de petits services à la maison. Par exemple, ils mettent la table et la débarrassent, en échange de cet argent.

Que fait-on de cet argent?

Les plus jeunes dépensent la moitié de leur argent en achetant des bonbons, du chewing-gum et des boissons. À partir de 13 ans, on dépense plus pour les magazines, la musique et les portables.

Les garçons ont tendance à acheter du matériel informatique. Les filles préfèrent acheter des vêtements.

On fait aussi des économies.

On met de l'argent de côté pour des achats plus importants, par exemple une guitare, un ordinateur dernière technologie ou pour des vacances. On dépose souvent l'argent qu'on reçoit pour un anniversaire ou à Noël à la banque. Les garçons se déclarent plus économes que les filles!

Et quand on n'a pas d'argent? On se débrouille.

Laura, 14 ans: Je garde mes deux petits frères quand mes parents sortent. Je gagne de l'argent et je le mets de côté pour acheter un nouveau vélo.

Lucas, 13 ans: Je n'ai pas d'argent de poche, mais mes parents m'achètent mes vêtements et les choses nécessaires. Le weekend, je fais des petits boulots pour avoir de l'argent personnel, par exemple je lave la voiture ou je fais du jardinage pour ma grand-mère.

5 Français–anglais

Lis l'article et trouve les paires.

Exemple: 1 h

1 une enquête	a birthday
2 toutes les semaines	b bonus
3 tous les mois	c clothes
4 une prime	d every week
5 des bonbons	e every month
6 des vêtements	f jobs
7 un anniversaire	g sweets
8 boulots	h a survey

6 Des questions et des réponses

Pour chaque question trouve deux réponses.

1 Qu'est-ce que tu fais avec ton argent?
2 Est-ce que tu mets de l'argent de côté?
3 Est-ce que tu fais des petits boulots pour gagner un peu d'argent en plus?

a J'achète des livres et je vais au cinéma.
b Oui, je mets de l'argent de côté pour acheter des baskets.
c J'appelle mes amis avec mon portable et le weekend je sors avec mes copains.
d Oui, je lave la voiture pour gagner un peu plus d'argent.
e Oui, je mets de l'argent de côté pour faire un voyage à Paris.
f Je garde ma petite sœur pour mes parents et je gagne entre 4 et 10 euros en plus.

unité 7 En forme

7A Un peu d'exercice

- *discuss healthy lifestyles and fitness*
- *use adverbs*

1 Que fais-tu pour rester en forme?

🔊 Des jeunes parlent de la santé. Écoute et trouve la bonne image.
Attention! Tu n'as pas besoin de toutes les images.

Exemple: 1 F

2 Pour rester en forme

a Trouve les paires.

Exemple: 1 f

1 Chaque matin, je fais	**a** fais une heure d'aérobic.
2 Pendant la semaine, je me	**b** de l'alcool.
3 Je vais souvent	**c** collège à vélo, même en hiver.
4 Deux fois par semaine, je	**d** couche de bonne heure.
5 Pour rester en forme,	**e** chocolat ni de gâteaux.
6 Moi, je ne	**f** du yoga dans ma chambre.
7 Je bois rarement	**g** je fais du sport trois fois par semaine.
8 Moi, je mange	**h** régulièrement et équilibré.
9 Je vais toujours au	**i** fume pas.
10 Je ne mange jamais de	**j** à la piscine.

➕ **b** Écris une phrase pour six images de l'exercice 1.

Exemple: A *Je fais du yoga.*

3 Trouve l'équivalent en français

Regarde l'exercice 2 et trouve l'équivalent en français de chaque phrase.

Exemple: 1 ne ... jamais

1 never
2 twice a week Deux fois par semaine
3 not ne ... pas
4 during the week Pendant la semaine
5 always toujours
6 three times a week trois fois par semaine
7 often souvent
8 every morning chaque matin
9 regularly régulièrement
10 rarely rarement

Dossier-langue | Grammaire 4.1

Adverbs (*Les adverbes*)

Adverbs tell you how, when or where something happens/happened. Sometimes there is a whole phrase, sometimes just a single word.

There are several adverbs on page 100. Here are some more examples in French.

Je me lève lentement.

Il joue dangereusement.

Ils apprennent facilement.

Which words are adverbs? What do they mean in English?

What is the French equivalent of the ending '-ly' in English?

You can make many adjectives into adverbs in French – just add **-ment** to the feminine singular form of the adjective.

Copy and complete the table.

adjective		adverb	English
masculine	**feminine**		
lent	lent**e**	lent**ement**	*slowly*
dangereux	danger**euse**	dangereuse**ment**	
facile	facile	facil**ement**	
	silenci**euse**		
rapide			

Of course, there are some exceptions.

Match these common adverbs to the English:

1	bien	**a**	always
2	mal	**b**	quickly
3	vite	**c**	badly
4	toujours	**d**	well

Complete the caption to this picture with suitable adverbs.

La tortue marche … et …, mais le lièvre court … et …

4 Quel sport?

Il y a beaucoup de sports, mais que choisir?

 Copie la grille et écoute ces jeunes (1–6).

a Trouve le sport et la bonne catégorie.

	1	2
sport	le handball	
collectif	✓	
individuel		
en salle	✓	
en plein air		

b Écoute encore une fois. Pourquoi est-ce qu'on pratique un sport? Choisis les bonnes raisons.

Exemple: **1** *g, f*

a Ça me donne le moral.
b Ça fait du bien.
c Ça me fait plaisir.
d Ça me détend.
e Ça me permet de bouger un peu.
f On a une sensation de bien-être.
g On développe un esprit d'équipe.
h J'aime jouer en équipe.
i Je préfère les sports d'endurance.

5 À toi!

a Que fais-tu pour rester en forme? À deux, posez des questions et répondez à tour de rôle.

Exemple:

A *Que fais-tu pour rester en forme?*
B *Je joue au basket une fois par semaine.*
A *Pourquoi?*
B *J'aime jouer en équipe et ça me donne le moral.*

b Écris un message à un(e) ami(e). Dis-lui ce que tu fais pour rester en forme.

Exemple:

Pour rester en forme, je joue au basket une fois par semaine. J'aime jouer en équipe.

7B Mangez équilibré
■ *talk about healthy eating*
■ *use the imperative*

Tu manges bien?

Accueil | Infos | **Santé** | Affaires | Sport | Voyages | 🔍 Rechercher …

Tu manges bien?

Pour beaucoup de personnes, bien manger, c'est bien vivre. Mais que veut dire 'bien manger'? Voici cinq conseils:

1 Prends au moins trois repas par jour avec un bon petit déjeuner (c'est un repas essentiel), un déjeuner suffisant et un dîner léger mais équilibré. Ne saute pas un repas – ça ne fait pas maigrir.

2 Hamburger, hot dog, pommes frites, … c'est vrai que c'est drôlement bon, mais pas très équilibré. Pour grandir, on a besoin de manger de tous les aliments. N'oublie pas de manger chaque jour des fruits et des légumes.

3 Tu sais qu'il ne faut pas grignoter entre les repas, mais si tu as envie de manger, choisis plutôt un fruit, un yaourt ou un sandwich. Essaie d'éviter les sucreries.

4 Bois de l'eau – c'est la seule boisson indispensable à la vie. Ne bois pas trop de boissons à base de caféine, comme le café, le thé et le coca.

5 Manger, c'est aussi bon pour le moral, c'est une occasion de rencontrer les autres. Alors, mets-toi à table, parle de ta journée et partage un moment agréable.

2 L'alimentation

🔊 **a** Choisis des mots de la case pour compléter le résumé. Écoute pour vérifier.

Voici les six groupes d'aliments. Normalement, on doit (1) _consommer_ des aliments de chaque groupe tous les jours.

1 les (2) _sucres_ et produits sucrés: les aliments 'plaisir' – ils donnent rapidement de l'(3) _énergie_
2 les matières (4) _grasses_: elles donnent de l'énergie et des (5) _vitamines_ – à consommer modérément
3 les viandes, les (6) _poissons_, les œufs: pour les protéines, le (7) _fer_ et des vitamines – à consommer au moins une (8) _fois_ par jour
4 les fruits et les (9) _légumes_: pour les vitamines, les minéraux et les fibres – des légumes: à chaque repas; des fruits: au moins (10) _deux_ fois par jour
5 le lait et les (11) _produits_ laitiers: notre principale source de calcium – il est important de manger un produit laitier à chaque (12) _repas_
6 le pain, les (13) _céréales_, les légumes secs: de l'énergie par les glucides – à manger une fois par (14) _jour_ (et un peu de pain à (15) _chaque_ repas)

• En plus, il faut (16) _boire_ de l'eau – environ 1,5 litre par jour.

> boire   céréales   chaque   consommer   deux   énergie   fer   fois
> grasses   jour   légumes   poissons   produits   repas   sucres   vitamines

---

1 Tu manges bien?

a Trouve le bon titre pour chaque section (1–5).

Exemple: 1 *b*

a Évite de grignoter
b Mange régulièrement
c Mange avec plaisir
d Mange équilibré
e N'oublie pas de boire

b Trouve l'équivalent en français.

Exemple: 1 *que veut dire … ?*

1 what does … mean?
2 three meals a day
3 a light dinner
4 don't skip a meal
5 to get thinner
6 not very balanced
7 to grow
8 all kinds of food
9 to avoid
10 share

> grignoter   *to snack, nibble*

b Regarde les images. C'est quel groupe d'aliments (1–6)?

3 Des aliments

a Trouve le bon texte pour chaque image.

Exemple: **A** l'huile d'olive

b Trouve trois aliments pour chaque groupe d'aliments de l'exercice 2.

Exemple: **1** les bonbons (F), …

H le beurre **J** le chocolat **D** le gâteau **Q** le jambon **M** les œufs **L** les pommes
F les bonbons **G** le chou **I** les haricots (secs) **R** le lait **C** les pâtes **N** les pommes de terre
B les carottes **E** le fromage **A** l'huile d'olive **P** la mayonnaise **O** le poisson **K** le yaourt

4 Des conseils

🔊 Écoute les conseils de quelques jeunes et lis les phrases. Ils ne disent pas trois des phrases. Lesquelles?

1 Ne mange pas trop de chocolat – c'est mauvais pour la santé.
2 Évitez les boissons sucrées.
3 Essaie de manger des fruits tous les jours.
4 Mangez des chips – mais pas à chaque repas!
5 Pour manger équilibré, choisis des aliments dans chaque catégorie.
6 Buvez de l'eau – c'est important pour la santé.
7 N'oubliez pas de boire de l'eau.
8 Prenez un bon petit déjeuner – c'est bon pour la santé.

Dossier-langue — Grammaire 12.5

The imperative (L'impératif)

To give instructions and advice, use the **tu** and **vous** forms of the imperative.

For most verbs this is very easy – just omit the word **tu** or **vous** from the present tense. For **-er** verbs in the **tu** form you also need to take off the final **-s**.

How many imperatives can you find on these pages? Don't forget the task instructions (**Lis, Écoute,** etc.).

What happens in the negative?

Work out how to say these, using the **tu** and **vous** forms:

1 Have three meals a day. (**prendre**)
2 Don't eat too much chocolate. (**manger**)
3 Drink water. (**boire**)
4 Don't forget to eat some fruit. (**oublier**)
5 Choose from all the foods. (**choisir**)

See also *Les verbes* (16.3) for a list of irregular verbs.

5 À toi!

a À deux, posez ces questions et répondez à tour de rôle.

- Combien de repas manges-tu par jour? *(Normalement, …)*
- Est-ce que tu grignotes? Si oui, que manges-tu? *(Je grignote souvent / un peu …; J'aime manger des chips / des fruits / …)*
- Qu'est-ce que tu as mangé et bu hier? *(J'ai mangé / bu …)*
- À ton avis, tu as bien mangé? Pourquoi? *(Oui / Non, parce que …, c'est bon / mauvais pour la santé.)*

b Regarde les pages 100–101 et écris six conseils (ou plus) pour avoir la forme.

- *talk about problems*
- *use reflexive verbs (perfect tense)*

http://www.tchatter-copains.org

Accueil | Forum | Profil | Photos

alice468

Je suis si découragée, je ne m'amuse pas du tout. 😢 J'ai trop de devoirs, mais je ne les fais pas bien parce que je suis toujours fatiguée et que je ne me sens pas bien. Bref, je n'ai pas le moral.

métro-gnome

Il y a trois mois, moi aussi, j'étais découragé, je n'avais pas le moral, j'étais stressé par mes études et je mangeais trop de fastfood. Mais un jour, je me suis réveillé de bonne heure et j'ai décidé de faire quelque chose de positif! Je me suis levé très vite et j'ai fait de l'exercice.

Aussitôt, je me suis senti mieux. 🙂 Ce jour-là, je me suis bien nourri – pas de frites, pas de boissons sucrées – et tu sais, je ne me suis pas fâché, je ne me suis pas ennuyé. Ma mère ne s'est pas encore habituée à cette nouvelle personne, mais je me suis enfin détendu*, alors elle est heureuse.

Chaque matin, je fais de l'exercice et je me suis inscrit à un club de gym. Les études sont importantes, mais on ne peut pas les faire si on ne se détend pas. Alors, alice468, relaxe-toi, bouge-toi un peu et le reste s'arrangera! 😎

1 Je n'ai pas le moral

a Lis les messages et écris vrai (**V**) ou faux (**F**).

b Corrige les phrases qui sont fausses.

1 alice468 est contente. F

2 Il y a trois mois, métro-gnome n'avait pas le moral. ✓

3 Un jour, il s'est couché de bonne heure. F

4 Après quelques exercices, il s'est senti mieux. ✓

5 Ce jour-là, il n'a pas mangé de fastfood. V

6 métro-gnome ne s'est pas relaxé. F

7 Sa mère s'est inscrite à un club de gym. F

8 métro-gnome ne s'intéresse pas du tout à ses études. F

se détendre *to relax*

Dossier-langue **Grammaire 13.4**

Reflexive verbs (*Les verbes pronominaux*)

In métro-gnome's message and in task 1 there are some reflexive verbs. Which auxiliary is used in the perfect tense of reflexive verbs?

Where does the reflexive pronoun go?

As with other verbs that take **être** in the perfect tense, the past participle must agree with the subject. Here is the verb **se lever** (to get up) in full.

je me suis levé(e)	nous nous sommes levé(e)s
tu t'es levé(e)	vous vous êtes levé(e)(s)
il s'est levé	ils se sont levés
elle s'est levée	elles se sont levées
on s'est levé(e)(s)	

What is the rule for adding **-e** or **-s** to the past participle?

What happens in the negative? Look at this example and work out the rule.

Il ne s'est pas réveillé.

How many examples of the perfect tense of reflexive verbs can you find in task 1?

2 Qui parle?

Lis les phrases et décide qui parle. Attention! Regarde bien les participes passés.

Exemple: 1 Boris

1 Je ne sais pas pourquoi je me suis fâché. J'étais trop fatigué, peut-être. Boris

2 Je me suis levée de bonne heure pour faire du yoga. Ça fait du bien. Mathilde

3 Nous nous sommes inscrites dans un club de gym. Lucile et Béatrice

4 Ma sœur et moi, nous nous sommes relaxés un peu avant de faire nos devoirs. Charles et Cloé

5 Nous nous sommes dépêchés pour arriver au match. Ahmed et Daniel

Ahmed et Daniel   Charles et Chloé
Mathilde   ~~Boris~~   Lucile et Béatrice

Phonétique

 🔊 **Apostrophes**

An apostrophe is easy to spot in a reading text, but not so easy to distinguish when you hear French. Learn to recognise the most common words that can be shortened: *le, la, je, me, te, se, ne, ce, de, que.*

Listen to eight phrases that contain apostrophes and write them correctly.

3 Hier, on a eu des problèmes

Six jeunes racontent ce qu'ils ont fait hier.

a Complète les verbes pronominaux (*reflexive verbs*) au passé composé. Attention! Il n'y a pas toujours de terminaison (*ending*) à ajouter.

b Écoute pour vérifier.

c Traduis les phrases en anglais.

Exemple: **1** Nous nous sommes levés très tard …

Nous *nous* sommes levés_ très tard. Ma mère *s*'est dépêché*e*, mais elle est arrivée au travail en retard.

Tu *t*'es baignée_ pendant une heure et moi, j'ai dû t'attendre. Je *me* suis ennuyé__.

Ma sœur et moi, nous nous *sommes* disputé*es*

L'après-midi, je me *suis* assise_ au soleil et après cinq minutes, il a commencé à pleuvoir!

Mes amis ne se *sont* pas entendu*s*. Ce n'était pas drôle. Je ne *me suis* pas du tout amusé__.

Je *me* suis couché*e* avant 10 heures, mais je me *suis* endormi*e* trois heures plus tard!

4 Toujours des problèmes

Complète les phrases avec la bonne forme du verbe. Attention à la terminaison!

Exemple: **1** Hier, mon frère s'est disputé avec moi.

1 Hier, mon frère *s*'est *disputé* avec moi. (*se disputer*)

2 – Raj et David, le film était intéressant hier soir?
– Non, pas du tout! Nous *nous* sommes tous les deux *endormis* (*s'endormir*)

3 – Simon, tu *t*'es bien *amusé* au parc Astérix? (*s'amuser*)
– Pas tellement. Je *me suis ennuyé* après deux heures. (*s'ennuyer*)

4 J'ai mangé tout le gâteau et ma mère *s*'est *fâchée* (*se fâcher*)

5 – Tu es partie de bonne heure hier, Karima?
– Oui, je *me suis levée* très tôt pour partir avant 7 heures. (*se lever*)

6 – Tu *t*'es *réveillée* à quelle heure, Agnès? (*se réveiller*)
– Vers 10 heures: mes parents *se sont inquiétés* parce que j'étais en retard. (*s'inquiéter*)

5 À toi!

a À deux, regardez les problèmes, puis posez la question et répondez à tour de rôle.

Exemple: **A** Qu'est-ce qui s'est passé?
B Je me suis disputé avec ma copine. / Je me suis disputée avec mon copain.

b Écris au moins une phrase pour chaque image, en utilisant des verbes pronominaux (*reflexive verbs*) au passé composé.

Exemple: Hier, Max et sa copine se sont disputés. Il s'est fâché parce qu'elle est arrivée en retard.

se disputer	*to argue*
se dépêcher	*to hurry*
se réveiller tard	*to wake up late*
se lever	*to get up*
se fâcher	*to be angry/annoyed*
s'entendre (bien)	*to get on (well)*

- identify parts of the body
- discuss problems
- use *depuis* with the present tense

1 Le corps

Trouve le bon texte de la case.

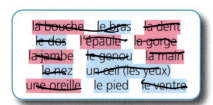

la bouche   le bras   la dent
le dos   l'épaule   la gorge
la jambe   le genou   la main
le nez   un œil (les yeux)
une oreille   le pied   le ventre

le corps

la peau (skin)
le cœur
l'estomac / (11) le ventre
le coude
(12) la jambe
le cou
(7) l'épaule
(8) le bras
le poignet
(9) la main
(10) le dos
le doigt
le talon
(13) le genoux
la cheville
(14) le pied

la tête

le visage
(1) un œil
(2) l'oreille
(3) le nez
(4) la gorge
(5) les dents
le menton
(6) le cou / la bouche

2 Ça ne va pas

🔊 **a** Écoute ces six jeunes et complète les phrases.

Exemple: 1 dents

1 J'ai mal aux ____.
2 J'ai mal aux ____.
3 J'ai les ____ tout rouges.
4 J'ai mal à la ____ et je tousse.
5 J'ai mal à la ____.
6 J'ai plein de boutons au ____.

b Regarde l'image et trouve le bon texte (1–6).

Exemple: A 5

tousser   to cough

A
B
C
D
E
F

3 Des excuses

🔊 **a** Écoute les conversations (1–6). C'est quelle excuse?

Exemple: 1 D

➕ **b** Écoute encore une fois et note des renseignements en français.

Exemple: 1 fastfood en ville, …

A   B   C   D   E   F

Dossier-langue   **Grammaire 14.1**

Expressions with *avoir*

In task 2, the expression **j'ai mal au/à la/à l'/aux …** is used to say that something hurts or aches. The verb **avoir** is also used in other expressions to do with how you feel.

Match these to the English.

1 **Tu as de la fièvre.**   a We are cold.
2 **Il a chaud.**   b They are hungry.
3 **Nous avons froid.**   c He is hot.
4 **Vous avez soif?**   d You have a temperature.
5 **Elles ont faim.**   e Are you thirsty?

Here are three more expressions where French uses **avoir** but English uses 'to be'. Can you work out what they mean?

15 Il a quinze ans. Tu as raison. ✓   J'ai tort. ✗

Phonétique

⬚ 🔊 **Liaison**

Some word endings are not usually heard, but if they are followed by a vowel (or *y*) they are sounded. This is called 'liaison'.

a Listen to these sentences. What differences do you hear in the **bold** words?

*Je vais **aux** magasins. J'ai mal **aux** yeux.*

***Nous** nous sommes levés. **Nous** avons déjeuné.*

***C'est** bon. **C'est** impossible.*

b Now listen and write down the sentences you hear.

4 Forum des jeunes: Des problèmes

a Voici des problèmes. Choisis la bonne réponse (a–d).

Exemple: 1 *c*

forum des jeunes
Des problèmes

① ouaf-ouaf-tlj ✉ ♥ ⤷

J'ai quatorze ans et je m'inquiète depuis quelques mois! Des boutons se sont formés sur tout mon visage. Je me lave soigneusement, mais ça n'aide pas. Est-ce que c'est normal?

② vroom101 ✉ ♥ ⤷

J'ai les dents jaunes et j'ai déjà des plombages (*fillings*). Comment éviter ça?

③ myopik247 ✉ ♥ ⤷

J'ai jeté mes lunettes parce que les garçons se sont moqués de moi. En plus, c'était pénible quand il pleuvait. Mais depuis ce temps, je n'y vois pas très bien! Que faire?

④ licorne05 ✉ ♥ ⤷

Je me suis reposée au soleil et j'ai bronzé pendant les vacances. Je me sens très bien, mais quels sont les dangers du bronzage?

Des réponses

Des réponses

a On a souvent l'air très intelligent quand on choisit la bonne monture (*frames*). Sinon, tu peux essayer des lentilles de contact. Il y en a un vaste choix et la plupart des gens les supportent bien.

b La carie dentaire (*tooth decay*) est la maladie la plus fréquente chez les jeunes Français. Pour avoir de belles dents blanches, moi, j'ai arrêté de boire des boissons sucrées et de fumer. Je me brosse les dents après chaque repas ou je mâche des chewing-gums sans sucre.

c L'acné est normale pendant l'adolescence, surtout pour les garçons. Ne t'inquiète pas, ça disparaîtra avec l'âge. Sois patient et n'y touche pas! Le meilleur moyen de se débarrasser de boutons graves est d'aller voir un dermatologue.

d Le cancer de la peau est aujourd'hui la première cause de mortalité par cancer chez les jeunes adultes. Si on ne s'est pas protégé contre le soleil, il y a des risques.

b Trouve l'équivalent en français.

1 I'm worried	**7** sugary drinks
2 carefully	**8** I chew sugar-free gum
3 (they) made fun of me	**9** don't worry
4 it was a pain	**10** to get rid of spots
5 I sunbathed	**11** skin cancer
6 try contact lenses	**12** if you haven't protected yourself

c Traduis les phrases en français.

1 I am not worried.   **3** That didn't help.
2 They make fun of me.   **4** I will get a tan in the holidays.

Dossier-langue   Grammaire 12.4

Depuis with the present tense

The preposition **depuis** means 'since' or 'for':
J'ai mal à la tête depuis lundi.
I **have had** a headache *since Monday.*
Il a mal à la gorge depuis trois jours.
He **has had** a sore throat *for three days.*
In French, you must use the **present tense**:
'I **have** a headache (and it's been going on) since Monday'.
Work out how to say the following:
1 I have had toothache for a week.
2 She has had earache since Tuesday.
3 They have been thirsty since this morning.

---

5 À toi!

a À deux, posez les questions et donnez des conseils.

A *Qu'est-ce qui ne va pas?*

B

… *depuis* …

A *À mon avis, tu dois aller chez le médecin / le dentiste / un dermatologue / un opticien …*
Ne mange / bois pas de …
Ne t'inquiète pas, c'est normal …

b Écris un message à un(e) ami(e). Change les détails de l'exemple.

Je regrette, mais je ne peux pas jouer au foot samedi parce que j'ai mal à la jambe et aux pieds depuis trois jours. Si ça ne va pas mieux demain, j'irai chez le médecin. Et toi, ça va? J'espère qu'on pourra jouer au foot la semaine prochaine.

aller à la piscine faire du vélo, etc.	deux jours hier une semaine
ce soir mercredi, etc.	demain dans trois jours, etc. la semaine prochaine
au bras aux dents, etc.	
chez le médecin / le dentiste / l'opticien, etc. à l'hôpital	

- ask for advice at the chemist's
- talk about going to the doctor's

ℹ Infos-santé

- Si vous habitez dans l'UE, obtenez la carte européenne d'assurance maladie (EHIC) avant de partir en France. Cela vous garantit un accès direct au système de santé public si vous tombez malade en France.
- En cas d'urgence, appelez le 112; c'est le numéro d'appel d'urgence dans tous les pays d'Europe. Vous pouvez appeler le 112 d'un téléphone fixe, d'un portable ou d'une cabine publique … gratuitement!
- À la pharmacie en France, on peut acheter beaucoup de choses pour la santé, mais on peut aussi demander des conseils au pharmacien. Comme ça, on n'a pas toujours besoin d'aller chez le docteur quand on est malade.

1 On achète ça à la pharmacie

Trouve la bonne image.

Exemple: 1 B

1 des pastilles pour la gorge
2 de l'aspirine / du paracétamol
3 du shampooing
4 une crème contre les piqûres d'insectes
5 un tube de dentifrice
6 du coton
7 une brosse à dents
8 du sparadrap
9 une crème solaire
10 du sirop pour la toux
11 du savon
12 un médicament / des comprimés pour le mal de ventre

2 Qu'est-ce qu'on a acheté?

🔊 Écoute les sept conversations à la pharmacie. Qu'est-ce qu'on a acheté?

Exemple: 1 B – *La personne 1 a acheté des pastilles pour la gorge.*

3 Je peux vous aider?

a C'est quelle phrase ou question? Trouve les paires.

Exemple: 1 f

a Avez-vous quelque chose contre le rhume (*a cold*)?
b Je voudrais quelque chose contre le mal de tête.
c Un insecte m'a piqué. Avez-vous quelque chose pour calmer la douleur?
d Avez-vous une brosse à dents et du dentifrice?
e Donnez-moi une bouteille de sirop pour la toux, s'il vous plaît.
f Avez-vous quelque chose contre le mal d'estomac?
g Avez-vous une boîte de pastilles pour la gorge, s'il vous plaît?
h Je voudrais quelque chose contre les coups de soleil.

b Relis a–h. Trouve la bonne réponse du pharmacien.

Exemple: a 4

1 Oui, ces pastilles sont très bonnes.
2 Prenez ce médicament pour le mal de ventre, mais si ça ne va pas mieux dans trois jours, prenez rendez-vous avec votre docteur.
3 Oui, vous trouverez tout pour l'hygiène dentaire là-bas.
4 Prenez ce médicament – il est très efficace contre le rhume.
5 Cette crème est bonne si vous avez passé trop de temps au soleil.
6 Prenez ces comprimés, mais si vous avez encore mal à la tête dans deux jours, prenez rendez-vous avec le docteur.
7 Mettez cette crème; elle est très efficace contre les piqûres.
8 Voilà. Ce sirop est très bon et efficace.

➕ **c** Choisis huit questions ou phrases et traduis-les en anglais.

4 Un rendez-vous

Travaillez à deux. La personne A veut prendre rendez-vous chez le médecin, la personne B est le/la réceptionniste.

Écoutez la conversation, puis changez les mots surlignés pour inventer d'autres conversations.

A Je voudrais prendre rendez-vous avec le docteur, s'il vous plaît.
B Oui, demain à 14 heures, ça va?
A Ce n'est pas possible aujourd'hui?
B Non, je regrette.
A Bon, alors, demain à 14 heures.
B C'est à quel nom?
A Laval, Michel Laval.

aujourd'hui ce matin / cet après-midi demain matin / après-midi lundi / mardi, etc.	10 heures 11 heures 15 14 heures 30 15 heures 45, etc.	Non, je regrette. Oui, à 17 heures, etc.

5 Chez le médecin

Écoute et mets la conversation dans l'ordre.

Exemple: *c, …*

a Montrez-moi votre jambe, s'il vous plaît … Ah, je vois.
b Je suis allergique à la pénicilline.
c Bonjour. Qu'est-ce qui ne va pas?
d Merci, docteur. Au revoir.
e Depuis combien de temps?
f Non, mais il faut vous faire un bandage au genou et mettre cette crème. Vous avez des allergies?
g J'ai mal au genou.
h Ce n'est pas un problème pour ce médicament. Revenez dans une semaine si ça ne va pas mieux.
i C'est grave?
j Depuis hier. Je suis tombé de mon vélo hier soir.

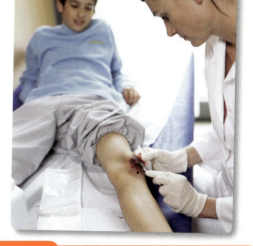

6 Inventez des conversations

À deux, inventez des conversations. La personne A est le docteur, la personne B est un(e) client(e).
Puis changez de rôle.

Exemple:

 A Bonjour. Qu'est-ce qui ne va pas?
B J'ai mal au bras.

 A Depuis quand?
B Depuis une semaine.

 A Montrez-moi votre bras, s'il vous plaît. … Ah, je vois.
B C'est grave?

 A Non. Prenez ce médicament et revenez dans deux jours.

Stratégies

Translating accurately

Some phrases can be difficult to translate.

- **Depuis** can mean 'since' or 'for', and remember to use the present tense in French.
  J'ai mal à l'oreille depuis lundi.
  I have had earache since Monday.
  Il tousse depuis trois jours.
  He's had a cough for three days.
- To ask 'how long', use **depuis** with these question words:
  Depuis quand / Depuis combien de temps êtes-vous malade?
  How long have you been ill?
- Watch out for the expressions with **avoir** (see *Dossier-langue*, page 106).
  Elle a faim. *She is hungry.*

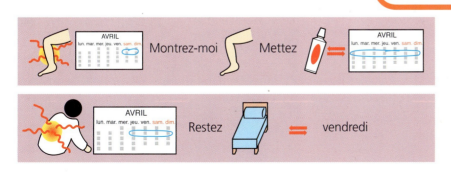

- find out more about French culture
- practise what you have learnt

1 L'oiseau du Colorado

L'oiseau du Colorado

L'oiseau du Colorado
Mange du miel et des gâteaux
Du chocolat et des mandarines
Des dragées des nougatines
Des framboises des roudoudous
De la glace et du caramel mou.

L'oiseau du Colorado
Boit du champagne et du sirop
Suc de fraise et lait d'autruche
Jus d'ananas glacé en cruche
Sang de pêche et navet
Whisky menthe et café.

L'oiseau du Colorado
Dans un grand lit fait un petit dodo
Puis il s'envole dans les nuages
Pour regarder les images
Et jouer un bon moment
Avec la pluie et le beau temps.

From La ménagerie de Tristan *by*
Robert Desnos

© Éditions Gallimard www.gallimard.fr

Robert Desnos était un poète français. Il est né en 1900 à Paris et il est mort en juin 1945 dans un camp de concentration en Tchécoslovaquie, à l'âge de 44 ans.

Il a écrit quelques poèmes, y compris *L'oiseau du Colorado*, pour les enfants d'un ami. On a publié ces poèmes sous le titre *La ménagerie de Tristan*.

il fait un petit dodo = il dort un peu
un navet   *turnip*
en cruche   *in a jug*

🔊 **a** Écoute et lis le poème surréaliste de Robert Desnos et regarde les images.

b Trouve …

5 fruits
4 sucreries
3 boissons non alcoolisées
2 boissons alcoolisées
1 oiseau (qui n'est pas du Colorado)

2 Un supermarché

Trouve le site d'un supermarché français.

- Quels aliments peut-on y acheter?
- Est-ce qu'il y a des fruits, des légumes, des viandes, etc. qu'on ne trouve pas chez toi?
- Cherche au moins cinq produits dans chaque groupe d'aliments (à la page 102) et note les prix.

3 Deux photos

Regarde les photos et réponds aux questions.

Ⓐ

- Qu'est-ce qu'il y a sur la photo?
- Qu'est-ce qu'il a fait cet après-midi?
- Qu'est-ce qu'il va faire ce soir? Pourquoi?
- Pourquoi est-ce qu'on fait du sport?
- Quel est ton sport préféré? Quel(s) sport(s) est-ce que tu n'aimes pas?

Ⓑ

- Qu'est-ce que tu as mangé hier?
- Qu'est-ce que tu vas manger plus tard?
- Qu'est-ce que tu aimes et n'aimes pas manger?

Now I can …

■ say when I do something

toujours	always
souvent	often
rarement	rarely
régulièrement	regularly
chaque matin	every morning
pendant la semaine	during the week

■ discuss healthy eating

J'aime manger / boire …	I like eating / drinking …
C'est bon / mauvais pour la santé.	It's healthy / unhealthy.
les aliments	foods
les céréales (f pl)	cereals
l'énergie (f)	energy
le fer	iron
les matières grasses (f pl)	fat, fat content
les légumes (m pl)	vegetables
le poisson	fish
un produit laitier	dairy product
le repas	meal
le sucre	sugar
une vitamine	vitamin
les glucides (m pl)	carbohydrates

■ discuss healthy lifestyles and general fitness

faire du yoga/de l'aérobic	to do yoga/aerobics
faire de la natation	to go swimming
jouer au badminton	to play badminton
aller au collège à vélo	to cycle to school
se coucher de bonne heure	to go to bed early
(ne pas) fumer	(not) to smoke
manger équilibré	to eat a balanced diet
manger du/de la/de l'/des …	to eat (some) …
ne pas manger de …	not to eat any …
boire de l'alcool	to drink alcohol
ne jamais boire d'alcool	never to drink alcohol
Ça me donne le moral.	It cheers me up.
Ça (me) fait du bien.	It does (me) good.
Ça me fait plaisir.	I enjoy that.
Ça me détend.	It relaxes me.
J'aime jouer en équipe.	I like playing in a team.
Je préfère les sports d'endurance.	I prefer endurance sports

■ use the imperative (see page 103)

■ use reflexive verbs in the perfect tense

Je me suis réveillé(e) à 7h.	I got up at 7.00.
Il s'est levé à 9h.	He got up at 9.00.
Elle s'est reposée.	She relaxed.
Ils se sont promenés.	They went for a walk.

■ identify parts of the body (see page 106)

■ use some expressions with the verb avoir

J'ai mal (au/à la/à l'/aux …).	My (…) hurts / I have (…) ache.
Tu as de la fièvre.	You have a fever.
Il/Elle a chaud.	He/She is hot.
Nous avons froid.	We are cold.
Vous avez soif.	You are thirsty.
Ils/Elles ont faim.	They are hungry.

■ use depuis with the present tense

Depuis combien de temps?	For how long?
Depuis quand?	Since when?
Depuis deux jours.	For two days.
Depuis lundi.	Since Monday.

■ buy basic medical supplies at the chemist's

des pastilles pour la gorge (f pl)	cough pastilles
de l'aspirine (f)	aspirin
du paracétamol	paracetamol
des comprimés (m pl)	tablets
du shampooing	shampoo
une crème contre les piqûres d'insectes	cream for insect bites
un tube de dentifrice	tube of toothpaste
du coton	cotton wool
une brosse à dents	toothbrush
du sparadrap	sticking plaster
une crème solaire	sun cream
du sirop pour la toux	cough medicine
du savon	soap
un médicament pour le mal de ventre/d'estomac	medication for stomach ache

■ consult a chemist

Je voudrais …	I'd like …
Avez-vous …?	Have you got …?
Donnez-moi …, s'il vous plaît.	Please give me …
Prenez ces pastilles, etc.	Take these pastilles, etc.
Ces comprimés sont très efficaces contre …	These tablets are very effective for …
Si ça ne va pas mieux …	If it's not better …
demain / dans deux jours …	tomorrow / in two days …
prenez rendez-vous	make an appointment
tousser	to cough

■ make an appointment at the doctor's

Je voudrais prendre rendez-vous avec le docteur, s'il vous plaît.	I'd like to make an appointment with the doctor, please.
C'est à quel nom?	What name is it?

■ consult a doctor

Qu'est-ce qui ne va pas?	What's the matter?
J'ai mal à la gorge / aux pieds, etc.	My throat hurts / feet hurt, etc.
Ouvrez la bouche.	Open your mouth.
Montrez-moi …	Show me …
C'est grave?	Is it serious?
Prenez ce médicament.	Take this medicine.
Mettez cette crème.	Put on this ointment /cream.
Restez au lit.	Stay in bed.
Revenez dans trois jours.	Come back in three days.
Vous avez des allergies?	Have you any allergies?
Je suis allergique à la pénicilline.	I'm allergic to penicillin.

See **Vocabulaire et expressions utiles** (page 140) for general language which occurs frequently, such as numbers, colours, adjectives, adverbs, prepositions, days, months, seasons, expressing opinions, etc.

1 Masculin ou féminin?

Regarde le tableau (*Stratégies*). Écris ces mots avec **le** ou **la** et traduis-les en anglais.

Exemple: le bateau – boat

> bateau   circulation   joueur   serviette
> bibliothèque   comprimé   limonade   texto
> boulangerie   dauphin   médicament   tourisme
> calculatrice   distance   quartier   traversée
> camping   fromage   rivière   chaussure   funiculaire
> poisson   sécheresse   société

2 Des mots en groupes

Trouve un mot de la case qui correspond à chaque groupe de mots.

Exemple: 1 h (le sud)

1 le nord, l'est, l'ouest, …
2 un fleuve, un lac, l'océan, …
3 instituteur, ingénieur, vendeur, …
4 commercial, touristique, industriel, …
5 l'Angleterre, l'Irlande du Nord, le pays de Galles, …
6 le hockey, le rafting, le ski, …
7 un bois, un espace vert, un parc, …
8 un terrain de sport, un complexe sportif, une piscine, …

> a coiffeur   b l'Écosse   c une forêt
> d historique   e la mer   f la natation
> g une patinoire   h le sud

Stratégies

Working out the gender of a noun

Sometimes the ending of a word can give you a clue as to whether it's masculine or feminine. Here are some guidelines:

endings normally masculine	exceptions	endings normally feminine	exceptions
-age	une image une page	-ade	
-aire		-ance	
-é		-ation	
-eau	l'eau (f)	-ée	un lycée un musée
-eur		-ère	
-ier		-erie	
-in	la fin	-ette	un squelette
-ing		-que	le plastique un moustique un kiosque
-isme		-rice	le dentifrice
-ment		-sse	
-o	la météo	-ure	
-on	la maison	-té	le pâté l'été

3 Au Canada

Trouve les paires.

1 Si vous allez au Canada, vous
2 En été, on
3 En hiver, il
4 À mon avis, ce n'
5 Ça fait trois ans que j'
6 Est-ce que tu
7 Aujourd'hui, nous
8 Demain, ils

a allons monter au sommet.
b devez goûter au sirop d'érable.
c est pas la plus belle ville du monde.
d fait très froid à Montréal.
e habite au Québec.
f peut faire du rafting sur le fleuve.
g vois la tour olympique d'ici?
h vont voir un match de hockey sur glace.

4 Chasse à l'intrus

Trouve le mot qui ne correspond pas et explique pourquoi.

Exemple: 1 le fleuve – les autres décrivent le temps

1 le fleuve, la pluie, la neige, le vent
2 une bibliothèque, une cantine, un laboratoire, un ordinateur
3 devoir, noir, pouvoir, savoir
4 avoir, souvent, parfois, jamais
5 cinq, huit, après, douze
6 africain, canadien, récréation, européen
7 fort, jamais, personne, rien
8 aujourd'hui, demain, hier, quand

5 Français–anglais

Complète les phrases avec un mot de la case.

1 C'est une ____ qui me plaît.   *It's a town I ____.*
2 ____ m'est égal.   *It's all the same to ____.*
3 Ça te ____, le ski?   *Do you like ____?*
4 Ça t'____?   *Are ____ interested in that?*
5 Ça ____ concerne.   *It ____ us.*
6 Ça vous ____?   *Is ____ disturbing you?*

> Ça   dérange   intéresse | *concerns   like   me*
> nous   plaît   ville | *skiing   that   you*

6 Des efforts pour l'environnement

Traduis les phrases en anglais.

1 Je fais de petits trajets à pied, à vélo ou à roller.
2 J'utilise régulièrement les transports en commun.
3 À la maison, nous trions les déchets pour recycler le papier et le verre.
4 Je recycle mes vêtements, mes livres et mon portable.
5 Quand c'est possible, j'achète des produits verts ou recyclés.
6 J'éteins la lumière quand je sors d'une pièce.
7 En hiver, je mets un pull et je baisse le chauffage.

7 5-4-3-2-1

Trouve …

5 fruits
4 légumes
3 produits laitiers
2 viandes
1 boisson

les cerises

le fromage

les haricots verts

les pêches

le poulet

les petits pois

les poires

les pommes de terre

l'orangeade

le yaourt

les raisins

les bananes

le chou-fleur

le steak

le beurre

8 Qu'est-ce qui ne va pas?

Traduis les phrases en anglais.

1 J'ai mal à la gorge.
2 Tu as mal au bras.
3 Il a froid.
4 Elle a de la fièvre.
5 Nous avons faim.
6 Vous avez mal aux yeux?
7 Ils ont chaud.
8 Elles ont soif.

9 Qui parle?

a Marc (**M**) et Florence (**F**) ont fait ça hier (1–10). Décide qui parle à chaque fois. (Regarde les participes passés.)

Exemple: 1 F

1 Je me suis réveillée à sept heures.
2 Je me suis levé à neuf heures.
3 Je me suis reposé devant la télé.
4 Je me suis promenée avec le chien.
5 Après le petit déjeuner, je me suis douchée.
6 Je me suis mise à regarder un vieux film.
7 Après deux heures de télé, je me suis endormi.
8 L'après-midi, je me suis baigné à la piscine.
9 Je me suis endormie vers onze heures.
10 Je me suis couché à minuit.

b Écris un résumé de leur journée.

Exemple:

Florence s'est réveillée à sept heures, puis elle …
Marc s'est levé à …

10 Un message

a Consulte les images pour compléter le message.

Exemple: 1 fête

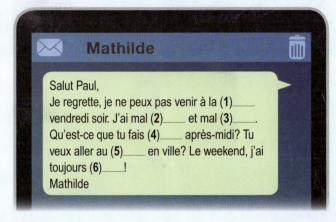

> ✉ **Mathilde** 🗑
>
> Salut Paul,
> Je regrette, je ne peux pas venir à la (**1**)_____ vendredi soir. J'ai mal (**2**)_____ et mal (**3**)_____. Qu'est-ce que tu fais (**4**)_____ après-midi? Tu veux aller au (**5**)_____ en ville? Le weekend, j'ai toujours (**6**)_____!
> Mathilde

b Écris un message pour donner tes excuses et proposer une alternative.

• Qu'est-ce que tu ne peux pas faire? Quand? Pourquoi?
• Quand est-ce que tu peux faire quelque chose? Quoi? Où?

Pose au moins une question.

- understand holiday information
- use *qui* and *que*

Vous allez partir en vacances?
Venez en France, pays d'aventures!

Vacances jeunes

La France, c'est une destination idéale pour les jeunes qui cherchent des aventures variées et originales. Ne cherchez pas seulement les parcs d'attractions – profitez de la nature et des beaux paysages pour faire quelque chose d'actif, un sport qui vous intéresse, une nouvelle activité, un passetemps qui est un peu différent.

Il y a beaucoup de possibilités au bord de la mer.

Au bord de la mer

Ce sont la plage et la mer qui vous attirent? La plage, ce n'est pas seulement pour le bronzage! Venez faire des randonnées à pied ou à cheval, de la planche à voile, du kayak, et d'autres activités fascinantes. Découvrez la variété des côtes et des îles françaises!

On fait du canyoning dans les Pyrénées.

À la montagne

Les jeunes qui vont à la montagne sont surtout des passionnés de ski et de snowboard. Mais il y a beaucoup de sports qu'on peut y pratiquer en été aussi. L'escalade et le canyoning, par exemple, sont des sports qui peuvent sembler dangereux, mais bien surveillés, ils sont vraiment sensationnels.

Et le rafting, c'est une vraie aventure à l'eau! Ou peut-être que vous préférez le VTT* – comme pour le ski, on vous offre des descentes qui sont extrêmement difficiles ou plutôt tranquilles. À vous de choisir!

Le ski est un sport qui est très populaire en hiver.

À vélo

Dans beaucoup de régions, on peut faire des promenades à vélo ou à pied sur une 'voie verte' – c'est souvent une ancienne voie ferrée* qui a été transformée en chemin intéressant et sans danger pour les randonneurs et les cyclistes.

À vélo, on voit la France de tout près.

Vacances actives pour tous

Que vous soyez en famille, en groupe ou entre amis, la France vous propose de nombreuses possibilités de vacances actives – profitez-en.

VTT = vélo tout terrain   *mountain bike*
une voie ferrée   *railway line*

1 Pays d'aventures

a Trouve l'équivalent en français.

1 don't just look for …
2 something active
3 that attract you
4 sunbathing
5 hikes (on foot)
6 fans of skiing
7 which can seem dangerous
8 well supervised
9 it's your choice
10 make the most of it

b Réponds en anglais.

1 According to the article, what should young people seek out beyond theme parks?
2 What is said about sunbathing?
3 What do young people most like doing in the mountains?
4 Name two water-based activities the article suggests you can do in the mountains in summer.
5 In what ways are skiing and mountain-biking similar?
6 What have some disused railway lines become?

Dossier-langue | **Grammaire 7**

Relative pronouns (*qui, que*)

All the sentences in task 2 contain the words **qui** or **que/qu'**. These **relative pronouns** are useful connectives for joining two parts of a sentence together. By using them you avoid having to repeat words, e.g.

Le VTT est une activité. Le VTT est très populaire.
→ **Le VTT est une activité qui est très populaire.**
Le ski est un sport. Je pratique ce sport en hiver.
→ **Le ski est un sport que je pratique en hiver.**

How many meanings can you find for **qui** and **que**? (Choose from: 'who', 'whom', 'that', 'which'.)
Which one is shortened before a vowel?
Can both of them refer to people and to things?
Find more examples on page 114.

---

2 Des définitions

a Trouve les paires. **b** Traduis les phrases en anglais.

1 Le VTT est une activité
2 Le ski est un sport qu'
3 Un skieur est une personne qui
4 Le canyoning est une activité qui
5 Une voie verte est un chemin que
6 Le canoë et le kayak sont des sports

a peut être dangereuse.
b qu'on pratique sur l'eau.
c qui est très populaire.
d les randonneurs aiment prendre.
e fait du ski.
f on pratique en hiver.

3 Mes préférences

Complète ces phrases avec tes préférences et explique pourquoi.

Exemple:

1 **Un sport qui m'intéresse est l'escalade parce que c'est passionnant.**

1 Un sport qui m'intéresse est …
2 Une activité que je voudrais faire est …
3 Une personne qui m'amuse est …
4 Une personne que j'admire est …
5 Une ville qui me plaît est …
6 Une équipe que j'aime est …

4 On part en vacances

 a Écoute Laura et Boris et décide si c'est vrai (**V**), faux (**F**) ou pas mentionné (**PM**).

Exemple: **1** *V*

1 Laura va partir dans les Alpes en février.
2 Le snowboard est un sport que Laura pratique souvent.
3 C'est son frère qui est passionné de snowboard.
4 La Corse est une île.
5 Cet été, Boris va aller en Corse.
6 Le kayak est une activité que Boris adore.
7 Il va faire une randonnée à cheval qui dure une semaine.
8 Ces vacances vont être fatigantes pour Boris.

b Corrige les phrases qui sont fausses.

5 À toi!

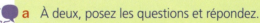 **a** À deux, posez les questions et répondez.

- Il y a un sport ou une activité que tu voudrais essayer? Pourquoi?
  (Un sport / Une activité que je voudrais essayer est …, parce que c'est passionnant / cool / …)
- Il y a un pays, une région ou une ville que tu voudrais visiter? Pourquoi?
  (… est un pays / une région / une ville que je veux vraiment visiter. On peut y pratiquer différentes activités / J'aime faire des randonnées (à cheval / …) / Son histoire est très intéressante / …)
- Qu'est-ce qui t'intéresse comme vacances? Pourquoi?
  (… est quelque chose qui m'intéresse beaucoup / énormément parce que …)
- Tu préfères la montagne ou la côte? Pourquoi?
- Tu préfères les vacances d'été ou d'hiver? Pourquoi?

b Écris quelques phrases sur une activité que tu voudrais faire en France.

Exemple: **Cet été je voudrais partir à la montagne pour faire de l'escalade. C'est peut-être un peu dangereux, mais c'est un sport qui m'intéresse depuis longtemps.**

8B Des vacances à l'étranger

- *talk about holiday plans*
- *revise countries*

1 C'est quel pays?

Trouve le bon nom pour chaque pays.

Exemple: **1** *e* (l'Italie)

a l'Allemagne (f)
b l'Espagne (f)
c la Grèce

d l'Irlande (f)
e l'Italie (f)
f l'Écosse (f)

g le Canada
h le Maroc
i les États-Unis

2 On parle de vacances

🔊 **a** Écoute les huit conversations. On parle de quel pays (a–i)?

Exemple: **1** i (les États-Unis)

➕ **b** Écoute encore une fois (1–8). Copie et complète le tableau en anglais.

	when	other detail(s)
1	last year	flew, visited New York, Washington …
2		

Dossier-langue | **Grammaire 16**

Using different tenses together

- Remember to use the correct tense when talking about holidays.

Holidays in the past	Holidays in the future
Use the perfect tense (*passé composé*) to say what you **did**. **Je suis allé** en Italie. **J'ai fait** du camping.	Use **aller** + infinitive to say what **you are going to do**. Je **vais passer** deux semaines à Biarritz.
Use the imperfect tense (*imparfait*) to say what it **was like**. C'**était** super! Les gens **étaient** sympas.	And don't forget the future tense (*futur simple*) to say what you **will do** – but try not to mix the different future tenses together. Nous **irons** en Espagne en juillet. J'espère qu'il **fera** chaud.
Regular holidays	**Possible holidays**
Use the present tense (*présent*) to say what you **do regularly**. Chaque année je **vais** au Maroc. Il **fait** toujours très chaud.	To say **what you would like to do**, use **vouloir** + infinitive. Je **voudrais aller** aux États-Unis, mais c'est assez cher.

Use time clues (adverbs) to make it really clear when you are talking about.

How many phrases can you think of to talk about the past? (**hier, l'été dernier, …**)

And the future? (**demain, l'année prochaine, …**)

3 C'est quand?

On parle de vacances qui sont au passé (**P ←**) ou à l'avenir (**→ A**)?

Exemple: **1** P ←

1 L'année dernière, je suis allée en Corse.
2 L'hôtel n'était pas très bon.
3 Je vais passer une semaine chez mes grands-parents.
4 On passera le mois d'août au Maroc.

5 À Noël, j'ai fait du ski en Autriche.
6 La prochaine fois, on ne prendra pas la voiture.
7 L'été prochain, nous voudrions louer un appartement en Grèce.
8 Il y a deux ans, je suis parti en groupe scolaire au Canada.

4 À toi!

a Travaillez à deux. Qu'est-ce que vous allez faire pendant les prochaines vacances? Posez des questions et répondez à tour de rôle. Si vous n'avez pas de projets, inventez quelque chose!

- Où est-ce que tu vas aller?
- Pour combien de temps?
- Avec qui?
- Comment vas-tu voyager?
- Où vas-tu loger?

b Écris un message à un(e) ami(e) français(e) pour lui parler de tes projets de vacances cette année.

> Salut, ça va?
>
> Mais oui! C'est bientôt les vacances! Moi, je vais passer dix jours au bord de la mer. Je vais en France et je vais voyager en avion. Je pars avec ma famille et nous allons faire du camping. Et toi, qu'est-ce que tu vas faire?

en France
au Canada
aux États-Unis
à Colwyn Bay
à Margate
à Disneyland Paris
etc.

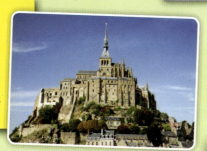

dix jours
une semaine
quinze jours
un mois

en avion
en bateau
en train
en voiture
à vélo

au bord de la mer
à la campagne
à la montagne
à l'étranger

avec ma famille
avec des amis
en groupe (scolaire)

faire du camping
louer un gîte
aller à l'hôtel
aller à l'auberge de jeunesse
loger chez une famille française
loger chez mes grands-parents

Stratégies

Checking the accuracy of written work

Check your written work several times.

- First check all the **verbs**:
  - subject and verb ending
  - correct auxiliary verb for verbs in the perfect tense
  - check the past participles, especially irregular ones
  - with verbs taking **être**, check the agreement of the past participle (**e** for feminine, **s** for plural).
- Check that **adjectives agree** with the noun they describe.
- Check that any **plural nouns** have a final **s** or **x**.
- Choose the correct **preposition** for 'to' with places. It is usually **à** (or **au/à la/à l'/aux**) but you use **en** for feminine countries and regions (**la France, l'Espagne, la Normandie, la Provence,** etc.). The same words are used to say 'in' – **je vais en France; je passe un mois en France**.

Phonétique

◉◀)) The letters 'i', 'î', 'y'

The letters 'i', 'î' and 'y' are usually pronounced like the English 'ee'. The circumflex accent (î) does not affect the sound but you need to add it when writing.

actif   hiver   île   cyclisme

Beware – remember what you have learnt about the nasal sounds *in/im* (see page 60).

Listen to four sentences, write them down correctly and underline the 'ee' sounds.

- *talk about holiday accommodation*
- *enquire about campsites and youth hostels*

1 Où loger en vacances?

Quand on va en vacances, il y a beaucoup de possibilités de logement. Cela dépend de la région, du prix, des activités qu'on va faire et des préférences du visiteur.

- Beaucoup de jeunes, et des familles aussi, vont dans des auberges de jeunesse. C'est très pratique pour les groupes et les individus, ce n'est pas cher et on peut y prendre le petit déjeuner et le dîner.

- Pour la vie en plein air et pour l'indépendance, on choisit le camping. Ce n'est pas pour tout le monde, mais les prix et l'ambiance sont bons. Un inconvénient: le beau temps n'est pas garanti.

- Surtout pour les familles, un gîte offre de l'indépendance à un prix modéré, sans les inconvénients du mauvais temps et des petites bêtes!

Trouve l'équivalent en français.
1 accommodation
2 youth hostel
3 in the open air
4 the atmosphere
5 holiday cottage
6 at a reasonable price

2 On arrive au camping

C'est enfin les vacances! Un groupe de jeunes arrive au camping. Ils vont tout de suite au bureau d'accueil. Malheureusement, beaucoup d'autres personnes arrivent en même temps. Il n'y aura pas de place pour tout le monde!

a Écoute les conversations (1–6). C'est quelle image?

Exemple: 1 F

	Tarif	
⌂ 🚐 🚙	emplacement *(tente/caravane/ camping-car)*	**6,80 €**
🚗	voiture	**2,70 €**
🧍	adulte	**5,60 €**
🧍‍♀️	enfant *(de 3 à 14 ans)*	**2,80 €**
🐕	chien	**2,70 €**
🔌	électricité	**3,70 €**

b Quel groupe ne trouve pas de place?

c Écoute les conversations encore une fois. Note combien de nuits chaque groupe veut passer au camping.

3 Le plan du camping

Regarde le plan du camping, puis écoute les conversations. Au bureau d'accueil, huit personnes posent des questions. Trouve les deux réponses qui ne sont pas bonnes.

4 C'est où?

Travaillez à deux. Vous êtes devant le bureau du gardien. Une personne pose des questions. L'autre consulte le plan du camping et répond. Après quatre questions, changez de rôle.

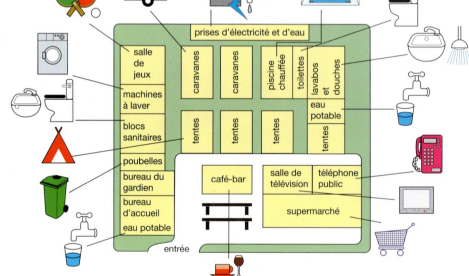

Exemple:

A Où est la piscine, s'il vous plaît?
B C'est à l'autre bout du camping, entre les caravanes et les toilettes.
A Merci.

à côté	du …
à l'autre bout	de la …
en face	de l' …
près	des …
devant/derrière …	
entre … et …	
à/sur votre droite/gauche	
à droite/gauche de …	

5 Une réservation

Accueil > Auberges > Nord-Est, Bourgogne, Champagne-Ardenne >

Strasbourg – Val du Rhin
Belle vue sur le Rhin

Arrivée: | 04 avril 20 ___ lun | ▼

Départ: | 07 avril 20 ___ jeu | ▼

Nuits: | 3 | ▼ | Hommes | 2 | ▼ | Femmes | 0 | ▼

❯ Strasbourg – Val du Rhin

Cliquez pour voir les coordonnées

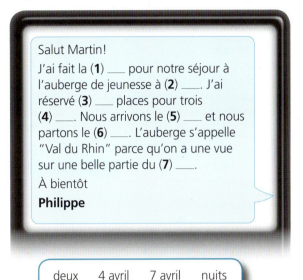

- ☎ Téléphone
- ✉ Mail
- € Tarif de l'auberge
- Services
- Ouverture
- Infos pratiques

Regarde la réservation et complète le message.

> Salut Martin!
> J'ai fait la (**1**) ___ pour notre séjour à l'auberge de jeunesse à (**2**) ___. J'ai réservé (**3**) ___ places pour trois (**4**) ___. Nous arrivons le (**5**) ___ et nous partons le (**6**) ___. L'auberge s'appelle "Val du Rhin" parce qu'on a une vue sur une belle partie du (**7**) ___.
> À bientôt
> **Philippe**

| deux | 4 avril | 7 avril | nuits |
| réservation | | Rhin | Strasbourg |

6 Au bureau d'accueil

 À deux, lisez la conversation au bureau d'accueil d'une auberge de jeunesse, puis changez les mots surlignés pour inventer d'autres conversations.

A Bonjour. Avez-vous de la place, s'il vous plaît?
B C'est pour combien de personnes?
A Deux garçons et deux filles.
B Et c'est pour combien de nuits?
A Quatre nuits.
B Oui, il y a de la place. Vous voulez louer des draps?
A Non, merci. Est-ce qu'on peut prendre des repas?
B Oui, le dîner est à 19 heures 30 et le petit déjeuner entre 7 heures et 9 heures.
A Où sont les chambres?
B Au premier étage.
A À quelle heure est-ce que l'auberge ferme le soir?
B À minuit. Si vous devez rentrer plus tard, il faut demander une clé.

une personne
deux personnes, etc.

une nuit
deux nuits, etc.

Oui, s'il vous plaît.
Non, merci.

Où sont les chambres?
les dortoirs?
Où est la salle à manger?
la salle de séjour?
la salle de télévision?

à minuit / 11 heures / 23 heures 30, etc.

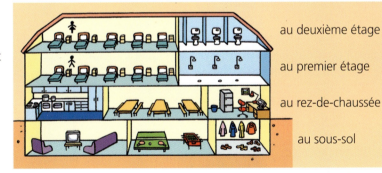

au deuxième étage

au premier étage

au rez-de-chaussée

au sous-sol

7 À toi!

 a À deux, posez les questions et répondez à tour de rôle. Pour vous aider, regardez les expressions de la case et les activités de ces pages.

- Tu préfères quel logement pour les vacances?
- Pourquoi? (Quels sont les avantages ou les inconvénients?)
- As-tu fait du camping? Où? Quand? Avec qui?
- Es-tu allé(e) dans une auberge de jeunesse? Où? Quand?

b Écris un message à un(e) ami(e) français(e) pour parler du logement pour les vacances. Pour t'aider, réponds aux questions ci-dessus.

indépendant
(pas) (trop) cher
en plein air
l'ambiance
prix modéré
beau / mauvais temps
petites bêtes
repas

Phonétique

 Vowel combinations

Many French words have two or more vowels together. Remember the sounds you have learnt so you can write and pronounce them correctly. Listen to eight words from these pages, repeat them, then write them down. They contain these vowel combinations:

au, eau, eu, ie, oi, ou, uei, ui

- *discuss what to take on holiday*
- *use object pronouns*

forum des jeunes
Ce sont les vacances!
Que mettre dans sa valise?

Quels sont les indispensables pour vous?

alamode:
Faire sa valise pour les vacances, c'est toujours un casse-tête. Je remplis ma valise, mon père dit que c'est trop, je lui dis que non, et quand je suis sur place, je ne porte pas la moitié des choses!

perruchefolle:
Moi, je fais une liste des indispensables. Cela dépend de la destination, bien sûr, mais en tête de liste il y a toujours mon sèche-cheveux et mon fer à lisser*!

tapismajik:
Mon portable (pour ma musique et mes textos) est indispensable, n'importe où. Et le chargeur et les écouteurs – je ne les oublie pas non plus!

mistercool:
Je mets tout d'abord ma tablette dans ma valise. Sans tablette, la vie est insupportable – je l'emporte partout. J'ai beaucoup de copains et je leur envoie des messages et des photos. À part ça, j'emporte un short, un maillot de bain, des tee-shirts, mes tongs* … c'est tout!

voldenuit:
En vacances, je suis active et je ne pars pas sans ma raquette de tennis. Je la trouve essentielle. Je prends aussi mes chaussures de marche et des vêtements confortables.

lapinslibres:
Des livres, des magazines, un maillot de bain, une serviette et de la crème solaire. Les vacances sont pour la lecture et la plage. Après, je vais chez mes copains et je leur prête (ou je leur vends) les meilleurs livres!

sisimple:
Il faut être pratique: je me renseigne bien à l'avance pour savoir quel temps il va faire et quelles activités sont prévues. Je fais une liste. Rien de plus simple!

> un fer à lisser   *hair straighteners*
> des tongs   *flip-flops*

1 Forum des jeunes: Les indispensables

a Lis les textes, puis trouve l'équivalent en français.

1 a headache
2 at the top of the list
3 anywhere
4 I don't forget them
5 I take it everywhere
6 well in advance
7 nothing simpler

b C'est qui?

Exemple: 1 voldenuit

1 Qui est sportif? *Voldenuit*
2 Qui a trop de vêtements dans sa valise? *alamode*
3 Qui aime la lecture? *lapinslibres*
4 Qui prend soin de ses cheveux? *perruchefolle*
5 Qui dépend de la technologie? *Tapismajik / mistercool*

2 Qu'est-ce qu'elle prend?

 a Charlotte doit porter toutes ses affaires dans son sac à dos. Écoute et note ce qu'elle prend.

Exemple: A (un appareil photo), …

b À deux, posez des questions et répondez à tour de rôle.

Exemple:

A Est-ce qu'elle prend l'appareil photo?
B Oui, elle le prend. Est-ce qu'elle prend les livres?
A Non, elle ne les prend pas.

Ⓐ un appareil photo

Ⓑ un (ordinateur) portable

Ⓒ un livre

Ⓓ des balles de tennis

Ⓔ des piles

Ⓕ une planche de surf

Ⓖ une raquette de tennis

Ⓗ des chaussures de marche

Ⓘ une lampe de poche

Ⓙ un sèche-cheveux

elle	le	prend
elle ne	la / les	prend pas

Dossier-langue   Grammaire 6.2

Object pronouns (*le, la, les, lui, leur*)

Direct object pronouns (**le, la, les**) replace nouns that have already been mentioned, to avoid repeating them:

Je ne vais pas le prendre. *I'm not going to take it.* (**le livre**)
Je la laisse ici. *I'm leaving it here.* (**la lampe de poche**)
Je les prends. *I'm taking them.* (**les piles**)

Why are there three different **direct object pronouns** in the sentences above?

Indirect object pronouns (**lui, leur**) replace nouns, often in a phrase beginning with **à** or **pour**. Work out from the examples when **lui** is used and when **leur** is used.

Je cherche quelque chose pour mon frère. Je lui achète toujours un cadeau. *I'm looking for something for my brother. I always buy a present for him.*

Je téléphone à Laura ou je lui envoie un texto. *I phone Laura or I send a text to her.*

J'écris à mes grands-parents ou je leur téléphone. *I write to my grandparents or I phone them.*

Look for an example of each in the *Forum des jeunes*.

Accueil | Infos | **Jeux** | Santé | Affaires | Sport | Voyages | 🔍 Rechercher …

Jeu-test: Quel genre de vacances préfères-tu?

1 **Tes parents veulent passer des vacances dans une ferme isolée à la campagne. Quelle est ta réaction?**

■ Extra, on pourra faire de longues promenades.

● Est-ce qu'il y aura le wifi?

▲ Est-ce que je peux inviter un copain / une copine?

2 **Qu'est-ce qu'il ne faut pas oublier quand tu pars en vacances?**

● Tu prends ta liseuse chargée d'un tas* de livres que tu vas lire.

■ Le principal, c'est d'avoir ton maillot, un short, des baskets et ton vélo.

▲ Tu emportes beaucoup de vêtements pour être prêt(e) à faire toutes sortes d'activités.

3 **Tu t'installes sur la plage. Il y a des gens à côté.**

▲ Tu discutes avec le garçon ou la fille qui se trouve tout près.

■ Tu joues au volley ou tu vas te baigner tout de suite.

● Tu as le nez collé à ta tablette ou ton portable.

4 **Ce que tu détestes le plus en vacances?**

■ Ne rien faire … tu t'ennuies.

▲ Ne connaître personne … tu te retrouves seul(e).

● Visiter des monuments et des musées avec tes parents.

5 **Ce que tu aimes le plus en vacances?**

● Tchatter sur ton portable et écouter de la musique.

▲ Te faire de nouveaux copains / de nouvelles copines.

■ Apprendre un nouveau sport.

6 **Tu rencontres un garçon / une fille sympa à la piscine.**

● Tu l'invites à aller au café et vous restez longtemps à discuter.

■ Tu lui proposes de jouer au volley sur la plage.

▲ Tu lui présentes tes amis et tu l'invites à aller en ville avec le groupe.

7 **De retour à la maison, tu regardes tes photos de vacances.**

▲ Les photos montrent surtout tes amis et ta famille.

■ Ce sont tous les endroits que tu as visités.

● Tu n'as pas pris de photos.

> un tas *a heap, pile*
> collé(e) à *glued to*

3 Jeu-test

a Réponds aux questions, puis compte le nombre de ■ ● ▲.
Regarde le résultat à la page 139 pour savoir ton type!

b Trouve …

3 verbes au présent

2 verbes au futur simple

1 verbe au passé composé

c Trouve des expressions qui ont presque le même sens.

1 un(e) ami(e)

2 tu te mets

3 des personnes

4 tu vas nager

5 immédiatement

6 principalement

➕ **d** Écris encore une question pour le jeu-test.

Une question sur le logement? Sur le temps qu'il fait?
Sur le moyen de transport? À toi de choisir!

4 À toi!

💬 **a** Vous partez en vacances (vraies ou imaginaires).
À deux, posez des questions et répondez à tour de rôle.

b Écris tes réponses aux questions.

- Où vas-tu en vacances? *(Je vais en Espagne/ au Portugal/…)*

- Avec qui? *(Je pars avec ma famille/mes copains/…)*

- Qu'est-ce que tu mets dans tes bagages? Pourquoi? *(La chose la plus importante, c'est mon (téléphone) portable, etc.)*

- Qu'est-ce que tu aimes faire en vacances? *(J'aime me reposer/les vacances actives, alors je …)*

- Tu prends des photos? De quoi? *(J'utilise mon portable pour prendre des photos de …)*

Stratégies

Making sentences more sophisticated

Use connectives to make simple sentences into more complex, more interesting sentences.

- You have already used **mais**, **et**, **alors**, **puis** etc. to join sentences.

- Use relative pronouns (**qui**, **que**) to add extra interest.

  Une chose qui est indispensable, c'est …

  Le sport que j'aime faire en vacances, c'est …

- Add opinions and reasons using **parce que**, **car**, **cependant**, **pourtant**, etc.

  Les vacances à la plage sont bonnes, cependant je n'aime pas rester trop longtemps au soleil parce que j'ai la peau sensible.

1 La plage, c'est chouette

La plage, c'est chouette

À la plage, on rigole bien. Je me suis fait des tas de copains […] et on joue ensemble, on se dispute, on ne se parle plus et c'est drôlement chouette.

«Va jouer gentiment avec tes petits camarades», m'a dit papa ce matin, «moi je vais me reposer et prendre un bain de soleil.» Et puis, il a commencé à se mettre de l'huile partout et il rigolait en disant: «Ah! quand je pense aux copains qui sont restés au bureau!»

Nous, on a commencé à jouer avec le ballon d'Irénée. «Allez jouer plus loin», a dit papa, qui avait fini de se huiler, et bing! le ballon est tombé sur la tête de papa. Ça, ça ne lui a pas plu à papa. Il s'est fâché tout plein et il a donné un gros coup de pied dans le ballon, qui est allé tomber dans l'eau, très loin. Un shoot terrible. […] Irénée est parti en courant et il est revenu avec son papa. Il est drôlement grand et gros le papa d'Irénée, et il n'avait pas l'air content.

Lis l'extrait du livre *Les vacances du Petit Nicolas* (par Sempé et Goscinny). Ce petit garçon arrive à la plage avec ses parents et les vacances commencent. Réponds aux questions en anglais.

1 What is dad going to do while Nicolas and friends are playing?
2 Why does this make him laugh?
3 Why did he then get angry?
4 What happened to the ball?
5 What was Irénée's dad like?

2 Chantez! Pour aller à la plage

🔊 a Écoutez et chantez!

b Dessine la route jusqu'à la plage.

– Pardon, messieurs-dames,
  La plage, c'est près d'ici?
– Allez tout droit jusqu'aux feux,
– Prenez la deuxième rue à gauche,
– Descendez la rue jusqu'au pont,
– Allez tout droit jusqu'au tournant,
– Prenez la première rue à droite,
– Allez jusqu'au bout de la rue.
– Ah, monsieur, je suis désolée,
  Mais pour aller à la plage,
  C'est assez compliqué.
– Merci bien, messieurs-dames,
  La plage, je l'ai trouvée.
  Je suis allée ici et là,
  J'ai tourné à gauche et à droite.
  Oui, c'est vrai, c'était compliqué,
  Ce n'était pas tout près et j'ai beaucoup marché,
  Mais j'ai quand même continué,
  Et puis, j'y suis arrivée!

3 Une photo

Regarde la photo et réponds aux questions.

- Qu'est-ce qu'il y a sur la photo?
- C'est où?
- Qu'est-ce qu'on peut faire ici?
- Tu aimes les activités sportives en vacances?
- C'est une activité que tu voudrais faire? Pourquoi?
- Tu as déjà fait du camping? Explique.
- Où est-ce que tu voudrais aller en vacances? (*Je voudrais …*)

4 Le FUAJ

La FUAJ (Fédération Unie des Auberges de Jeunesse) organise des séjours avec activités.

Cherche un séjour en France (ou dans un autre pays francophone) où on peut faire une activité qui t'intéresse.

- C'est où?
- C'est cher?
- Qu'est-ce qui est inclus (par exemple le logement, les repas, etc.)?

Fais un poster ou une présentation de ce séjour.

Now I can …

■ **talk about holiday plans**

Je vais passer …	**I'm going to spend …**
dix jours	ten days
une semaine	a week
quinze jours	a fortnight
un mois	a month
au bord de la mer	at the seaside
à la campagne	in the country
à la montagne	in the mountains
à l'étranger	abroad
dans une famille française	with a French family
chez mes grands-parents	at my grandparents'
Je vais voyager …	**I'll travel …**
en avion	by plane
en bateau	by boat
en train	by train
en voiture	by car
à vélo	by bike
On va …	**We're going …**
faire du camping	to go camping
louer un gîte	to rent a gîte
aller à l'hôtel	to go to a hotel

■ **understand the use of** *qui* **and** *que* **(see page 115)**

un sport qui m'intéresse	a sport that interests me
une activité que je voudrais faire	an activity that I'd like to do

■ **say which countries to visit**

les pays	**countries**
l'Allemagne (f)	Germany
la Belgique	Belgium
l'Espagne (f)	Spain
la France	France
la Grèce	Greece
l'Irlande (f)	Ireland
l'Irlande du Nord (f)	Northern Ireland
l'Italie (f)	Italy
la Suisse	Switzerland
l'Angleterre (f)	England
l'Écosse (f)	Scotland
le pays de Galles	Wales
les Pays-Bas (m pl)	Netherlands
le Royaume-Uni	UK
le Canada	Canada
le Maroc	Morocco
le Sénégal	Senegal
les États-Unis (m pl)	USA
les continents	**continents**
l'Afrique (f)	Africa
l'Amérique (f)	America
l'Antarctique (f)	Antarctic
l'Asie (f)	Asia
l'Australie (f)	Australia
l'Europe (f)	Europe

■ **book in at a campsite**

Avez-vous de la place, s'il vous plaît?	Have you / Do you have any room please?
C'est pour deux adultes et un enfant.	It's for two adults and a child.

C'est pour une tente / une caravane / un camping-car.	It's for a tent / a caravan / a camper van.
C'est pour deux nuits.	It's for two nights.

■ **understand campsite notices**

les blocs sanitaires (m pl)	showers / toilet block
le bureau d'accueil	reception (office)
le branchement électrique	connection to electricity
complet	full up / fully booked
les douches (f pl)	showers
l'eau potable (f)	drinking water
un emplacement	a place (on a campsite)
la poubelle	dustbin
la salle de jeux / de télévision	games / television room
le terrain de jeu / de sport	sportsground
les toilettes (f pl)	toilets

■ **stay at a youth hostel**

une auberge de jeunesse	youth hostel
le bureau d'accueil	reception
la carte d'adhérent	membership card
Avez-vous de la place?	Have you / Do you have any room?
C'est pour une (deux, trois, etc.) nuit(s).	It's for one (two, three) night(s).
Vous voulez louer des draps?	Do you want to hire sheets?
Vous êtes au dortoir 4 / dans la chambre 6.	You are in dormitory 4 / in bedroom 6.
Où sont les dortoirs / les douches / les toilettes?	Where are the dormitories / the showers / the toilets?
Où est la salle de séjour / la cuisine?	Where is the lounge / the kitchen?
Est-ce qu'il y a une salle de jeux?	Is there a games room?
au sous-sol / rez-de-chaussée / premier / deuxième étage	in the basement / on the ground / first / second floor
L'auberge ferme à quelle heure le soir?	What time does the hostel close at night?
Est-ce qu'on peut prendre des repas à l'auberge?	Can you get meals in the hostel?

■ **describe things to take on holiday**

une lampe de poche	torch
des piles (f pl)	batteries
un sac à dos	rucksack
un sèche-cheveux	hair dryer
une valise	suitcase

■ **understand the use of** *le, la, les, lui, leur* **(see page 120)**

Mon vélo? Je le prends.	My bike? I'm taking it.
Ma raquette? Je la laisse.	My racket? I'm leaving it.
Mes livres? Je les prends.	My books? I'm taking them.
Je lui achète un cadeau.	I buy a present for him/her.
Je lui envoie un texto.	I send a text to him/her.
Je leur prête mes livres.	I lend my books to them.
Je leur téléphone.	I phone them.

See **Vocabulaire et expressions utiles** (page 140) for general language which occurs frequently, such as numbers, colours, adjectives, adverbs, prepositions, days, months, seasons, expressing opinions, etc.

1 Tu as des frères et sœurs?

🔊 Copie la grille. Écoute les jeunes et note les renseignements.

frères / demi-frères	sœurs / demi-sœurs	autres renseignements
1 (17 ans)	1 (11 ans)	sœur va dans le même collège

2 On se relaxe

Complète les phrases. Attention! Les verbes en rouge sont irréguliers.
Pour t'aider, consulte *Les verbes* aux pages 154 à157.

Exemple: **1 Moi, je parle à mes amis.**

Pour un sondage récent, on a demandé aux jeunes: Qu'est-ce que vous faites pour vous relaxer? Voici des réponses.

1 Moi, je ____ à mes amis. (*parler*)
2 Beaucoup de jeunes ____ de la musique. (*écouter*)
3 Je ____ dans ma chambre. (*aller*)
4 Mon frère ____ un livre. (*lire*)
5 Mes amis ____ du sport. (*faire*)

6 Je ____, je ____ une promenade. (*sortir*, *faire*)
7 Mes sœurs ____ la télé. (*regarder*)
8 Quelquefois, je ____ de la guitare. (*jouer*)
9 Nous ____ sur Internet. (*surfer*)
10 J'____ des messages à mes amis. (*écrire*)

3 L'amitié – c'est important pour toi?

a Complète le jeu-test avec la bonne forme des verbes.

b Choisis tes réponses et lis la solution.

L'amitié – c'est important pour toi?

1 Un(e) ami(e), c'est quelqu'un
  a sur qui on peut compter en toutes circonstances.
  b avec qui on ____ sans effort. (*s'entendre*)
  c sur qui on peut copier en classe.

2 Comment ____-tu tes amis? (*choisir*)
  a Je cherche des gens qui me ressemblent et qui ont les mêmes goûts que moi.
  b Je cherche des gens qui sont différents.
  c Je cherche des gens qui me font rire.

3 Pendant les vacances, tu ____ à tes amis au téléphone ou par des médias sociaux (*parler*)
  a une fois par semaine.
  b tous les jours.
  c très rarement.

4 Samedi prochain, est-ce que tu sais ce que ton meilleur ami va faire?
  a Non, je ne ____ pas. (*savoir*)
  b Je sais plus ou moins.
  c Je sais exactement ce qu'il/elle va faire.

5 Quand tu es en vacances, est-ce que tu envoies des textos à tes amis?
  a Non, je laisse mon portable à la maison.
  b Si j'ai le temps, j'____ un ou deux textos. (*écrire*)
  c J'____ des cartes postales à tous mes amis. (*envoyer*)

6 Il y a un nouvel élève/une nouvelle élève dans ta classe. À la récré, que ____-tu? (*faire*)
  a Je lui parle gentiment / amicalement.
  b Je le/la laisse tranquille.
  c Je ____ à ses questions mais je ne l'encourage pas. (*répondre*)

7 Le nouveau arrive de l'étranger et ne parle pas bien ta langue. Comment ____-tu? (*réagir*)
  a Je ne cherche pas à le/la comprendre.
  b J'____ de l'aider quand même. (*essayer*)
  c J'apprends quelques mots de sa langue pour communiquer avec lui/elle.

8 Tu arrives à une fête où tu ne ____ personne. (*connaître*)
  a Je fais un effort pour parler aux autres.
  b J'____ qu'on me parle. (*attendre*)
  c Je repars tout de suite.

c Autrement dit …

Sometimes the same meaning is expressed in different ways.
In the *Jeu-test*, find a different way of saying these phrases.

Exemple: **1 sur qui on peut compter en toutes circonstances**

1 quelqu'un qui est très responsable
2 des gens qui sont rigolos
3 Si je ne suis pas trop occupé(e)
4 Je ne fais pas d'efforts pour le/la comprendre.
5 Je quitte la fête immédiatement.

Solution

Compte tes points:

	a	b	c
1	5	3	1
2	3	3	3
3	3	5	1
4	1	3	5
5	1	3	5
6	5	1	3
7	1	3	5
8	5	3	1

28 + Les amis, c'est ta deuxième famille. Tu passes donc beaucoup de temps en leur compagnie. Tu es accueillant(e) et gentil(le) envers les autres. Tu t'intéresses aux nouveaux et tu les aides si possible.

12 + Les amis sont importants pour toi. Tu es poli(e) envers les nouveaux, mais comme tu as déjà ton petit cercle d'amis, tu n'es pas très accueillant(e).

12 ou moins Tu es peut-être très timide ou très indépendant(e). On a l'impression que les amis ne sont pas très importants dans ta vie.

4 Des descriptions

a Écris l'adjectif au féminin.

Exemple: **1** *une promenade* <u>fatigante</u>

1 un sport fatigant, une promenade ____.

2 un homme sportif, une femme ____.

3 un livre ennuyeux, une histoire ____.

4 un garçon paresseux, une fille ____.

5 un chat blanc, une souris ____.

b Écris l'adjectif au masculin.

Ces adjectifs sont irréguliers.
(Voir *Grammaire* 3.)

Exemple: **1** *le* <u>vieux</u> *quartier*

1 la vieille ville, le ____ quartier

2 une très longue conversation, un très ____ message

3 une nouvelle chanson, un ____ film

4 une belle photo, un ____ cadeau

5 une bonne idée, un ____ repas

c Écris l'adjectif au pluriel.

Exemple: **1** *des enfants* <u>égoïstes</u>

1 un enfant égoïste, des enfants ____.

2 un animal curieux, des animaux ____.

3 une fille gentille, des filles ____.

4 une personne généreuse, des personnes ____.

5 une raquette chère, des raquettes ____.

5 Des phrases

Invente une phrase pour chaque image. Pour t'aider, regarde la liste des verbes pronominaux (*reflexive verbs*) à la page 154.

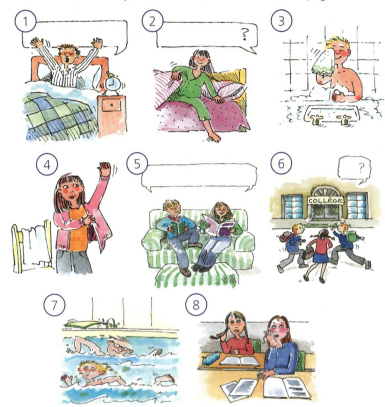

6 Deux jeunes francophones

Lis les textes et réponds aux questions.

Rachid SUIVRE

Je m'appelle Rachid et j'ai quatorze ans. Mon anniversaire est le 9 juillet. J'habite à Bruxelles, en Belgique.

J'ai une sœur et un frère. Ma sœur s'appelle Sabina et elle a sept ans. Mon frère, Hanif, est plus âgé que moi. Il a seize ans. Je m'entends très bien avec ma petite sœur, mais avec mon frère, on se dispute assez souvent!

Toute la famille aime les animaux et nous avons un chat et deux lapins. Je fais de la natation et du vélo. Souvent le weekend, je surfe sur Internet.

J'aime beaucoup regarder les sites sur les films et sur les vedettes.

1 Il y a combien d'enfants dans la famille de Rachid?

2 Avec qui est-ce qu'il s'entend bien?

3 Qu'est-ce qu'il a comme animaux?

4 Qu'est-ce qu'il aime comme sports?

5 Qu'est-ce qu'il regarde comme sites Web?

Karima SUIVRE

Salut, je suis Karima et je suis canadienne. J'habite au Québec et je parle français.

À mon avis, il est très important d'avoir des amis. Je suis fille unique et mes amis forment une seconde famille pour moi.

Le weekend, j'adore sortir avec mes amis. J'ai de la chance d'avoir beaucoup d'amis très sympas. Il y a, par exemple, Sophie, ma meilleure amie. Elle est petite, mince et complètement folle! Elle a de l'humour et on s'amuse bien ensemble.

J'ai aussi un petit ami, Kévin. Il est grand, il a les cheveux bruns.

Il est très gentil, mais un peu sérieux. Je le connais depuis longtemps, mais ça fait seulement un mois que nous sortons ensemble. On s'entend très bien, sauf au sujet du football. Il est passionné par le foot, mais moi, ça ne m'intéresse pas du tout.

1 Karima, est-ce qu'elle a des frères et sœurs?

2 À ton avis, est-elle timide ou sociable?

3 Qui est petite, mince et complètement folle?

4 Kévin, comment est-il?

5 Depuis combien de temps est-il le petit ami de Karima?

6 Quel est son sport préféré?

1   Un jeu sur Paris

a   Réponds aux questions. Pour t'aider, regarde aux pages 24 à 26.

Comment s'appelle …

1 le monument construit en métal, qui est très célèbre et qui est très haut?

2 la cathédrale de Paris, située sur l'Île de la Cité?

3 le grand musée à Paris qui était autrefois un palais royal?

4 l'église qui est toute blanche et qui est construite sur une colline à Montmartre?

5 la plus grande et la plus célèbre avenue à Paris?

6 le monument énorme qui se trouve dans le quartier de La Défense et qui ressemble à un cube gigantesque?

🔊 **b**   Maintenant, écoute l'émission pour vérifier.

2   Quel temps a-t-il fait?

a   À Paris, le temps a été variable. Lis les messages à la page 28 pour savoir quel temps il a fait.

1 samedi après-midi

2 dimanche après-midi

3 lundi

4 mardi

b   Et quel temps a-t-il fait hier dans le reste de la France? Consulte la carte et fais une phrase pour chaque ville.

Exemple: À Nice, il a fait beau.

> Il a fait beau / chaud / froid / mauvais.
> Il y a eu du soleil / du brouillard / du vent.
> Il a plu. Il a neigé.

3   Programme d'activités

Consulte le **Programme d'activités** à la page 28.

Qu'est-ce que Thomas et Audrey ont fait du mercredi au samedi? Écris leurs messages à des copains. Pour t'aider, consulte les autres messages.

Exemple: Mercredi, on a visité …

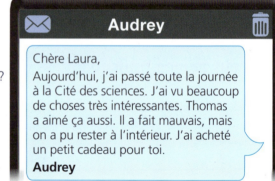

✉   **Audrey**   🗑

Chère Laura,
Aujourd'hui, j'ai passé toute la journée à la Cité des sciences. J'ai vu beaucoup de choses très intéressantes. Thomas a aimé ça aussi. Il a fait mauvais, mais on a pu rester à l'intérieur. J'ai acheté un petit cadeau pour toi.
Audrey

4   Au téléphone

Regarde les images et les bulles. Qui a dit quoi?

Exemple: **1**   D

5 Hier à Paris

Tu es allé(e) à Paris. Choisis trois endroits que tu as visités.

- le matin: un musée ou un monument
- l'après-midi: un marché, un parc ou un jardin
- le soir: un endroit d'où il y a un panorama sur Paris.

Écris un message pour décrire ta journée.

Exemple: Hier matin, je suis allé(e) au Louvre. C'était très intéressant. J'ai vu …
L'après-midi, …

6 Tu es détective?

Qu'est-ce qui va arriver à la fin de l'histoire du voleur du métro (à la page 33)? Voici quelques versions possibles du 'dernier épisode'. Devine quelle est la bonne version.

1 Le voleur a pris la caisse d'un étalage de bonbons (et il a volé des bonbons aussi, bien sûr!). Deux agents de police l'ont arrêté dans le métro.

2 Après un autre vol, à Invalides, le voleur est descendu dans le métro, comme d'habitude, et un contrôleur de la RATP (les transports parisiens) l'a arrêté, mais pour un acte différent: il n'avait pas validé son ticket.

3 Le voleur a acheté des bonbons pralinés, près du métro de l'aérogare des Invalides. Deux garçons, qui étaient en train d'acheter des bonbons aussi, ont reconnu le voleur grâce à son portrait-robot. Ils l'ont suivi dans le métro et un agent l'a arrêté. Les deux garçons ont reçu une grosse récompense.

4 Le voleur du métro a été, lui-même, victime d'une attaque! On lui a volé son portefeuille, 250 grammes de bonbons pralinés … et son nouveau carnet de tickets de métro!

Regarde en bas de cette page pour lire la bonne version parue dans le journal.

7 Des questions brouillées

Écris les questions correctement.

Exemple: 1 *Qu'est-ce que tu as fait aujourd'hui?*

1 fait as Qu'est-ce que aujourd'hui tu ?
2 êtes-vous en vacances Où allés ?
3 Paris à de temps Combien passé as-tu ?
4 aimé surtout tu as Qu'est-ce que ?
5 déjeuné Où avez-vous ?
6 avez-vous Comment voyagé ?
7 est allé Qui à Disneyland Paris ?
8 est-il ici venu Pourquoi ?

8 Samedi dernier

🔊 Écoute la conversation entre Nadine et son amie Louise. Trouve les six questions que Louise a posées.

Exemple: 1, …

1 Tu as passé un bon weekend?
2 Où es-tu allée?
3 Qu'est-ce que tu as fait?
4 Quand es-tu sortie du collège?
5 Qui est allé au café?
6 Tu es restée longtemps au café?
7 Avez-vous pris le métro?
8 Tu as aimé?
9 Est-ce que tu as acheté quelque chose?
10 Tu es rentrée à la maison à quelle heure?

9 Une journée récente

Complète les phrases.

Exemple: 1 *Isabelle est allée à la bibliothèque*

Le matin, Isabelle (**1**) ___, Ibrahim (**2**) ___, mais Sophie (**3**) ___.
L'après-midi, Isabelle et Ibrahim (**4**) ___ et Sophie (**5**) ___.
Le soir, Isabelle et Sophie (**6**) ___ , mais Ibrahim (**7**) ___.

Isabelle
10h30 aller à la bibliothèque
14h aller à la piscine
20h aller au cinéma

Ibrahim
10h aller au stade
14h aller à la piscine
20h partir en vacances

Sophie
11h30 rester au lit!
14h sortir avec le chien
20h aller au cinéma

Tu est détective? Voici la suite de l'histoire à la page 33.

Le 'voleur du métro' arrêté – dans le métro!

C'est un contrôleur de la RATP qui a arrêté, ce matin, l'homme mystérieux que tout le monde appelle le 'voleur du métro'.

Vers huit heures du matin, un homme a acheté 250 grammes de bonbons pralinés au petit étalage tout près de l'aérogare des Invalides. Puis, tout à coup, il a pris la caisse qui était sur le comptoir et il a disparu dans le métro. Deux agents l'ont suivi, mais ils n'ont pas pu le retrouver. Cette fois-ci, ce voleur célèbre a fait une erreur. Il est entré dans le métro sans ticket!

Il paraît qu'il avait oublié d'acheter un nouveau carnet ce matin-là! Il est monté dans un train, mais un contrôleur de la RATP est arrivé tout de suite après. Il l'a arrêté parce qu'il voyageait sans ticket, et ce n'est que plus tard qu'on a découvert la caisse du marchand de bonbons sur lui! Quelle surprise pour le contrôleur – et pour le voleur aussi, bien sûr!

1 Jeu de mots

Complète les expressions suivantes avec des voyelles.
Elles sont toutes utiles pour parler de quand on fait
quelque chose.

Exemple: 1 *chaque semaine*

1 c h _ q _ _ s _ m _ _ n _
2 c h _ q _ _ s _ m _ d _ s _ _ r
3 s _ _ v _ n t
4 q _ _ l q _ _ f _ _ s
5 t _ _ j _ _ r s
6 t _ _ s l _ s j _ _ r s
7 t _ _ t _ l ' _ n n _ _
8 d _ _ x f _ _ s p _ r _ n
9 r _ g _ l _ _ r _ m _ n t
10 d _ _ x f _ _ s p _ r s _ m _ _ n _

2 Le journal de Christophe

Ce sont les vacances. Regarde le journal et complète
les phrases. Choisis les mots de la case.

Exemple: 1 *chaque dimanche*

1 Christophe sort avec le chien ____.
2 ____, il va au cinéma.
3 ____, il se lève assez tard.
4 Il joue au football ____.
5 ____, il va toujours à la piscine.
6 Il regarde un peu la télé ____.
7 Il aime faire du vélo et il fait un petit tour ____.

LUNDI	18h	⚽	21h	📺	
MARDI	10h	🚲	14h	📺	19h 🎥
MERCREDI	14h	🚲	20h	📺	
JEUDI	18h	⚽	21h	📺	
VENDREDI	10h	🏊	18h	📺	
SAMEDI	11h	⏰	13h 🚲	18h	📺
DIMANCHE	11h	⏰	15h 🐕	20h	📺

chaque dimanche   deux fois par semaine
le weekend   mardi soir   tous les jours
trois fois par semaine   le vendredi matin

3 Français–anglais

Trouve les paires.

Exemple: 1 d

1 Quand j'étais jeune.
2 J'habitais à Paris.
3 J'étais content.
4 On allait au jardin public.
5 On jouait au football.
6 Il y avait une fête chaque été.
7 C'était différent là-bas.
8 J'aimais les bonbons.

a It was different there.
b We used to play football.
c I loved sweets.
d When I was young.
e We used to go to the park.
f I used to live in Paris.
g There was a festival every summer.
h I was happy.

4 Il y a cinq ans

Choisis la bonne forme du verbe à l'imparfait.

Exemple: 1 j'habitais

1 Il y a cinq ans, j'(*habitais / habitait*) à la campagne.
2 Mon père (*travaillais / travaillait*) aux États-Unis.
3 Chaque été, on (*allais / allait*) au Québec.
4 Ma sœur (*étais / était*) avec nous.
5 On (*regardais / regardait*) souvent des dessins animés à la télé.
6 Ma mère (*jouais / jouait*) souvent du piano.
7 Est-ce que tu (*prenais / prenait*) des cours de musique?
8 Que (*faisais / faisait*)-tu il y a cinq ans?

5 Présent ou passé?

Lis les phrases et décide si c'est au présent (**PR**) ou à l'imparfait (**IMP**).

Exemple: 1 PR

1 J'habite un appartement à Calais.
2 Il y avait un grand jardin.
3 Nous n'avons pas de jardin.
4 Ma chambre était assez grande.
5 Je n'avais pas d'ordinateur dans ma chambre.
6 Mes parents choisissaient mes vêtements.
7 Je choisis mes propres vêtements.
8 Nous habitions une maison près de Rennes.
9 Mon collège est intéressant.
10 On allait à l'école primaire.

6 Plus ou moins …

a Quelles sont tes opinions sur les loisirs? Complète les phrases avec **plus …**, **moins …** ou **aussi …** .

Exemple: **1** *Le football est* <u>moins intéressant</u> *que le rugby.*

1 Le football est ___ que le rugby. (*intéressant*)
2 À mon avis, la danse est ___ que la natation. (*fatigant*)
3 Je trouve que le badminton est ___ que le tennis. (*facile*)
4 Pour moi, la musique pop est ___ que la musique classique. (*important*)
5 Moi, je pense que la photo est ___ que le dessin. (*ennuyeux*)
6 Les jeux vidéo sont ___ que les jeux de société. (*simple*)

b Qu'est-ce que tu penses d'autres passetemps? Utilise les adjectifs (à gauche) pour comparer deux autres passetemps. Puis invente deux phrases avec d'autres adjectifs.

Exemple:
1 *À mon avis, la planche à voile est plus facile que le skate.*
2 *Pour moi, le football est aussi nul que le rugby.*

7 Enquête 7–14–21

Écris le verbe en français.

Exemple: **1** *j'adorais*

Comment la vie a-t-elle changé pour toi?

| Accueil | **Jeunesse** | Actu / Info | Art de vivre | Savoir | Culture loisirs | Santé | 🔍 Rechercher … |

On a interviewé des enfants de sept ans. Maintenant, ces jeunes ont quatorze ans et on leur a demandé, 'Comment la vie a-t-elle changé pour toi?'

Magali: Avant, j'(**1** *used to like*) les bonbons et les chips, mais maintenant, je mange des choses qui sont meilleures pour la santé.

Robert: J'(**2** *used to listen to*) de la musique classique et je (**3** *used to read*) beaucoup. C'est toujours comme ça – mes goûts n'ont pas changé!

Anne et Sandrine: Avec notre argent de poche, nous (**4** *used to buy*) des jouets ou des bonbons. Maintenant, nous achetons surtout des vêtements et de la musique.

Grégoire: Mon frère et moi, nous (**5** *used to be*) des petits garçons très sérieux. Nous (**6** *used to have*) les cheveux très courts et nous (**7** *didn't (use to) like*) la musique pop. Maintenant, nous avons les cheveux longs et nous jouons dans un groupe très moderne!

Sébastien: À l'âge de sept ans, j'(**8** *used to be*) enfant unique, mais je (**9** *didn't (use to) like*) ça et je (**10** *used to want*) des compagnons. Maintenant, j'ai deux petites sœurs et un chien – la vie a vraiment changé!

Élise: Il y a sept ans, mes grands-parents (**11** *used to live*) dans le Midi et il (**12** *used to be*) beau la plupart du temps, mais maintenant, ils habitent dans le nord-est – c'est très différent! Et la vie de ces jeunes à l'âge de vingt-et-un ans? On va voir dans sept ans.

---

8 Avant

Tu as changé de collège. Combien de phrases correctes peux-tu faire en dix minutes?

Exemple: **Maintenant, je sors souvent, tandis qu'avant, je sortais moins souvent.**

| Ici, Aujourd'hui, Maintenant, Récemment, | il y a … , j'aime … , j'ai … , je vais … , je sors souvent, | tandis que/qu' mais par contre, d'autre part, | je n'y allais pas. je sortais moins souvent. il n'y avait pas ça. je n'aimais pas ça. je n'avais pas ça. |

9 Un commentaire

Lis le commentaire et les phrases. Écris vrai (**V**), faux (**F**) ou pas mentionné (**PM**).

1 *Harry Potter à l'École des Sorciers* est le dernier livre de la série.
2 Harry Potter a onze ans dans ce livre.
3 L'école des sorciers s'appelle 'Poudlard' en français.
4 Le livre n'est pas du goût de Nadine.
5 Selon Nadine, le film est plus intéressant.
6 Le personnage principal s'appelle Nadine.
7 Selon Nadine, Harry Potter est assez sympa.
8 Il n'y a pas assez d'action dans le jeu vidéo.

http://www.tchatter-copains.org

Nadine S., Paris   SUIVRE

Harry Potter à l'École des Sorciers est le premier livre de la série Harry Potter. C'est l'histoire d'un garçon de onze ans qui est sorcier. Ça se passe dans une école pour sorciers en Grande-Bretagne. Harry et les autres élèves ont beaucoup d'aventures. Moi, je n'aime pas tellement le livre parce que ce n'est pas de mon goût. Je trouve que c'est ennuyeux. Le personnage principal est assez sympa, mais je déteste les histoires d'école. Je préfère le jeu vidéo. C'est super parce qu'il y a beaucoup d'action.

🤍 Commenter …   • • •

1   Jeu de mémoire

Tu as bien lu le message de Raj, *Choisir – c'est difficile!*, à la page 61, alors choisis les cinq phrases qui sont vraies.

1. L'année prochaine, Raj va aller au lycée.
2. Dans deux ans, il va aller au lycée.
3. Sa matière préférée, ce sont les maths.
4. Ses matières préférées, ce sont les langues vivantes.
5. Sa petite amie, Marine, est nulle en maths.
6. Il est nul en maths.
7. Il n'est pas très fort en chimie.
8. Il va laisser tomber le dessin.
9. Il voudrait être professeur d'anglais.
10. Il ne sait pas encore ce qu'il va faire plus tard.

3   Une journée peu réussie

Réponds pour le touriste.

Exemple: 1 *Je n'ai rien vu.*

1. Qu'est-ce que tu as vu au musée?
2. Tu as acheté beaucoup de souvenirs?
3. Tu as écrit beaucoup de cartes postales?
4. Tu as pris beaucoup de photos?
5. Tu as vu un bon film?
6. Alors, qu'est-ce que tu as fait?

2   Quel mot?

Choisis le bon mot.

1. Nous n'avons (*rien / jamais / personne*) fait ce matin.
2. Je n'ai (*rien / personne / jamais*) fait de latin.
3. L'année prochaine, je ne veux (*personne / plus / rien*) faire d'histoire.
4. Il n'y a (*pas / personne / jamais*) dans la salle de classe.
5. À l'école primaire, on n'avait (*plus / personne / jamais*) de devoirs.
6. Je suis nouveau ici et je ne connais (*jamais / personne / plus*).
7. Je ne vais (*personne / plus / rien*) au club de gym.
8. Je ne suis (*jamais / rien / pas*) fort en anglais.

4   Des phrases négatives

a   Complète les phrases comme indiqué.

Exemple: 1 *Je ne comprends pas <u>la question</u>.*

b   Choisis six phrases et complète-les avec d'autres mots.

Exemple: 1 *Je ne comprends pas <u>le latin</u>.*

1. Je ne comprends pas …

2. Je n'ai pas de/d'…

3. Au collège, il n'y a pas de/d'…

4. Je ne suis pas très fort(e) en …

5. Cette année, on ne fait plus de/d'…

6. À mon avis, on ne fait pas assez de/d'…

7. Je n'aime pas du tout …

8. Je n'ai jamais visité …

5 Mes projets

a Complète les phrases comme indiqué.

b Complète les phrases comme tu veux.

1 L'année prochaine, je vais étudier …
(*une matière*)

2 Je ne vais plus étudier …
(*une matière*)

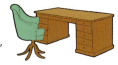

3 Plus tard, je voudrais travailler
dans … (*un magasin [de sport]*,
etc., *un grand hôtel*, *un théâtre*,
un bureau, etc.)

4 Si possible, je voudrais être … (*une
profession*) ou si possible, je voudrais
travailler … (*dans l'informatique /
pour une grande entreprise / une
organisation humanitaire*, etc.)

6 Voilà pourquoi

Trouve les paires.

1 Lise veut travailler chez un vétérinaire, parce qu'
2 Nicolas va aider dans une école, parce qu'
3 J'espère travailler dans l'informatique, parce que
4 Mon ami veut travailler dans un magasin de musique,
parce qu'il
5 L'année prochaine, je voudrais travailler dans une
piscine, parce que je
6 Ma sœur veut travailler à la bibliothèque, parce
qu'elle

a aime lire.
b ça m'intéresse beaucoup.
c elle adore les animaux.
d fais régulièrement de la natation et que j'aime ça.
e s'intéresse beaucoup à la musique.
f il aime les enfants.

7 On ne peut pas travailler tout le temps!

Invente des phrases. Jette un dé ou écris des numéros au hasard.

Exemple: **1**, **3**, **5** *Ce soir, j'espère lire un livre.*

1 Ce soir,	je voudrais	www.
2 Demain,	je vais	
3 Après-demain,	j'espère	
4 Mercredi prochain,	on peut	
5 Plus tard,	nous voulons	
6 La semaine prochaine,	on veut	

8 Un message de Sophie

Complète le message avec des verbes au présent, au passé ou au futur proche (**aller** + infinitif).

Exemple: **1** je *vais passer*

9 Deux Français célèbres

De qui parle-t-on, Pierre de Coubertin (**PC**)
ou Jean-François Champollion (**JFC**)? Pour
t'aider, consulte la page 67.

Exemple: **1** JFC

1 Il est né à l'époque de la Révolution
française.
2 Il est allé en Grèce.
3 Il a visité l'Égypte.
4 Il s'intéressait au sport.
5 Il n'était pas fort en maths mais il aimait
le latin.
6 Il travaillait dans un grand musée à Paris.
7 Il a organisé un grand événement
international.
8 Il est mort à l'âge de quarante-et-un ans.

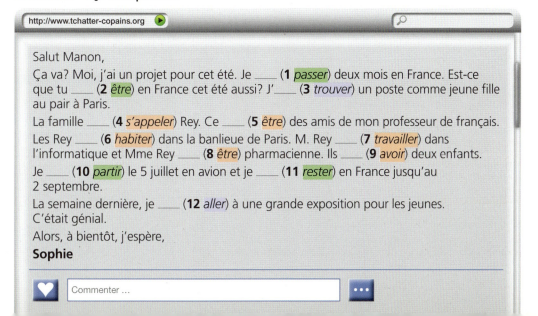

http://www.tchatter-copains.org

Salut Manon,

Ça va? Moi, j'ai un projet pour cet été. Je ____ (**1** *passer*) deux mois en France. Est-ce
que tu ____ (**2** *être*) en France cet été aussi? J'____ (**3** *trouver*) un poste comme jeune fille
au pair à Paris.

La famille ____ (**4** *s'appeler*) Rey. Ce ____ (**5** *être*) des amis de mon professeur de français.

Les Rey ____ (**6** *habiter*) dans la banlieue de Paris. M. Rey ____ (**7** *travailler*) dans
l'informatique et Mme Rey ____ (**8** *être*) pharmacienne. Ils ____ (**9** *avoir*) deux enfants.

Je ____ (**10** *partir*) le 5 juillet en avion et je ____ (**11** *rester*) en France jusqu'au
2 septembre.

La semaine dernière, je ____ (**12** *aller*) à une grande exposition pour les jeunes.
C'était génial.

Alors, à bientôt, j'espère,

Sophie

Commenter …

1 Une visite à Paris

Tu organises une visite à Paris pour un groupe de touristes. Réponds à leurs questions.

Exemple: **1** *On y va samedi.*

1 Quand est-ce qu'on va au stade de France?

2 Quand est-ce qu'on va à la tour Eiffel?

3 C'est quand, la visite au Louvre?

4 Quand est-ce qu'on va à Versailles?

5 Quand est-ce qu'on va à la Cité des sciences?

6 C'est quand, la visite à Notre-Dame?

7 Est-ce qu'on va à la Grande Arche?

lu.	la tour Eiffel
mar.	la Cité des sciences
mer.	le musée du Louvre
jeu.	le château de Versailles
ven.	la Grande Arche
sam.	le stade de France
dim.	la cathédrale de Notre-Dame

2 Une conversation

Complète les réponses et note les mots qui sont remplacés par **y**.

Exemple: **1** *J'y vais en bus. (en ville)*

1 – Comment vas-tu en ville normalement?
– J'___ vais en bus.

2 – Comment allez-vous au collège?
– Nous ___ allons à pied.

3 – Quand est-ce que les élèves vont à la piscine avec le collège?
– Ils ___ vont chaque mercredi.

4 – Est-ce que ta mère travaille au théâtre depuis longtemps?
– Oui, elle ___ travaille depuis deux ans.

5 – Quand est-ce que tu travailles au café?
– J'___ travaille le samedi après-midi.

6 – Il y a un bon film au cinéma. On y va samedi?
– Oui, je veux bien ___ aller.

3 Mes prochaines vacances

Écris six phrases avec la bonne forme du verbe au futur simple.

Exemple: *Je passerai mes vacances en Italie.*

Je	*passer*	à	Paris / Rome / Berlin / …
	mes vacances	en	Écosse / France / Irlande / …
	loger	dans	un grand hôtel / un petit hôtel / …
		chez	des amis / …
	prendre		l'avion / le train / le car / …
	visiter		les monuments / les marchés / les montagnes / la ville / …
	manger		des glaces / des pâtes / des frites / …
J'y	*rester*		une semaine / dix jours / un mois / …

4 Vendredi prochain

Trouve les paires.

1 Quand est-ce que vous
2 Nous
3 Est-ce qu'on
4 Ma sœur a son portable, alors elle
5 Est-ce que tu
6 Non, je
7 Est-ce que Jean et Claude
8 Non, ils

a finirons à quatre heures.
b rentreras directement à la maison?
c attendra les autres au café?
d joueront aussi?
e téléphonera s'il y a un problème.
f jouerai au badminton.
g ne joueront pas, ils prendront le bus en ville.
h sortirez du collège, vendredi prochain?

5 On fait une réservation

 a Lisez la conversation à deux.

b Inventez une conversation un peu différente.

A Allô, hôtel du Parc.

B Bonjour, madame. Je voudrais réserver une chambre à l'hôtel, s'il vous plaît.

A Oui. C'est pour quelle date?

B C'est pour le quinze juin.

A Oui, le quinze juin – et pour combien de nuits?

B Pour quatre nuits.

A Et qu'est-ce que vous voulez comme chambre?

B Une chambre à deux lits, s'il vous plaît.

A Voyons … une chambre à deux lits pour quatre nuits. Oui, ça va. C'est à quel nom?

A Delarue. Ça s'écrit D-E-L-A-R-U-E.

B Merci, madame. Au revoir.

6 Des vacances de neige

Choisis le bon mot.

1 Nous (*irai / irons / iront*) en Suisse.

2 On (*fera / feras / ferez*) du ski.

3 J'(*irai / ira / iront*) à l'école de ski.

4 Mes amis (*sera / serons / seront*) aussi à la montagne.

5 J'espère qu'il y (*aura / aurez / auront*) beaucoup de neige.

6 Nous (*ferai / ferons / ferez*) aussi du patinage.

7 Le soir, on (*irai / iras / ira*) au café.

8 Ce (*sera / serez / seront*) fantastique.

7 Pilote de course

Choisis le bon verbe.

Exemple: **a** *Je serai*

– Dis donc, qu'est-ce que tu feras plus tard, toi, dans la vie?

– Je (**a** *suis / serai / seront*) pilote de course.

– Pilote de course? Pas mal! Qu'est-ce que tu (**b** *auras / as / as eu*) comme voiture?

– Une Williams, bien sûr!

– Est-ce que tu (**c** *gagnes / gagneras / as gagné*) beaucoup de courses?

– Moi, gagner beaucoup de courses? Mais (**d** *j'ai gagné / je gagne / je gagnerai*) toutes les courses! J'(**e** *ai / aurai / ai eu*) les meilleurs mécaniciens du monde et (**f** *je conduirai / je conduis / j'ai conduit*) très, très vite: les gens ne me (**g** *verront / verra / voient*) pas passer.

– Bah, ce n'est pas possible!

– Si, avec ma voiture, ce sera possible; j'(**h** *ai / ai eu / aurai*) la voiture la plus rapide du monde et (**i** *je suis / j'ai été / je serai*) le meilleur pilote du monde.

9 À mon avis

a Choisis trois questions de l'exercice 8 et écris tes réponses. Écris des phrases complètes.

b Invente trois prédictions pour décrire la vie à l'avenir.

Voici des idées:

Il y aura … des robots pour faire le ménage.

Il sera possible / impossible de … voyager dans l'espace.

11 Un message de Thomas

Complète le message avec des verbes au présent, au passé ou au futur.

Exemple: **1** *Je passe*

8 L'avenir en questions

Complète les questions avec les verbes au futur simple.

Exemple: **1** les écoles <u>continueront</u>, on <u>apprendra</u>

1 Est-ce que les écoles____ (*continuer*) à exister ou est-ce qu'on ____ (*apprendre*) tout sur Internet?

2 On ____ (*vivre*) plus longtemps, mais est-ce qu'on ____ (*découvrir*) des remèdes contre les maladies?

3 Les gens ____ (*faire*) leurs courses sur Internet, alors est-ce qu'il y ____ (*avoir*) toujours des magasins?

4 Est-ce que les hommes ____ (*aller*) sur la planète Mars?

5 Est-ce qu'on ____ (*pouvoir*) passer ses vacances dans l'espace?

6 Est-ce qu'on ____ (*inventer*) des voitures plus petites qui ____ (*consommer*) moins d'énergie?

7 Est-ce qu'on ____ (*trouver*) de nouvelles méthodes pour produire de l'énergie?

8 L'avenir, comment ____ (*être*)-t-il?

10 Des questions et des réponses

Trouve les paires.

1 Qu'est-ce que tu as fait le weekend dernier?

2 Quand est-ce que vous irez à Paris?

3 Est-ce que tu partiras en vacances cet été?

4 Qu'est-ce que tu feras pendant les prochaines vacances?

5 Où est-ce que vous êtes allés l'année dernière?

6 Qu'est-ce que tu fais aujourd'hui?

a Oui, nous irons en Espagne en juillet.

b Nous irons là-bas en août.

c Je passerai une semaine chez mon correspondant en Écosse.

d Je joue sur l'ordinateur et je surfe sur Internet.

e J'ai joué un match de hockey.

f Nous sommes allés aux États-Unis.

http://www.tchatter-copains.org

Thomas: SUIVRE

Cher Youssef,

Je (**1**)____ (*passer*) de très bonnes vacances ici.

Mercredi dernier, j'(**2**)____ (*prendre*) l'avion de Genève à Paris et Mathieu et sa mère (**3**)____ (*venir*) me chercher à l'aéroport.

Le weekend dernier, nous (**4**)____ (*aller*) à Futuroscope. C'était excellent. Nous (**5**)____ (*voir*) beaucoup de films avec des effets spéciaux. J'ai aussi (**6**)____ (*aimer*) le spectacle nocturne.

Demain, nous (**7**)____ (*aller*) à la tour Eiffel. J'espère qu'il (**8**)____ (*faire*) beau. Après-demain, on (**9**)____ (*aller*) au stade de France pour voir un match de football. Je (**10**)____ (*rentrer*) en Suisse jeudi prochain.

À bientôt, Thomas

Commenter …

1 Es-tu fort en géo?

🔊 Choisis la bonne réponse, puis écoute pour vérifier.

1 Quelle est la plus haute montagne?
- **a** le mont Blanc
- **b** l'Everest
- **c** le Ben Nevis

2 Quelle est la plus grande forêt du monde?
- **a** la forêt de Fontainebleau en France
- **b** la Forêt-Noire en Allemagne
- **c** la forêt amazonienne en Amérique du Sud

3 Dans quel pays se trouve le lac le plus profond?
- **a** au Canada
- **b** en Inde
- **c** en Russie

4 Quels sont les deux fleuves les plus longs?
- **a** l'Amazonie
- **b** la Loire
- **c** le Nil
- **d** la Seine
- **e** la Tamise

5 Quel est le plus grand désert?
- **a** le désert d'Arabie
- **b** le Sahara en Afrique
- **c** le désert de Gobi en Chine

2 Invente des phrases

Combien de phrases correctes peux-tu faire?

Exemples:

Le TGV est le train le plus rapide du monde.
La Loire est le fleuve le plus long de France.

Le TGV Le mont Blanc La tour Eiffel Le Québec Toronto La Loire Paris L'Everest Le Sahara Le Pacifique	le train la montagne le monument la province la ville le fleuve le désert la mer	rapide long haut célèbre grand	du monde de France du Canada

Le mont Blanc dans les Alpes en France

3 Des dessins

Trouve le bon texte pour chaque image.

Allez les Bleus

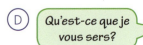

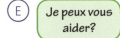

A Elle nous explique comment aller à l'auberge de jeunesse.

B Je vous entends très mal.

C Le football, ça vous intéresse?

D Qu'est-ce que je vous sers?

E Je peux vous aider?

F Il nous a offert une glace.

4 À la maison

Complète ces conversations avec **me**, **m'**, **te** ou **t'**.

1 – Charles, je (**1**)____ parle. Tu (**2**)____ entends?
   – Oui, Maman, je (**3**)____ entends.
   – Alors tu vas (**4**)____ répondre?
   – Euh, je n'ai pas entendu la question.
   – Qu'est-ce qu'on (**5**)____ a donné comme devoirs?
   – Pas grand-chose.
   – Bon, alors, peux-tu (**6**)____ aider dans la cuisine, s'il te plaît?

2 – Papa, est-ce que tu peux (**1**)____ prêter de l'argent?
   – Oui, Sophie, je peux (**2**)____ prêter 10 euros, mais tu (**3**)____ dois* déjà 5 euros.
   – C'est vrai, mais je vais (**4**)____ rendre tout ça, samedi, je (**5**)____ assure!

devoir can also mean 'to owe'

5 Des climats difficiles

a Complète les textes avec un mot de la case.

🔊 b Écoute pour vérifier.

> chaud   fermés   froid   noir
> pluie   sans   varié

A **Ville sous la glace**

En hiver, il fait souvent très (**1**)___ au Québec, mais ces dernières années, l'hiver a été particulièrement difficile.

Le froid, la neige et la (**2**)___ verglaçante ont paralysé le pays. La moitié de la population était sans électricité et (**3**)___ chauffage. Pour la première fois de son histoire, le centre-ville de Montréal était dans le (**4**)___. Les deux principaux ponts de la ville et une partie du métro ont été (**5**)___.

B **Des températures très variées**

En Sibérie, le climat est très (**1**)___. Il y a quelques années, le jour le plus froid (en décembre), il faisait –60°C. Le jour le plus (**2**)___ (en juillet), il faisait +34°C. Ça fait 94 degrés de différence!

6 Bougez autrement

Mode de transport	Effet de serre (Émission de CO_2 en kg par km)
🚗	× 130
🏍	× 40
🚌	× 30
🚆	× 15
🚇	× 10
🚊	× 7
🚲	× 0
🚶	× 0

Complète les conseils.

Exemple: **1** *le tramway*

Prenez les transports en commun: le (**1**) t___, le (**2**) b___, le (**3**) t___, et le (**4**) m___. C'est bon pour l'environnement.

La marche à (**5**) p___ est bonne pour la santé et pour l'environnement.

Prenez un (**6**) v___ pour les petits trajets en ville.

Dans beaucoup de villes il y a un système de location de vélos pour tous.

Voyager en (**7**) v___, c'est mauvais pour l'environnement, mais quelquefois c'est nécessaire. Le covoiturage (avec 2 passagers minimum) est plus économe.

7 Les espèces en péril

Lis le texte pour trouver les réponses.

1 Donne deux exemples d'animaux en danger d'extinction.

2 Le risque est grave dans quelle région?

3 Voici les principales causes de la disparition des espèces, mais une seule est mentionnée dans le texte. Laquelle?

  a les hommes, leur manière de vivre, leurs activités (la chasse, la pêche)

  b la destruction des habitats par l'agriculture

  c la pollution de l'air, des eaux et du sol

  d la destruction de la forêt

Les espèces en péril

◆ Selon les spécialistes internationaux, plus de 11 000 espèces de plantes et d'animaux sont en risque d'extinction dans un avenir proche.

◆ Le risque est très grave dans la forêt tropicale, où la diversité des plantes et des animaux est très riche.

Le grand panda

◆ On estime qu'il y a seulement un peu plus d'un millier de pandas en Chine et au Tibet. Il y en a environ 100 dans les zoos.

La baleine

◆ Depuis 1986, il est interdit de tuer les baleines pour les vendre. Cependant, certains pays continuent de pêcher les baleines parce que leur viande est très appréciée.

Les éléphants et les rhinocéros

◆ Les éléphants et les rhinocéros ont été pourchassés et tués par des bandits pour leurs défenses. L'ivoire de l'éléphant est utilisé pour fabriquer des bijoux et des sculptures. En 1989, la majorité des pays a signé un accord pour interdire le commerce de l'ivoire.

1   C'est la même chose

Trouve les paires de phrases qui ont (presque) le même sens.

1 Elle prend des cours de danse deux fois par semaine.
2 Chez lui, l'alcool est rare.
3 La vieille dame est lente.
4 C'est un bon joueur de foot.
5 Elle parle d'une voix douce.

a Il joue bien au foot.
b Il boit rarement de l'alcool.
c Elle danse régulièrement.
d Elle marche lentement.
e Elle parle doucement.

2   Invente des phrases

a Invente des phrases avec des adverbes. Combien de phrases peux-tu faire? Ça peut être au passé, au présent ou au futur.

Exemples:

Mon père a vite mangé une pomme.
Tu travailles bien en classe.
Elle va partir immédiatement pour Paris.

 b À deux, faites des phrases à tour de rôle. Qui peut faire le plus grand nombre de phrases?

Je		aller	bien
Tu		écrire	dangereusement
Il / Mon ami / Le train / …		lire	doucement
Elle / Ta mère / La voiture / …		manger	immédiatement
Nous / Mes amis et moi / …		parler	lentement
Vous		partir	mal
Ils / Mes parents / Les bus / …		rouler	silencieusement
Elles / Tes amies / Les filles / …		travailler	vite

3   Que fais-tu?

Complète le message avec les mots de la case.

Exemple: 1 forme

http://www.tchatter-copains.org 🔍

SUIVRE

Chère Laura,
Pour rester en (**1**) ____, je joue au hockey deux fois par (**2**) ____. J'aime (**3**) ____ en équipe et ça me (**4**) ____. J'aime aussi la natation et je vais à la (**5**) ____ chaque (**6**) ____ après-midi. Je ne nage pas très (**7**) ____, mais ça me fait du bien. Et je ne (**8**) ____ jamais, parce que ça, c'est mauvais pour la santé. J'adore les (**9**) ____ au chocolat et j'en mange chaque semaine. Ce n'est pas tellement bon pour la (**10**) ____, mais c'est délicieux!
Ton ami,
Fabien

> détend   forme   fume   gâteaux   jouer
> piscine   samedi   santé   semaine   vite

5   Fais ça!

Choisis le bon mot.

Exemple: 1 Choisissez

1 (*Choisis / Choisit / Choisissez*) un fruit si vous avez faim.
2 N' (*oublie / oublions / oublient*) pas de fermer la porte, Papa.
3 Tu as ton appareil? Alors, (*prends / prenons / prenez*) une photo de moi.
4 Anne et Luc, (*regardes / regarde / regardez*) le tableau, s'il vous plaît.
5 Ne (*mange / manges / mangeons*) pas tes repas trop vite.
6 (*Finis / Finissent / Finissez*) les légumes, puis vous pourrez manger du dessert.
7 (*Mettons / Mettez / Mets*)-toi là, s'il te plaît.
8 Si vous voulez boire quelque chose, (*prends / prenez / prennent*) une bouteille d'eau.

4   Faites de l'exercice

Complète cette liste de conseils pour encourager les gens à faire de l'exercice, même s'ils n'ont pas le temps.

Exemple: 1 l'ascenseur

1 Montez l'escalier plutôt que de prendre ____. C'est un bon moyen de faire de l'exercice sans perdre de temps!
2 Pour de petits trajets de moins de 500 mètres, laissez ____ à la maison et allez-y ____ ou ____.
3 Si vous commencez un nouveau ____, ne forcez pas trop au début.
4 Faites des ____ petit à petit.
5 Faites attention aux ____ et aux courbatures, au mal de dos surtout et, si nécessaire, modérez vos efforts.
6 ____ avant, pendant et après l'effort. Ça diminue les risques de crampes.

> l'ascenseur   Buvez   crampes   à pied
> progrès   sport   à vélo   la voiture

6   Complète les phrases

Complète les phrases avec l'impératif du verbe (dans la case).

Exemple: 1 envoie

1 J'attends de tes nouvelles, alors ____-moi un texto.
2 Julie, ____ ici! J'ai quelque chose pour toi.
3 Monsieur, ____ un moment, s'il vous plaît. Le train va bientôt arriver.
4 Et maintenant, ____ en groupes.
5 Tu as vu ma photo? Ne ____ pas! Ce n'est pas drôle!
6 Bon appétit, tout le monde, ____-vous!
7 Tu te couches? Alors, ____ bien!
8 Avant de prendre ce médicament, ____ bien les instructions.

> attendez   dors   envoie   lisez   ris
> servez   travaillez   viens

7 Une vie active

Décris la journée de Sanjay et de sa sœur, Sika. Trouve la bonne forme du verbe, au passé composé.

Exemple: **1** Sanjay <u>s'est réveillé</u> à sept heures et il <u>s'est levé</u> immédiatement.

se réveiller; se lever immédiatement

s'habiller; se disputer avec Sika – musique trop forte

Sanjay + Sika se dépêcher pour aller à la piscine

se doucher; entrer dans la piscine

se baigner pendant une heure; Sika – ne pas se baigner; s'ennuyer

après-midi – Sanjay + ami se mettre à jouer au foot; Sika + amie s'asseoir au soleil

8 J'ai mal

Trouve le bon texte pour chaque image.

Exemple: **1** *e*

a Nous avons mal à l'estomac.
b J'ai soif.
c Tu as mal au nez?
d Vous avez de la fièvre!
e Elle a mal à la tête.
f Le comte a mal aux dents.
g On a faim.

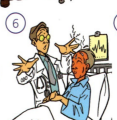

9 Depuis quand?

Aujourd'hui, c'est vendredi. Depuis quand est-ce que ça ne va pas? Complète les phrases avec les mots de la case.

Exemple: **1** *depuis deux jours*

1 J'ai mal aux yeux depuis ____ jours.
2 J'ai mal aux pieds depuis ____ jours.
3 – Depuis ____ avez-vous mal à la ____?
   – Depuis mardi.
4 J'ai mal à la ____ depuis hier.
5 Mon vélo ne marche pas depuis ____.
6 J'ai faim ____ ce matin, mais il n'y a rien à manger!

dimanche	lundi	mardi
mercredi	jeudi	vendredi

cinq   depuis   deux   gorge   lundi   quand   tête

1 En vacances

a Voici deux phrases. Fais une phrase avec **qui**.

Exemple: **1** **Nous louons un *gîte* qui se trouve en Bretagne.**

1 Nous louons un gîte. Le gîte se trouve en Bretagne.

2 Voici notre chien. Notre chien s'appelle Fifi.

3 J'aime nager dans la piscine. La piscine est tout près.

4 Ma sœur va sortir avec un garçon. Le garçon habite en face.

5 Chaque matin, je vais à la boulangerie. La boulangerie vend le meilleur pain.

b Fais une phrase avec **que/qu'**.

Exemple: **1** **Je mange souvent des crêpes que j'achète à la crêperie.**

1 Je mange souvent des crêpes. J'achète les crêpes à la crêperie.

2 Mon père a des livres. Il lit ses livres toute la journée.

3 On a visité un musée. J'ai trouvé le musée ennuyeux.

4 Ma mère va acheter des cartes postales. Elle va envoyer les cartes à ses amis.

5 Nous aurons un bon souvenir des vacances. Nous passons les vacances ici.

2 Encore des définitions

Complète les phrases avec les mots de la case.

Exemple: **1 maison**

> Un gîte est une (**1**) ____ qu'on peut louer pour les vacances.
>
> Un camping est un endroit où on dort sous une (**2**) ____ ou dans une caravane.
>
> Un hôtel est un bâtiment comprenant de nombreuses (**3**) ____ où on peut dormir confortablement. Quelquefois, on peut aussi y (**4**) ____.
>
> Une auberge de jeunesse est un (**5**) ____ composé de chambres ou dortoirs où on peut dormir à un (**6**) ____ très modéré. Il faut souvent (**7**) ____ une chambre. C'est surtout pour les (**8**) ____, mais des adultes et des familles peuvent aussi y loger.

> bâtiment   chambres   jeunes   maison
> manger   partager   prix   tente

3 C'est au camping

Complète les mots avec des voyelles et écris la traduction anglaise.

Exemple: **1 *les douches* – showers**

1 l_s d__ch_s

2 _n _mpl_c_m_nt

3 _n_ t_nt_

4 l_s bl_cs s_n_t__r_s

5 l_ b_r___ d'_cc___l

6 _n_ c_r_v_n_

7 l_ p__b_ll

8 l_ s_ll_ d_ j__x

9 l_s t__l_tt_s

10 _n c_mp_ng-c_r

4 À l'auberge de jeunesse

🔊 Complète le texte, puis écoute pour vérifier.

Exemple: **1 auberge**

Philippe et Martin arrivent à l'(**1**) ____ de jeunesse. Ils vont au (**2**) ____ d'accueil.

– Bonjour. Nous avons réservé deux (**3**) ____ pour cinq (**4**) ____.

– Bon. Vous avez la lettre de confirmation et vos cartes?

– Oui. Les voilà.

– Merci. Vous (**5**) ____ louer des draps?

– Non, merci.

– Alors, vous êtes au dortoir 6, au deuxième (**6**) ____.

– D'accord. Et où est-ce que nous pouvons mettre nos (**7**) ____?

– Il y a un garage à (**8**) ____ de l'auberge.

– Bon. Est-ce qu'on peut prendre des (**9**) ____ à l'auberge?

– Oui, le dîner est à 19h30 et le petit (**10**) ____ est entre 7h30 et 8h30.

– Bon, merci. Et l'auberge (**11**) ____ à quelle heure le soir?

– On ferme à minuit ici. Si vous avez l'intention de rentrer plus tard, il faut (**12**) ____ une clé au bureau.

> auberge   bureau   côté   déjeuner   demander
> étage   ferme   nuits   places   repas   vélos   voulez

5 Qu'est-ce qu'elle prête?

Avant les vacances, Charlotte prête des choses à ses amis. Complète les phrases.

Exemple: **1 Charlotte lui prête *un livre*.**

1 Mathilde: Charlotte lui prête …

2 David: Charlotte lui prête …

3 ses voisines: Charlotte leur prête …

4 ses cousins: Charlotte leur prête …

5 Kévin et Maude: Charlotte leur prête …

6 Ici, on parle toutes les langues

Lucas est gardien de camping et il adore parler des langues étrangères.
Trouve les paires.

Exemple: 1 d

1 José vient de Madrid.
2 Peter et Sam viennent de New York.
3 Michaela et Luigi viennent de Rome.
4 Michouko vient de Tokyo.
5 Christina et Aristote viennent d'Athènes.
6 Sigrid vient de Berlin.
7 Annette et Kirsten viennent de Copenhague.
8 Boris vient de Moscou.

a Lucas lui parle en allemand.
b Lucas leur parle en italien.
c Lucas leur parle en anglais.
d Lucas lui parle en espagnol.
e Lucas leur parle en grec.
f Lucas leur parle en danois.
g Lucas lui parle en japonais.
h Lucas lui parle en russe.

7 Lui ou leur?

Complète les phrases avec **lui** ou **leur**.

1 – Quand est-ce que tu as écrit **à ton amie**?
  – Je ____ ai écrit hier.
2 – Quand est-ce que tu vas téléphoner **à tes parents**?
  – Je vais ____ téléphoner ce soir.
3 – Qu'est-ce qu'on a offert **aux participants au concours**?
  – On ____ a offert un tee-shirt.
4 – Qu'est-ce que tu vas prêter **à Mathilde**?
  – Je vais ____ prêter mon portable.
5 – Qui a envoyé le message **aux propriétaires du camping**?
  – Moi, je ____ ai envoyé le message.

8 Un séjour en France

a Paul est revenu d'un séjour. Complète la conversation avec **lui** ou **leur**.

b Note l'expression que **lui** ou **leur** remplace.

Exemple: 1 *a* **lui**; *b* à mon copain

– Qu'est-ce que tu as offert à ton copain?
– Je (**1**) ____ ai offert des biscuits spéciaux.
– Et à ses parents?
– Je (**2**) ____ ai offert un livre sur le Royaume-Uni.
– Est-ce que tu as téléphoné à tes parents?
– Oui, je (**3**) ____ ai téléphoné deux fois.
– Est-ce que tu as envoyé une carte postale à ton ami?
– Non, je ne (**4**) ____ ai pas envoyé de carte postale.
– Tu as parlé aux parents de ton copain en français?
– Oui, bien sûr, je (**5**) ____ ai parlé en français.
– Tu as écrit à ses parents pour dire merci?
– Non, je ne (**6**) ____ ai pas encore écrit.
– Et tu vas écrire à sa cousine aussi?
– Bien sûr! Je vais (**7**) ____ envoyer un mail ce soir!
  Je (**8**) ____ ai déjà donné une photo de moi!
– Est-ce qu'elle a une amie qui veut un copain britannique?
– Je vais (**9**) ____ demander!

9 Mon séjour

a Complète le message avec la bonne forme des verbes. Utilise **le passé composé** ou **l'imparfait**.

Exemple: 1 J'ai *passé*

b Écris un message à un(e) ami(e).

Décris une visite ou un séjour. Utilise des verbes à l'imparfait et au passé composé.

> Salut Amarjeet! J'(**1** passer) de très bonnes vacances avec des amis en Alsace. Nous (**2** loger) dans une auberge de jeunesse à Saverne. Moi, j'(**3** aimer) la nourriture, mais les garçons (**4** avoir) toujours faim car les portions étaient trop petites!
>
> Un jour, pendant que nous (**5** marcher) le long du canal, Sanjay (**6** tomber) à l'eau. Heureusement, il (**7** pouvoir) sortir, mais il (**8** rentrer) à l'auberge où il (**9** changer) de vêtements!
>
> Jeudi, comme il (**10** pleuvoir) très fort, nous (**11** décider) d'aller à Strasbourg. Pendant que les autres (**12** visiter) la cathédrale et les musées, avec Thomas, je (**13** aller) au Palais de l'Europe qui (**14** être) impressionnant!
>
> À bientôt! Sika

Jeu-test: Quel genre de vacances préfères-tu?
(voir page 121)

Résultat

Tu as un maximum de ▲: **Tu préfères …**

… des vacances sociables

En vacances, tu as besoin de copains. Tu connaîtras bientôt beaucoup de jeunes. Mais n'oublie pas qu'un peu de calme peut te faire du bien de temps en temps!

Tu as un maximum de ■: **Tu préfères …**

… des vacances actives

À ton avis, les vacances ne sont pas faites pour se reposer. Tu veux profiter au maximum des choses: faire du sport, visiter la région, tout voir.

Tu as un maximum de ●: **Tu préfères …**

… des vacances repos

À ton avis, les vacances sont faites pour se reposer. Tu n'aimes pas te fatiguer à faire du sport et tu as horreur de faire des visites.

Vocabulaire et expressions utiles

1 Numbers, time, date and quantities

■ Les nombres — Numbers

0	zéro	21	vingt-et-un
1	un	22	vingt-deux
2	deux	23	vingt-trois
3	trois	30	trente
4	quatre	31	trente-et-un
5	cinq	40	quarante
6	six	41	quarante-et-un
7	sept	50	cinquante
8	huit	51	cinquante-et-un
9	neuf	60	soixante
10	dix	61	soixante-et-un
11	onze	70	soixante-dix
12	douze	71	soixante-et-onze
13	treize	72	soixante-douze
14	quatorze	80	quatre-vingts
15	quinze	81	quatre-vingt-un
16	seize	82	quatre-vingt-deux
17	dix-sept	90	quatre-vingt-dix
18	dix-huit	91	quatre-vingt-onze
19	dix-neuf	100	cent
20	vingt	1000	mille
		1 000 000	un million
	a billion		un milliard

■ Dans l'ordre — In order

premier (première)	first
deuxième	second
troisième	third
quatrième	fourth
cinquième	fifth
vingtième	twentieth
vingt-et-unième	twenty-first

■ L'heure — Time

Il est une heure / deux heures / trois heures …

… moins cinq … cinq
… moins dix … dix
… moins le quart … et quart
… moins vingt … vingt
… moins vingt-cinq … vingt-cinq
… et demie

Quelle heure est-il?

| 12:00 | Il est midi. ☼ | Il est minuit. ☾ |
| 12:30 | Il est midi et demi. | Il est minuit et demi. |

The 24-hour clock is often used.

| 18:30 | Il est dix-huit heures trente. (6.30 pm) |

■ Les jours de la semaine — Days of the week

lundi	Monday
mardi	Tuesday
mercredi	Wednesday
jeudi	Thursday
vendredi	Friday
samedi	Saturday
dimanche	Sunday

■ Les mois de l'année — Months of the year

janvier	January
février	February
mars	March
avril	April
mai	May
juin	June
juillet	July
août	August
septembre	September
octobre	October
novembre	November
décembre	December

■ Les saisons — Seasons

en hiver (m)	in winter
au printemps (m)	in spring
en été (m)	in summer
en automne (m)	in autumn

■ Expressions utiles — General time expressions

après	after
avant de (+ infinitive)	before
combien de temps?	how long?
combien de fois?	how often?
d'abord	first of all
d'habitude	normally
de temps en temps	now and again
durer	to last
encore une fois	once more
enfin	at last
en général	in general
ensuite	next
généralement	usually
longtemps	for a long time
normalement	normally
parfois	sometimes
plus tard	later
puis	then
quelquefois	sometimes
seulement	only
souvent	often
toujours	always
tous les jours	every day
toutes les (dix) minutes	every (ten) minutes
très peu de	very little, not much

■ Les quantités — Quantities

assez	enough
beaucoup (de)	a lot (of)
boîte (f)	box, tin
bouteille (f)	bottle
demi-douzaine (f)	half dozen
encore du/de la/ de l'/des …	some more …
gramme (m)	gram
kilo (m)	kilo
litre (m)	litre
moins	less
morceau (m)	piece
paquet (m)	packet
un peu (plus)	a little (more)
plein de	full of
plus de	more (of)
plusieurs	several
portion (f)	portion
pot (m)	pot
presque	almost
quelques	a few
rien	nothing
rondelle (f)	round slice
tablette (f)	bar (chocolate, etc.)
tout	everything
tranche (f)	slice
très	very
trop	too much

2 Say where things are

■ C'est où? — Where is it?

à	in, at, to
à côté de	next to
au bord de	on the edge of
au bout de	at the end of
au centre de	at the centre of
au coin de	at the corner of
au-dessous de	below
au-dessus de	above
au fond de	at the bottom of
au milieu de	in the middle of
autour de	around
avant	before
contre	against
dans	in
dedans	inside
derrière	behind
devant	in front of
en bas	below
en haut	above
en face de	opposite
entre	in between
ici	here
jusqu'à	as far as
là	there
là-bas	over there
loin de	far from
vers	towards
continuer	to continue
descendre	to go down
monter	to go up

■ À quelle distance? — How far?

loin de	far from
près de	near
près d'ici	near here
proche	nearby, close
tout près	very close
à … kilomètres de	… kilometres from
à … milles de	… miles from

■ Quelle direction? — Which direction?

à droite	(on the) right
à gauche	(on the) left
tout droit	straight ahead

■ Les points cardinaux — Points of the compass

nord	north
sud	south
est	east
ouest	west
nord-est	north-east
nord-ouest	north-west
sud-est	south-east
sud-ouest	south-west

3 Giving descriptions

■ Les couleurs — Colours

blanc/blanche (inv. *)	white
bleu	blue
bleu marine	navy blue

blond	blond
brun	brown
châtain	brown (hair)
(bleu) clair (inv. *)	light (blue)
doré	gold(en)
(vert) foncé (inv. *)	dark (green)
gris	grey
jaune	yellow
marron (inv. *)	brown (eyes)
noir	black
orange (inv. *)	orange
pourpre	purple
rose	pink
rouge	red
roux/rousse	red/auburn (hair)
vert	green
violet(te)	violet

* inv. Some adjectives are invariable and don't change to agree with the noun. This applies to all colours used with *clair* and *foncé*.

■ **Des caractéristiques physiques**
Describing physical features

avoir environ … ans	to be aged about …
barbe (f)	beard
beau (bel, belle)	beautiful/lovely/ good-looking
chauve	bald
cheveux (m pl)	hair
court(e)	short
fort	well built, strong
frisé	curly
grand	tall
gros(se)	big
joli	pretty
long(ue)	long
lunettes (f pl)	glasses
mince	slim
moustache (f)	moustache
petit	small
raide	straight
sembler	to seem
de taille moyenne	medium size
yeux (m pl)	eyes

■ **Des caractéristiques personnelles**
Describing personality

agréable	pleasant
aimable	polite, kind, likeable
ambitieux/-euse	ambitious
amusant	amusing, funny
calme	quiet
content	happy, contented
fatigant	tiring
fort	strong
généreux/-euse	generous
gentil(le)	nice, kind
heureux/-euse	happy
honnête	honest
impatient	impatient
impoli	impolite, rude
intelligent	intelligent
malheureux/-euse	unhappy
méchant	naughty, bad, spiteful
mignon(ne)	sweet, cute
paresseux/-euse	lazy
patient	patient
poli	polite

sportif/-ive	sporty, athletic
sympa (inv.)	nice
timide	shy
travailleur/-euse	hard working

4 Expressing opinions

■ **Remarques d'ordre général** — **General comments**

c'est très bien /super!	it's/that's very good/ great!
c'est bien triste	it's/that's very sad
c'est vraiment affreux	it's/that's really awful
c'est difficile	it's/that's difficult
c'est (bien) dommage	it's/that's a (real) pity
tu as de la chance	you're lucky
Félicitations!	Congratulations!
ça me fait rire	it makes me laugh
ça me fait pleurer	it makes me cry
j'aime	I like
ça m'énerve	it gets on my nerves
je m'intéresse à	I'm interested in
j'adore	I love
je déteste	I hate

■ **Des réflexions positives** — **Positive comments**

amusant	amusing
(très) bien	(very) good
drôle	funny
excellent	excellent
fantastique	fantastic
formidable/génial	great!
intéressant	interesting
pas mal	not bad
passionnant	exciting
super	super
touchant	touching

■ **Des réflexions négatives** — **Negative comments**

affreux/-euse	dreadful
bête	stupid
ennuyeux/-euse	boring
épouvantable	dreadful
mauvais	bad
moche	lousy
nul(le)	rubbish
pénible	painful, tiresome

■ **On donne son avis** — **Expressing your opinion**

à mon avis	in my opinion
je n'ai vraiment pas d'opinion	I have no strong feelings about it
ça, c'est très important	that's very important
par contre	on the other hand
il y a du pour et du contre	there are points for and against
je pense que …	I think that …
je trouve cela étonnant/ intéressant	I think it's astonishing/ interesting

■ **On demande un avis** — **Asking for an opinion**

Quel est ton/ votre avis?	What is your opinion?

Es-tu/Êtes-vous pour ou contre?	Are you for or against?
C'était comment?	What was it like?

■ **On est d'accord** — **Agreeing with someone**

je suis de ton/votre avis	I'm of the same opinion
c'est exactement ce que je pense	that's exactly what I think
je suis absolument/ tout à fait d'accord	I quite agree
c'est bien mon avis	that's certainly my opinion
c'est ça	that's right
voilà	that's it
vous avez/tu as raison	you're right
moi aussi, je pense …	I also think …

■ **On est d'accord (mais pas tout à fait)** — **Agreeing with someone (to a certain extent)**

oui, mais …	yes, but …
ça dépend	it depends
c'est possible	it's possible
peut-être	perhaps
je ne suis pas tout à fait d'accord	I don't entirely agree
je n'en suis pas sûr(e)/certain(e)	I'm not sure

■ **On n'est pas d'accord** — **Disagreeing with someone's view**

là, je ne suis pas d'accord	there I disagree
je ne suis absolument pas d'accord	I disagree entirely
je ne suis pas du tout d'accord	I disagree entirely
il ne faut quand même pas exagérer	don't go to extremes
vous exagérez/ tu exagères	you're exaggerating

5 Describing events in past/ present/future

■ **On parle du passé** — **Talking about the past**

l'année dernière	last year
avant-hier	the day before yesterday
ce jour-là	that day
en ce temps-là	at that time
hier	yesterday
hier matin/soir	yesterday morning/ evening
pendant les dernières vacances	during the last holidays
la semaine dernière	last week
je suis allé(e)	I went
j'ai vu …	I saw …
je me suis (très) bien amusé(e)	I had a (really) good time
il faisait chaud/froid	it was hot/cold

Vocabulaire et expressions utiles

■ **On parle du présent** — **Talking about the present**

à présent	at present
aujourd'hui	today
chaque année, au mois de …	every year, in the month of …
en ce moment	at the moment

■ **On parle de l'avenir** — **Talking about the future**

après-demain	the day after tomorrow
bientôt	soon
ce soir	this evening (tonight)
cet été	this summer
dans cinq jours	in five days
demain (après-midi)	tomorrow (afternoon)
d'ici (deux jours)	(two days) from now
l'année prochaine	next year
plus tard	later
un jour	one day
à l'avenir	in the future
je voudrais voyager	I would like to travel
Quand je quitterai l'école, j'aimerais travailler dans l'informatique.	When I leave school, I would like to work in the computer industry.

6 Linking words and phrases

à la fin	in the end
cependant	however
d'abord	(at) first
déjà	already
de toute façon	in any case
en ce moment	at the moment, just now
en fait	in fact
en général	in general
en plus	what's more, more over
en revanche	on the other hand
enfin	at last, finally
ensuite	then, next
finalement	finally
heureusement	fortunately
mais	but
malheureusement	unfortunately
naturellement	of course
parce que	because
par conséquent	as a result, consequently
par contre	on the other hand
peut-être	perhaps
pourtant	however
puis	then, next
quand	when
quand même	all the same
soudain	suddenly
surtout	above all
tout de suite	immediately

7 Communications

■ **Des expressions de politesse** — **Social conventions**

à tout à l'heure!	see you later!
au revoir	goodbye
bonjour!	hello/good morning!
bonne nuit!	good night!
bonsoir!	good evening!
bravo!	well done!
félicitations!	congratulations!
(à votre) santé!	good health!
(comment) ça va?	how are you?
bien, merci	fine, thanks
pas mal	not bad
comme ci comme ça	not too bad
et toi/vous?	how about you?
salut!	hello!/hi!
à ce soir/ demain/bientôt	see you tonight/ tomorrow/soon

■ **les fêtes et les vœux** — **festivals and greetings**

le jour de l'An	New Year's Day
la fête du 14 juillet/ la Fête Nationale	Bastille Day (14th July)
Pâques	Easter
Noël	Christmas
Mardi gras	Shrove Tuesday
Bonne année	Happy New Year
Joyeuses Pâques	Happy Easter
Joyeux Noël	Happy Christmas
Bon anniversaire	Happy Birthday
Bonne fête	Best wishes on your Saint's Day

■ **On écrit des messages** — **Writing messages**

Salut!	Hello! Hi!
Cher/Chère/Chers/ Chères …	Dear …
Objet	Subject/Re.
Répondre	Reply
Maintenant, je dois terminer.	I must stop now.
En attendant de tes/vos nouvelles.	Waiting to hear from you.
Encore merci pour tout.	Once again, thanks for everything.
Bien à vous	Yours
(Bien) amicalement	All the best / Best wishes
(Meilleures) amitiés	Best wishes
Ton ami(e)	Your friend
À plus tard (A+; @+)	See you later
Je t'embrasse	Love and kisses
Bises/Bisous	Love and kisses

8 Language difficulties

Tu comprends?/ Vous comprenez?	Do you understand?
Excusez-moi, mais je n'ai pas compris.	Sorry, but I didn't understand.
Je ne comprends pas (très bien).	I don't understand (very well).
Pouvez-vous/ Peux-tu répéter cela?	Could you repeat that?
Pouvez-vous/ Peux-tu parler plus fort/plus lentement, s'il vous/te plaît?	Could you speak more loudly/ more slowly, please?
Qu'est-ce que ça veut dire (en anglais)?	What does that mean (in English)?
Comment dit-on 'computer' en français?	What's the French for computer?
Ça s'écrit comment?	How is that spelt?
C'est pour …	It's for/to …
C'est le contraire de …	It's the opposite of …
Comment? Pardon?	What was that?
Pouvez-vous/ Peux-tu écrire cela?	Could you write that down?

9 In the classroom

il s'agit de	it's about
aider	to help
allumer	to switch on
apprendre (par cœur)	to learn (by heart)
avoir raison/tort	to be right/wrong
chercher dans le dictionnaire	to look up in a dictionary
choisir	to choose
commencer	to begin
comprendre	to understand
corriger	to correct
dessiner	to draw, to design
deviner	to guess
donner	to give
écouter	to listen
écrire	to write
effacer	to rub out
emprunter	to borrow
entendre	to hear
essayer	to try
éteindre	to switch off
expliquer	to explain
fermer	to close
finir	to finish
gagner	to win
montrer	to show
oublier	to forget
ouvrir	to open
parler	to speak
penser	to think
perdre	to lose
poser une question	to ask a question
pouvoir	to be able
prêter	to lend
ranger	to tidy up, to put away
remplir	to fill in
répéter	to repeat
répondre	to reply
savoir	to know
souligner	to underline
surligner	to highlight
tourner	to turn
travailler (à deux/ en équipes)	to work (in pairs/ in teams)
trouver	to find
vérifier	to check

1 Nouns

1.1 Masculine and feminine

A noun is the name of someone (Alex, the child) or something (a film, laughter). All nouns in French are either masculine or feminine. (This is called their gender.)

masculine singular	feminine singular
le garçon un village l'appartement	la fille une ville l'enfant

Nouns which refer to people often have a special feminine form. Most follow one of these patterns:

	masculine	feminine
add -e	un ami	une amie
-(i)er → -(i)ère	un infirmier	une infirmière
-eur → -euse	un vendeur	une vendeuse
-eur → -rice	un instituteur	une institutrice
-(i)en → -(i)enne	un lycéen	une lycéenne
stay same	un touriste un élève	une touriste une élève
no pattern	un copain un roi	une copine une reine

1.2 Is it masculine or feminine?

Sometimes the ending of a word can give you a clue as to whether it's masculine or feminine.

endings normally masculine	exceptions	endings normally feminine	exceptions
-age	une image	-ade	
-aire		-ance	
-é		-ation	
-eau	l'eau (f)	-ée	un lycée
-eur		-ère	
-ier		-erie	
-in	la fin	-ette	un squelette
-ing		-que	le plastique un moustique un kiosque
-isme			
-ment			le dentifrice
-o	la météo	-rice -sse -ure	

1.3 Singular and plural

Nouns are singular (referring to just one thing or person) or plural (referring to more than one thing or person):

une tablette   des tablettes

In many cases, it is easy to use and recognise plural nouns because the last letter is an **-s**. (Remember that an **-s** on the end of a French word is often silent.)

un livre   des livres

■ 1.3a Some common exceptions:

1 Most nouns which end in **-eau** or **-eu** add an **-x**:
un château   des châteaux   un jeu   des jeux

2 Most nouns which end in **-ou** add an **-s** in the plural, but there are seven which add an **-x** (see *Le hibou*, page 96):
un trou   des trous   un chou   des choux

3 Most nouns which end in **-al** change this to **-aux** in the plural:
un animal   des animaux

4 Nouns which already end in **-s**, **-x** or **-z** don't change in the plural:
un repas   des repas   le prix   les prix

5 A few nouns don't follow any clear pattern:
un œil   des yeux

2 Articles

2.1 *le, la, les* (definite article)

The definite article is the word for 'the' which appears before a noun. It is often left out in English, but it must not be left out in French (except in a very few cases).

singular			plural (all forms)
masculine	**feminine**	**before a vowel**	
le village	la ville	l'école	les touristes

It is used:

1 to refer to a particular thing or person, in the same way we use 'the' in English.

2 to make general statements about likes and dislikes, e.g. **j'adore le dessin**.

3 with titles (e.g. **la Reine Elizabeth**).

4 with days of the week to give the idea of 'every', e.g. **Je joue au tennis le samedi matin**.

5 with different times of day to mean 'in' or 'during', e.g. **Le matin, je fais …**

6 with prices for a specific quantity (e.g. **c'est 2 euros la pièce**).

2.2 *un, une, des* (indefinite article)

These are the words for 'a', 'an' or 'some' in French.

singular		plural (all forms)
masculine	**feminine**	
un poisson	une glace	des poissons, des glaces

No article is used in French when describing a person's occupation:

Elle est dentiste.   She's a dentist.
Il est employé de bureau.   He's an office worker.

Note: if there is an adjective before the noun, **des** changes to **de**.

On a vu de beaux châteaux au pays de Galles.
We saw some fine castles in Wales.

2.3 Some or any (partitive article)

The word for 'some' or 'any' changes according to the noun.

singular			plural (all forms)
masculine	**feminine**	**before a vowel**	
du pain	de la viande	de l'eau	des poires

Use **de** (**d'**) instead of **du/de la/de l'/des** in the following cases:

1 after a negative (**ne … pas**, **ne … plus**, **ne … jamais**, etc.)
Je n'ai pas d'argent.   I haven't any money.
Il n'y a plus de légumes.   There are no vegetables left.

2 after expressions of quantity:
un kilo de poires   a kilo of pears

But not with the verb **être** or after **ne … que**, e.g.

Ce n'est pas du sucre, c'est du sel.   It's not sugar, it's salt.
Il ne reste que du café.   There's only coffee left.

2.4 *ce*, *cet*, *cette*, *ces* (this, that, these, those)

The different forms of *ce* are used instead of **le**, **l'**, **la**, **les** when you want to point out a particular thing or person:

singular			plural (all forms)
masculine	**before a vowel (masculine only)**	**feminine**	
ce chapeau	*cet imper*	*cette jupe*	*ces chaussures*

Ce can mean either 'this' or 'that'. *Ces* can mean either 'these' or 'those'. To make it clearer which you mean, you can also add **-ci** and **-là** to distinguish between this object and that object:

Est-ce que tu préfères *ce pull-ci* ou *ce pull-là*?
Do you prefer this pullover or that pullover?

Je vais acheter *cette robe*-là. I'm going to buy that dress.

3 Adjectives

3.1 Agreement of adjectives

Adjectives, or describing words (e.g. tall, important), tell you more about a noun. In French, adjectives are masculine, feminine, singular or plural to agree with the noun.

The tables below show some regular patterns.

■ 3.1a Regular adjectives

singular		plural	
masculine	**feminine**	**masculine**	**feminine**
grand	*grande*	*grands*	*grandes*

A lot of adjectives follow the above pattern.

Adjectives which end in **-u**, **-i** or **-é** change in spelling, but sound the same.

bleu	*bleue*	*bleus*	*bleues*
joli	*jolie*	*jolis*	*jolies fatiguées*
fatigué	*fatiguée*	*fatigués*	

Adjectives which already end in **-e** (with no accent) have no different feminine form:

jaune	*jaune*	*jaunes*	*jaunes*

Adjectives which already end in **-s** have no different masculine plural form:

français	*française*	*français*	*françaises*

Adjectives which end in **-er** follow this pattern:

cher	*chère*	*chers*	*chères*

Adjectives which end in **-eux** follow this pattern:

délicieux	*délicieuse*	*délicieux*	*délicieuses*

Some adjectives double the last letter before adding an **-e** for the feminine form:

gros	*grosse*	*gros*	*grosses*
bon	*bonne*	*bons*	*bonnes*

■ 3.1b Irregular adjectives

Many common adjectives are irregular:

blanc	*blanche*	*blancs*	*blanches*
long	*longue*	*longs*	*longues*
vieux (vieil)	*vieille*	*vieux*	*vieilles*
nouveau (nouvel)	*nouvelle*	*nouveaux*	*nouvelles*
beau (bel)	*belle*	*beaux*	*belles*

Vieil, **nouvel** and **bel** are used before masculine nouns which begin with a vowel.

A few adjectives are invariable (inv.) and do not change.

marron	*marron*	*marron*	*marron*
bleu marine	*bleu marine*	*bleu marine*	*bleu marine*
vert foncé	*vert foncé*	*vert foncé*	*vert foncé*
gris clair	*gris clair*	*gris clair*	*gris clair*

3.2 Position of adjectives

Many adjectives (including adjectives of colour and nationality) follow the noun:

J'ai vu un film très intéressant hier soir.
Regarde cette jupe noire.

Some common adjectives go before the noun, e.g. **beau**, **bon**, **court**, **grand**, **gros**, **haut**, **jeune**, **joli**, **long**, **mauvais**, **petit**, **premier**, **vieux**.

C'est un petit garçon. Il prend le premier train pour Paris.

Some adjectives change their meaning according to their position:

un livre ancien	an old (ancient) book
un ancien élève	a former pupil
une voiture chère	an expensive car
chers amis	dear friends
des mains propres	clean hands
de mes propres yeux	with my own eyes

3.3 Comparisons

To compare one person or thing with another, you use **plus** (more), **moins** (less) or **aussi** (as) before the adjective, followed by **que** (than/as):

Il est	plus		taller than
	moins	grand que mon père	not as tall as
	aussi		as tall as

Remember to make the adjective agree in the usual way:

Youssef est plus âgé que Fatima.
Camille est plus âgée que Sophie.
Saïd et Hugo sont plus âgés que Lucie.

Notice these special forms:

bon	meilleur (better)
mauvais	plus mauvais or pire (worse)

Ce portable est meilleur que l'autre.
Cette maison est meilleure que l'autre.
Cet article est pire que l'autre.

You can also use **ne ... pas aussi** (not as):

Il n'est pas aussi fort que son frère.
He's not as strong as his brother.

3.4 The superlative

You use the superlative when you want to say that something is the best, the biggest, the most expensive etc.

La Tour Eiffel est le plus célèbre monument de Paris.
The Eiffel Tower is the most famous monument in Paris.

Paris est la plus belle ville du monde.
Paris is the most beautiful city in the world.

Les TGV sont les trains français les plus rapides.
The TGV are the fastest French trains.

Notice that

1 you use **le plus**, **la plus**, **les plus** and the correct form of the adjective, depending on whether you are describing something which is masculine, feminine, singular or plural.

2 if the adjective normally goes after the noun, then the superlative also follows the noun:

> (*C'est un monument moderne.*)
> **C'est le monument le plus moderne de Paris.**
> It's the most modern monument in Paris.

3 if the adjective normally goes before the noun, then the superlative can go before the noun:

> (*C'est un haut monument.*)
> **C'est le plus haut monument de Paris.**
> It's the tallest monument in Paris.

4 you usually use **le/la/les plus** (meaning 'the most') but you can also use **le/la/les moins** (meaning 'the least'):

> **J'ai acheté ce gâteau parce que c'était le moins cher.**
> I bought this cake because it was the least expensive.

Some useful expressions:

le moins cher	the least expensive
le plus cher	the most expensive
le plus petit	the smallest
le plus grand	the biggest
le meilleur	the best
le pire	the worst
le moindre	the least, slightest

Il n'y a pas la moindre chance.   There's not the slightest chance.

4   Adverbs

Adverbs are words which add more meaning to verbs. They usually tell you how, when, how often or where something happened or how much something is done.

There are different kinds of adverbs:

Adverbs of time and adverbs of frequency:

aujourd'hui	today
bientôt	soon
demain	tomorrow
de temps en temps	from time to time
quelquefois	sometimes
normalement	normally
souvent	often

Adverbs of place:

ici	here
là-bas	over there
loin	far
près	near

Adverbs of manner:

bien	well
mal	badly
lentement	slowly
vite	quickly

4.1 Formation

Many adverbs in English end in '-ly', e.g. 'quietly'. Similarly, many adverbs in French end in **-ment**, e.g. **doucement**.

masculine singular	feminine singular		adverb
To form an adverb in French you can often add *-ment* to the feminine singular of the adjective:			
malheureux	*malheureuse*	*+ ment*	*malheureusement* unfortunately
lent	*lente*	*+ ment*	*lentement* slowly
If a masculine singular adjective ends in a vowel, just add *-ment*:			
vrai		*+ ment*	*vraiment* really, truly
If a masculine singular adjective ends in -ent, change to -emment:			
évident		*-emment*	*évidemment* obviously

4.2 Comparative and superlative

As with adjectives, you can use the comparative or superlative to say that something goes more quickly or fastest, etc.

Lucas skie plus vite que moi.   Lucas skis faster than me.

Allez à la gare le plus vite possible.
Go to the station as quickly as possible.

Notice these special forms:

bien	**mieux**	well	better
mal	**pire**	badly	worse

Ça va mieux aujourd'hui?   Are you feeling better today?
Non, je me sens encore pire.   No, I feel even worse.

You can also use **ne … pas si** (not as):

Je ne joue pas si bien que ma sœur.
I don't play as well as my sister.

4.3 Quantifiers or adverbs of degree

These useful words add more intensity to meaning.

assez	quite, rather	*tout à fait*	completely, quite
beaucoup	much	*très*	very
pas beaucoup	not much	*trop*	too
(un) peu	(a) little		

Elle est assez grande.	She's quite tall.
Il reste un peu de chocolat.	There's a bit of chocolate left.
Ce n'est pas beaucoup plus loin.	It's not much further.
Tu as tout à fait raison.	You are absolutely right.
C'est trop cher.	It's too expensive.

4.4 Place, number, dates, time

See **Vocabulaire et expressions utiles** (page 140).

5   Expressing possession

5.1 My, your, his, her, its, our, their

	singular			plural (all forms)
	masculine	feminine	before a vowel	
my	*mon*	*ma*	*mon*	*mes*
your	*ton*	*ta*	*ton*	*tes*
his/her/its	*son*	*sa*	*son*	*ses*
our	*notre*	*notre*	*notre*	*nos*
your	*votre*	*votre*	*votre*	*vos*
their	*leur*	*leur*	*leur*	*leurs*

These words show who something or somebody belongs to. They agree with the noun that follows them, NOT the person.

This means that **son**, **sa**, **ses** can mean 'his', 'her' or 'its'. The meaning is usually clear from the context.

Jules mange son déjeuner.	Jules eats his lunch.
Élodie mange son déjeuner.	Élodie eats her lunch.
Le chien mange son déjeuner.	The dog eats its lunch.

With a feminine noun beginning with a vowel, use **mon**, **ton** or **son**:

Mon amie s'appelle Nicole.
Où habite ton amie, Chloë?
Son école est fermée aujourd'hui.

5.2 *à* + name

Another way of saying who something belongs to is to use **à** + the name of the owner or an emphatic pronoun (**moi**, **toi**, etc.).

C'est à qui, ce stylo?	Whose pen is this?
C'est à toi?	Is it yours?

Grammaire

Non, c'est à Paul. No, it's Paul's.
Ah oui, c'est à moi. Oh yes, it's mine.

This way of expressing possession is common in spoken French.

5.3 *de* + noun

There is no use of apostrophe '-s' in French, so to translate 'Sophie's house' or 'Hugo's skis' you have to use *de* followed by the name of the owner:

C'est la maison de Sophie. It's Sophie's house.
Ce sont les skis d'Hugo. They are Hugo's skis.

If you don't actually name the person, you have to use the appropriate form of de (**du**, **de la**, **de l'** or **des**):

C'est la tente de la famille anglaise.
It's the English family's tent.

6 Pronouns

6.1 Subject pronouns

Subject pronouns are pronouns like 'I', 'you' etc. which usually come before the verb.

je	I
tu	you (to a young person, close friend, relative)
il	he, it
elle	she, it
on	one, you we (often used in place of **nous** in spoken French) they, people in general
nous	we
vous	you (to an adult you don't know well) you (to more than one person)
ils	they (for a masculine plural noun) they (for a mixed group)
elles	they (for a feminine plural noun)

6.2 Object pronouns

These pronouns replace a noun, or a phrase containing a noun, which is not the subject of the verb. They are used a lot in conversation and save you having to repeat a noun or phrase. The pronoun goes immediately before the verb, even when the sentence is a question or in the negative:

Tu **le** vois? Can you see him?
Non, je ne **le** vois pas. No, I can't see him.

If a verb is used with an infinitive, the pronoun goes before the infinitive:

Quand est-ce que vous allez **les** voir?
When are you going to see them?

Elle veut **l'**acheter tout de suite.
She wants to buy it straight away.

In the perfect tense, the object pronoun goes before the auxiliary verb (**avoir** or **être**):

C'est un bon film. Tu **l'**as vu?
It's a good film. Have you seen it?

■ 6.2a *le, la, l', les* (direct object pronouns)

Le (**l'**) replaces a masculine noun and **la** (**l'**) replaces a feminine noun to mean 'it', 'him' or 'her'. **Les** means 'them'.

Tu prends **ton vélo**? Oui, je **le** prends.
Are you taking your bike? Yes, I'm taking it.

Vous prenez **votre écharpe**? Oui, je **la** prends.
Are you taking your scarf? Yes, I'm taking it.

N'oubliez pas **vos gants**! Ça va, je **les** porte.
Don't forget your gloves. It's OK, I'm wearing them.

Tu as vu **Raj** en ville? Oui, je **l'**ai vu au café.
Did you see Raj in town? Yes, I saw him in the café.

Tu verras **Yasmine** ce soir? Non, je ne **la** verrai pas.
Will you see Yasmine tonight? No, I won't be seeing her.

These pronouns can also be used with **voici** and **voilà**:

Tu as **ta carte**? **La** voilà. Here it is.
Vous avez **votre billet**? **Le** voilà. Here it is.
Où sont **Lucas et Claire**? **Les** voilà. Here they are.

■ 6.2b *Lui* and *leur* (indirect object pronouns)

– Qu'est-ce que tu vas offrir **à ta sœur**?
 What will you give your sister?

– Je vais **lui** offrir une carte cadeau. I'll give her a gift card.

– Et **à ton frère**? And your brother?

– Je vais **lui** offrir un livre. I'll give him a book.

Lui is used to replace masculine or feminine singular nouns, often in a phrase beginning with **à**. It usually means 'to him' or 'for him' or 'to her' or 'for her'.

In the same way, **leur** is used to replace masculine or feminine plural nouns, often in a phrase beginning with **à** or **aux**. It usually means 'to them' or 'for them'.

– Tu as déjà téléphoné **à tes parents**?
 Have you already phoned your parents?

– Non, mais je vais **leur** téléphoner plus tard.
 No, but I'll phone them later.

■ 6.2c *me, te, nous, vous*

These are used as both direct and indirect object pronouns.

Me (or **m'**) means 'me', 'to me' or 'for me':

– Est-ce que tu peux **m'**acheter une glace?
 Can you buy me an ice cream?

– Oui, si tu **me** donnes de l'argent.
 Yes, if you give me some money.

Te (or **t'**) means 'you', 'to you' or 'for you':

– Thomas ... Thomas, je **te** parle. Qui **t'**a donné cet argent?
 Thomas, I'm speaking to you. Who gave you this money?

Nous means 'us', 'to us' or 'for us':

Ethan vient **nous** chercher à la maison.
Ethan is picking us up at home.

Les autres **nous** attendent au café.
The others are waiting for us at the café.

Vous means 'you', 'to you' or 'for you':

Je **vous** dois combien? How much do I owe you?

Je **vous** rendrai les skis la semaine prochaine.
I'll give you the skis back next week.

6.3 Emphatic pronouns

These are sometimes used with a verb, but can also be used on their own.

Donnez-**moi** le livre. Give me the book.

Moi, j'aime la natation et **toi**, tu aimes le volley.
Me, I like swimming and you, you like volleyball.

They are also used after prepositions.

Tu as ta raquette avec toi?   Do you have your racket with you?

6.4 *y*

Y usually means 'there' and is used instead of repeating the name of a place.

– **Quand est-ce que tu vas au musée d'Orsay?**
When are you going to the musée d'Orsay?

– **J'y vais dimanche.**   I'm going there on Sunday.

It is also used to replace **à** (**au**, **aux**) or **dans** + a noun or phrase which does not refer to a person.

Est-ce que tu penses quelquefois aux vacances au Canada?
Do you sometimes think about the holiday in Canada?

Oui, j'y pense souvent.   Yes, I often think about it.

It is also used in the following phrases.

il **y** a	there is, there are
il **y** a deux ans	two years ago
On **y** va?	Shall we go? Let's go
J'**y** vais	I'll go
Ça **y** est	It's done, that's it
Vas-**y**!/Allez-**y**!	Go on! Come on!
Je n'**y** peux rien.	I can't do anything about it.

6.5 *en*

En can mean 'of it', 'of them', 'some' or 'any'.

J'aime le pain/les légumes; j'en mange beaucoup.
I like bread/vegetables; I eat a lot of it/of them.

Il y a un gâteau. Tu en veux?
There is a cake. Do you want some (of it)?

Non merci, je n'en mange jamais.
No thank you, I never eat any (of it).

In French it is essential to include **en**, whereas in English the pronoun is often left out.

En is also used to replace an expression beginning with **de, d', du, de la, de l'** or **des**:

– **Quand es-tu revenu de Paris?**
When did you get back from Paris?

– **J'en suis revenu samedi dernier.**
I got back (from there) last Saturday.

– **Est-ce que j'aurai besoin d'argent?**
Will I need any money?

– **Oui, tu en auras besoin.**
Yes, you will need some.

En is also used in the following expressions:

J'**en** ai assez	I have enough
J'**en** ai marre	I'm fed up with it
Je n'**en** peux plus	I can't take any more
Il n'**en** reste plus	There's none (of it) left
Il n'y **en** a pas	There isn't/aren't any
Je n'**en** sais rien	I don't know anything about it

7   Relative pronouns

7.1 *qui*

When talking about people, **qui** means 'who':

Voici l'infirmière qui travaille à la clinique.
There's the nurse who works in the hospital.

When talking about things or places, **qui** means 'which' or 'that':

C'est une ville française qui est très célèbre.
It's a French town which is very famous.

It links two parts of a sentence together, or joins two short sentences into a longer one. It is never shortened before a vowel.

Qui relates back to a noun or phrase in the first part of the sentence. In its own part of the sentence, **qui** is used instead of repeating the noun or phrase, and is the subject of the verb.

7.2 *que (qu')*

Que (**qu'**) in the middle of a sentence means 'that' or 'which':

C'est le cadeau que Lucie a acheté pour son amie.
It's the present that Lucie bought for her friend.

C'est un plat célèbre qu'on sert en Provence.
It's a famous dish which is served in Provence.

Que can also refer to people:

C'est le garçon que j'ai vu à Paris.
It's/He's the boy (that) I saw in Paris.

Sometimes you would miss 'that' out in English, but you can never leave **que** out in French.

Like **qui**, it links two parts of a sentence together or joins two short sentences into a longer one. But **que** is shortened to **qu'** before a vowel. The word or phrase which **que** replaces is the object of the verb, and not the subject:

– **Qu'est-ce que c'est comme livre?**
– **C'est le livre que Lucas m'a offert à Noël.**

(In this example **que** refers to **le livre**. It (the book) didn't give itself to me, Lucas gave it to me.)

8   Prepositions

8.1 *à* (to, at)

	singular		plural (all forms)
masculine	feminine	before a vowel	
au parc	à la piscine	à l'épicerie à l'hôtel	aux magasins

The word **à** can be used on its own with nouns which do not have an article (**le, la, les**):

Il va à Paris.   He's going to Paris.

8.2 *de* (of, from)

	singular		plural (all forms)
masculine	feminine	before a vowel	
du centre-ville	de la gare	de l'hôtel	des magasins

Le bus part du centre-ville. The bus leaves from the town centre.

Je vais de la gare à la maison en taxi.
I go home from the station by taxi.

Elle téléphone de l'hôtel. She is phoning from the hotel.

Elle est rentrée des magasins avec beaucoup d'achats.
She's come back from the shops with a lot of shopping.

De can be used without an article (**le, la, les**):

Elle vient de Boulogne.   She comes from Boulogne.

8.3 *en* (in, by, to, made of)

En is often used with the names of countries and regions:

Arles se trouve en Provence.   Arles is in Provence.

Nous passons nos vacances en Italie.
We are spending our holidays in Italy.

You use **en** with most means of transport:

en bus   by bus   **en** voiture   by car

You use **en** with dates, months and the seasons (except **le printemps**):

en 1900   in 1900   **en** janvier   in January   **en** hiver   in winter (but **au printemps**)

8.4 *chez* (to, at the house of)

Rendez-vous **chez** moi à six heures.
Let's meet at 6.00 at my house.

On va **chez** mes grands-parents.   We go to my grandparents.
Elle est **chez** Sophie.   She's at Sophie's house.

8.5 *pour* (for, in order to)

Pour mon anniversaire, j'ai reçu beaucoup de cadeaux.
For my birthday, I received lots of presents.

Il va au parc **pour** jouer au foot.
He's going to the park (in order) to play football.

8.6 *pendant* (during)

Qu'est-ce que tu fais **pendant** les vacances?
What do you do during the holidays?

8.7 *depuis* (since, for)

J'apprends le français **depuis** trois ans.
I've been learning French for three years.

8.8 *avec* (with); *sans* (without)

Je joue au tennis **avec** mes amis.
I play tennis with my friends.

Je vais prendre du poisson mais **sans** sauce.
I'll have fish but without the sauce.

8.9 Other common prepositions

après	after	*devant*	in front of
avant	before	*entre*	between
comtre	against	*sur*	on
dans	in	*sous*	under
derrière	behind	*vers*	towards
compound prepositions			
à côté de	beside	*à cause de*	because of
près de	near	*au lieu de*	instead of
en face de	opposite		

8.10 Prepositions with countries and towns

You use **à** (or **au**) with names of towns:

Je vais **à** Paris.   I go to Paris.

Il habite **au** Havre.   He lives at Le Havre

You use **en** (or **au** or **aux**) with names of countries:

Elle va **en** France.   (la France)
Il passe ses vacances **au** Canada.   (le Canada)
Je prends l'avion **aux** États-Unis.   (les États-Unis)

To say where someone or something comes from, you use **de** (or **du** or **des**):

Je viens **de** Belgique.   (la Belgique)
Ils viennent **du** Canada.   (le Canada)
Elle vient **des** États-Unis.   (les États-Unis)

9 Conjunctions

Conjunctions (or connectives) link two parts of a sentence and enable you to write more complex sentences.

car	for, because	*mais*	but
donc	therefore, so	*ou*	or
ensuite	next	*ou bien*	or else
et	and	*puis*	next

10 The negative

10.1 *ne … pas*

To say what is not happening or didn't happen (in other words to make a sentence negative), put **ne** (**n'**) and **pas** round the verb.

Je **ne** joue **pas** au badminton.   I don't play badminton.

In the perfect tense, **ne** and **pas** go round the auxiliary verb.

Elle **n'a pas** vu le film.   She didn't see the film.

In reflexive verbs, the **ne** goes before the reflexive pronoun.

Il **ne** se lève **pas**.   He's not getting up.

To tell someone not to do something, put **ne** and **pas** round the command.

N'oublie **pas** ton argent.   Don't forget your money.
Ne regardez **pas**!   Don't look!
N'allons **pas** en ville!   Let's not go to town.

If two verbs are used together, the **ne … pas** usually goes around the first verb:

Je **ne** veux **pas** faire ça.   I don't want to do that

If there is an extra pronoun before the verb, **ne** goes before it:

Je **n'**en ai **pas**.   I haven't any.
Il **ne** lui a **pas** téléphoné.   He didn't phone her.

Sometimes **pas** is used on its own:

Pas encore   Not yet   **Pas** tout à fait   Not quite
Pas du tout   Not at all

Remember to use **de** after the negative instead of **du, de la, des, un** or **une** (except with the verb **être** and after **ne … que**):

– Avez-vous **du** lait?   Have you any milk?
– Non, je **ne** vends **pas de** lait.   No, I don't sell milk.

10.2 Other negative expressions

Here are some other negative expressions which work in the same way as **ne … pas**:

ne … plus	no more, no longer, none left
ne … rien	nothing, not anything
ne … jamais	never

Je **n'**habite **plus** en France.   I no longer live in France.
Il **n'**y a **rien** à la télé.   There's nothing on TV.
Je **ne** suis **jamais** allé à Paris.   I've never been to Paris.

The following expression works like **ne … pas** in the present tense:

ne … personne   nobody, not anybody

However, in the perfect tense: the second part (**personne**) goes after the past particple:

Elle **n'a** vu **personne** ce matin. She didn't see anyone this morning.

Rien, jamais and **personne** can be used on their own:

– Qu'est-ce que tu as fait?   What did you do?
– **Rien** de spécial.   Nothing special.

– *Qui est dans le garage?*   Who is in the garage?
– *Personne.*   Nobody.

– *Avez-vous déjà fait du ski?*   Have you ever been skiing?
– *Non, jamais.*   No, never.

11 Asking questions

11.1 Ways of asking questions

There are several ways of asking a question in French.

You can just raise your voice in a questioning way:

Tu viens?   Are you coming?
Vous avez décidé?   Have you decided?

You can add **Est-ce que** to the beginning of the sentence:

Est-ce que *vous êtes allé à Paris?*   Have you been to Paris?

You can turn the verb around:

Jouez-vous *au badminton?*   Do you play badminton?

Notice that if the verb ends in a vowel in the third person you have to add **-t-** when you turn it round:

Joue-t-il *au football?*   Does he play football?
Émilie, **a-t-elle** *ton adresse?*   Has Emily got your address?

In the perfect tense you just turn the auxiliary verb round:

As-tu *envoyé un texto à Luc?*   Have you sent a text to Luc?

Avez-vous *vu le film au cinéma Rex?*
Have you seen the film at the Rex cinema?

Yasmine, **a-t-elle** *téléphoné à Charlotte?*
Did Yasmine phone Charlotte?

11.2 Question words

combien (de)?	how many?	quand?	when?
comment?	how?	que? qu'est-ce que?	what?
où?	where?	qui?	who?
pourquoi?	why?	quoi?	what?

■ 11.2a *quel*

Quel (which, what) is an adjective and agrees with the noun that follows:

singular		plural	
masculine	**feminine**	**masculine**	**feminine**
quel	quelle	quels	quelles

Quel *âge as-tu?*   How old are you?
De **quelle** *nationalité est-elle?*   What nationality is she?
Quels *sont tes films préférés?*   Which are your favourite films?
Quelles *matières préfères-tu?*   Which subjects do you prefer?

12 Verbs – main uses

12.1 Infinitive

This is the form of the verb which you would find in a dictionary. It means 'to ...', e.g. 'to speak', 'to have'. Regular verbs in French have an infinitive which ends in **-er**, **-re** or **-ir**, e.g. **parler**, **vendre** or **finir**. The infinitive never changes its form.

■ 12.1a Verb + infinitive

Some verbs (such as **pouvoir** and **vouloir**) are often followed by another verb in the infinitive.

12.2 Regular and irregular verbs

There are three main types of regular verbs in French. They are grouped according to the last two letters of the infinitive.

-er verbs e.g. **jouer** (to play)
-re verbs e.g. **vendre** (to sell)
-ir verbs e.g. **choisir** (to choose)

However, many common French verbs are irregular. These are listed in *Les verbes*, (page 154).

12.3 Tense

The tense of the verb tells you when something happened, is happening or is going to happen. Each verb has several tenses. There are several important tenses, such as the present tense, the perfect tense, the future tense and the imperfect tense.

12.4 The present tense

The present tense describes what is happening now, at the present time or what happens regularly.

Je travaille ce matin.   I am working this morning.
Il vend des glaces aussi.   He sells ice cream as well.
Elle joue au tennis le samedi.   She plays tennis on Saturdays.

The expressions **depuis** and **ça fait ... que** are used with the present tense when the action is still going on:

Je l'attends depuis deux heures.
I've been waiting for him for two hours (and still am!).

Ça fait trois ans que j'habite ici.   I've lived here for three years.

12.5 Imperative

To tell someone to do something, you use the imperative or command form.

Attends!   Wait! (to someone you call **tu**)
Regardez ça!   Look at that! (to people you call **vous**)

It is often used in the negative.

Ne fais pas ça!   Don't do that!
N'oubliez pas!   Don't forget!

To suggest doing something, use the imperative form of **nous**.

Allons au cinéma!   Let's go to the cinema!

It is easy to form the imperative: in most cases you just leave out **tu**, **vous** or **nous** and use the verb by itself. With **-er** verbs, you take the final **-s** off the **tu** form of the verb.

12.6 The perfect tense

The perfect tense is used to describe what happened in the past, an action which is completed and is not happening now.

It is made up of two parts: an auxiliary (helping) verb (either **avoir** or **être**) and a past participle.

Samedi dernier, j'ai joué un match. Last Saturday, I played in a match.
Hier, ils sont allés à La Rochelle. Yesterday, they went to La Rochelle.

■ 12.6a Forming the past participle

Regular verbs form the past participle as follows:

-er verbs change to **-é**, e.g. **travailler** becomes **travaillé**

-re verbs change to **-u**, e.g. **attendre** becomes **attendu**

-ir verbs change to **-i**, e.g. **finir** becomes **fini**

Many verbs have irregular past participles.

■ 12.6b *avoir* as the auxiliary verb

Most verbs form the perfect tense with **avoir**. This includes many common verbs which have irregular past participles, such as:

Grammaire

avoir	eu
boire	bu
comprendre	compris
connaître	connu
croire	cru
devoir	dû
dire	dit
être	été

faire	fait
mettre	mis
pouvoir	pu
prendre	pris
savoir	su
voir	vu
vouloir	voulu

With **avoir**, the past participle doesn't change to agree with the subject.

■ 12.6c *être* as the auxiliary verb

About thirteen verbs, mostly verbs of movement like **aller** and **partir**, form the perfect tense with **être** as their auxiliary. Some compounds of these verbs (e.g. **revenir** and **rentrer**) and all reflexive verbs also form the perfect tense with **être** (see *Reflexive verbs*, 13.4 and 16.2).

Here are three ways to help you remember which verbs use **être**.

1   If you have a visual memory, this picture may help you.

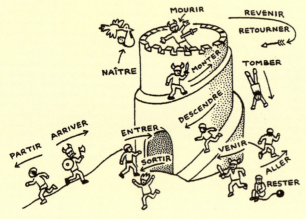

2   Learn them in pairs of opposites according to their meaning:

aller	to go	je suis allé
venir	to come	je suis venu
entrer	to enter	je suis entré
sortir	to go out	je suis sorti
arriver	to arrive	je suis arrivé
partir	to leave, to depart	je suis parti
descendre	to go down	je suis descendu
monter	to go up	je suis monté
rester	to stay, to remain	je suis resté
tomber	to fall	je suis tombé
naître	to be born	il est né
mourir	to die	il est mort

and the odd one out:

retourner*	to return	je suis retourné

*revenir (like **venir**) and **rentrer** (like **entrer**) can often be used instead of this verb.

3   Each letter in the phrase 'Mrs van de Tramp' stands for a different verb. Can you work them out?

When you form the perfect tense with **être**, the past participle agrees with the subject of the verb (the person doing the action). This means that you need to add an extra **-e** if the subject is

feminine, and to add an extra **-s** if the subject is plural (more than one). Often the past participle doesn't actually sound any different when you hear it or say it.

je suis allé/allée
tu es allé/allée
il est allé
elle est allée
on est allé/allée/allés/allées

nous sommes allés/allées
vous êtes allé/allée/allés/allées
ils sont allés
elles sont allées

12.7   The imperfect tense

The imperfect tense is another past tense.

It is used to describe something that used to happen frequently or regularly in the past:

Quand j'étais petit, j'allais à l'école primaire.
When I was small, I used to go to the primary school.

It is also used for description in the past, particularly of weather:

J'étais en vacances.	I was on holiday.
Il faisait beau.	The weather was fine.
L'homme, comment était-il?	What was the man like?
Est-ce qu'il portait des lunettes?	Did he wear glasses?

It describes how things used to be:

À cette époque, il y avait beaucoup moins de circulation.
At that time, there was much less traffic.

It often translates 'was ...ing' and 'were ...ing':

Que faisiez-vous quand j'ai téléphoné?
What were you doing when I phoned?

It can be used to describe something you wanted to do, but didn't:

Nous voulions aller à Paris, mais il y avait une grève des transports.
We wanted to go to Paris but there was a transport strike.

It describes something that lasted for a long period of time:

En ce temps-là, nous habitions à Marseille.
At that time we lived in Marseille.

C'était + adjective can be used to say what you thought of something:

C'était génial. It was great.   **C'était affreux.** It was awful.

The imperfect tense can often be used for making excuses:

Ce n'était pas de ma faute.	It wasn't my fault.
Je croyais/pensais que ...	I thought that ...
Je voulais seulement ...	I only wanted to ...
Je ne savais pas que ...	I didn't know that ...

■ 12.7a Forming the imperfect tense

The endings for the imperfect tense are the same for all verbs:

je	... ais
tu	... ais
il	... ait
elle	... ait
on	... ait

nous	... ions
vous	... ez
ils	... aient
elles	... aient

To form the imperfect tense, you take the **nous** form of the present tense, e.g. **nous allons**. Take away the **nous** and the **-ons** ending. This leaves the imperfect stem **all-**. Then add the imperfect endings:

j'allais	nous allions
tu allais	vous alliez
il / elle / on allait	ils / elles allaient

A few verbs form the imperfect stem (the part before the endings) in a different way, but the endings are always the same.

The most important exception is **être**. The imperfect stem is **ét-**.

j'étais	*nous étions*
tu étais	*vous étiez*
il / elle / on était	*ils / elles étaient*

In the present tense, verbs like **manger**, **ranger** etc. take an extra **-e** in the nous form. This is to make the **g** sound soft (like a **j** sound). However, the extra **-e** is not needed before **-i**:

je mangeais	*nous mangions*
tu mangeais	*vous mangiez*
il / elle / on mangeait	*ils / elles mangeaient*

Similarly, with verbs like **commencer**, **lancer** etc. the final **c** becomes **ç** before **a** or **o** to make it sound soft. This gives **je commençais** but **nous commencions**, etc.

12.8 Using the perfect and imperfect tenses

The imperfect tense and the perfect tense are often used together. One way to help you decide which tense to use is to imagine a river running along, with bridges crossing over it at intervals. The river represents something going on continuously, a state of affairs. The bridges cut across the river: they represent single actions, things that happened and are completed.

The imperfect tense is like the river: it describes the state of things, what was going on, e.g. **il faisait beau**. The perfect tense is like the bridges: it is used for the actions and events, for single things which happened and are completed, e.g. **Nous sommes allés à la plage.**

12.9 The future tense

The future tense is used to describe what will (or will not) happen at some future time:

L'année prochaine, je passerai mes vacances à Paris.
Next year I'll spend my holidays in Paris.

Qu'est-ce que tu feras quand tu quitteras l'école?
What will you do when you leave school?

The future tense must be used after **quand** if the idea of future tense is implied. (This differs from English.)

Je lui dirai de vous téléphoner quand il rentrera.
I'll ask him to phone you when he gets home.

The endings for the future tense are the same as the endings of the verb **avoir** in the present tense.

je	*… ai*		*nous*	*… ons*
tu	*… as*		*vous*	*… ez*
il/elle/on	*… a*		*ils/elles*	*… ont*

■ 12.9a Regular *-er* and *-ir* verbs

To form the future tense of these verbs, you just add the endings to the infinitive of the verb:

travailler	*je travaillerai*		*partir*	*nous partirons*
donner	*tu donneras*		*jouer*	*vous jouerez*
finir	*il finira*		*sortir*	*ils sortiront*

■ 12.9b Regular *-re* verbs

To form the future tense, you take the final **-e** off the infinitive and add the endings:

prendre	*je prendrai*
attendre	*elles attendront*

■ 12.9c Irregular verbs

Some common verbs don't form the first part of the verb (the future stem) in this way. But they still have the same endings:

acheter	*j'achèterai*		*faire*	*je ferai*
aller	*j'irai*		*pouvoir*	*je pourrai*
avoir	*j'aurai*		*recevoir*	*je recevrai*
courir	*je courrai*		*savoir*	*je saurai*
devoir	*je devrai*		*venir*	*je viendrai*
envoyer	*j'enverrai*		*voir*	*je verrai*
être	*je serai*		*vouloir*	*je voudrai*

You will notice that, in all cases, the endings are added to a stem which ends in **-r**. This means that you will hear an **r** sound whenever the future tense is used.

■ 12.9d *aller* + infinitive (the near future)

You can use the present tense of the verb **aller** followed by an infinitive to talk about the future and what you are going to do:

Qu'est-ce que vous allez faire ce weekend?
What are you going to do this weekend?

Je vais passer le weekend à Paris.
I'm going to spend the weekend in Paris.

13 Reflexive verbs

13.1 Infinitive

Reflexive verbs are listed in a dictionary with the pronoun **se** (called the reflexive pronoun) in front of the infinitive, e.g. **se lever**. The **se** means 'self' or 'each other' or 'one another'.

Je me lave. I get (myself) washed.
Ils se regardaient. They were looking at each other.

Quand est-ce qu'on va se revoir?
When shall we see one another again?

■ 13.1a Some common reflexive verbs

s'amuser	to enjoy oneself
s'appeler	to be called
s'approcher (de)	to approach
s'arrêter	to stop
se baigner	to bathe
se coucher	to go to bed
se débrouiller	to sort things out, manage
se dépêcher	to be in a hurry
se demander	to ask oneself, to wonder
se déshabiller	to get undressed
se détendre	to relax
se disputer (avec)	to have an argument (with)
s'ennuyer	to be bored
s'entendre (avec)	to get on (with)

Grammaire

se fâcher	to get angry
s'habiller	to get dressed
s'habituer (à)	to get used (to)
s'inquiéter	to be worried
s'intéresser (à)	to be interested (in)
se laver	to get washed
se lever	to get up
se marier	to get married
s'occuper (de)	to be concerned (with)
se promener	to go for a walk
se reposer	to rest
se réveiller	to wake up
se sentir (bien/mal)	to feel (well/unwell)
se trouver	to be (situated)

13.2 The present tense

Many reflexive verbs are regular **-er** verbs:

Je me lave	I get washed
Tu te lèves?	Are you getting up?
Il se rase	He gets shaved
Elle s'habille	She gets dressed
On s'entend (bien)	We get on (well)
Nous nous débrouillons	We manage/We get by
Vous vous dépêchez?	Are you in a hurry?
Ils s'entendent (bien)	They get on (well)
Elles se disputent (toujours)	They are (always) arguing

13.3 Commands

To tell someone to do (or not to do) something, use the imperative or command form.

Reflexive verbs follow this pattern – in the **tu** form, **te** changes to **toi**:

Assieds-toi!	Sit down!
Amusez-vous bien!	Have a good time!
Dépêchons-nous!	Let's hurry!

In the negative, this changes as follows:

Ne te lève pas!	Don't get up!
Ne vous inquiétez pas!	Don't worry!
Ne nous dépêchons pas!	Let's not rush!

13.4 The perfect tense

Reflexive verbs form the perfect tense with **être**. The past participle appears to agree with the subject: add an **-e** if the subject is feminine and an **-s** if it is plural.

se réveiller	
je me suis réveillé(e)	nous nous sommes réveillé(e)s
tu t'es réveillé(e)	vous vous êtes réveillé(e)(s)
il s'est reveillé	ils se sont réveillés
elle s'est réveillée	elles se sont réveillées
on s'est réveillé(e)(s)	

14 Verbs – some special uses

14.1 avoir

In French, **avoir** is used for certain expressions where the verb 'to be' is used in English:

J'ai …	… quatorze ans.	I'm fourteen.
Tu as …	… quel âge?	How old are you?
Elle a …	… froid.	She's cold.
Il a …	… chaud.	He's hot.
Nous avons …	… faim.	We're hungry.
Vous avez …	…soif?	Are you thirsty?
Ils ont …	… mal aux dents.	They've got toothache.
Elles ont …	… peur.	They're afraid.

Note also these verbs:

avoir besoin de   to need, have need of
avoir raison/tort   to be right/wrong
J'ai besoin d'argent.   I need some money.

14.2 devoir

The verb **devoir** has different uses:

1 to owe

When it means 'to owe', **devoir** is not followed by an infinitive:

Je te dois combien?   How much do I owe you?

2 to have to, must

With this meaning, **devoir** is nearly always followed by a second verb in the infinitive:

Je dois me dépêcher.   I have to rush off.
Elle a dû travailler tard.   She had to work late.

14.3 il faut (it is necessary, you must/should)

This is an unusual verb which is only used in the **il** form.

Il faut deux heures pour aller à Paris.
It takes two hours to get to Paris.

Il ne faut pas oublier ses livres.
You mustn't forget your books.

14.4 faire

The verb **faire** is used with weather phrases:

Il fait beau. The weather's fine.
Il fait froid. It's cold.

It is also used to describe some activities and sports:

faire des courses   to go shopping
faire du vélo   to go cycling

14.5 savoir and connaître (to know)

Savoir is used when you want to talk about knowing specific facts or knowing how to do something.

Je ne savais pas que son père était mort.
I didn't know that his father was dead.

Tu sais faire du ski?   Do you know how to ski?

Connaître is used to say you know people or places. It has the sense of 'being acquainted with'.

Vous connaissez mon professeur de français?
Do you know my French teacher?

Il connaît bien Paris.   He knows Paris well.

14.6 *savoir* and *pouvoir* (know how to, can)

Savoir is used to say you can (know how to) do something.

Tu sais jouer du piano?
Can you (Do you know how to) play the piano?

Pouvoir is used to say whether something is possible or not.

Tu peux venir à la maison, samedi?
Can you (Is it possible for you to) come to the house on Saturday?

14.7 *venir de*

To say something has just happened, you use the present tense of **venir** + **de** + the infinitive:

Elle vient de téléphoner. She's just phoned.
Vous venez d'arriver? Have you just arrived?
Ils viennent de partir. They've just left.

14.8 Verb + infinitive

Some verbs are nearly always used with the infinitive of another verb, e.g. **pouvoir**, **devoir**, **vouloir** and **savoir**:

Est-ce que je peux vous aider? Can I help you?

Vous devez prendre le métro à Bir-Hakeim.
You have to take the metro to Bir-Hakeim.

Voulez-vous jouer au tennis? Do you want to play tennis?

The verb **savoir** + infinitive is used to talk about something you can do:

Je sais nager. I can swim.
Il ne sait pas conduire. He doesn't know how to drive.

15 Verb constructions

It is common to find two verbs in sequence in a sentence: a main verb followed by an infinitive.

Sometimes the infinitive follows directly, sometimes you must use **à** or **de** before the infinitive.

15.1 Verbs followed directly by the infinitive

adorer	to love
aimer	to like, love
aller	to go, to be going
compter	to count on, intend
désirer	to want, wish
détester	to hate
devoir	to have to, must
entendre	to hear
espérer	to hope
faillir	to nearly do something
faire	to have something done
monter	to go up(stairs)
oser	to dare
penser	to think, intend
pouvoir	to be able, can
préférer	to prefer
savoir	to know how
venir	to come
voir	to see
vouloir	to want, wish

Que pensez-vous faire l'année prochaine?
What are you thinking of doing next year?

Aimes-tu jouer au tennis? Do you like playing tennis?

15.2 Verbs followed by *à* + infinitive

A small number of verbs are followed by **à** + infinitive:

aider qqn à	to help someone to
s'amuser à	to enjoy doing
apprendre à	to learn to
commencer à	to begin to
consentir à	to agree to
continuer à	to continue to
encourager à	to encourage to
hésiter à	to hesitate to
s'intéresser à	to be interested in
inviter qqn à	to invite someone to
se mettre à	to begin to
passer (du temps) à	to spend time in
réussir à	to succeed in

Il a commencé à pleuvoir. It started to rain/It started raining.

J'ai passé tout le weekend à faire mes devoirs.
I spent all weekend doing my homework.

15.3 Verbs followed by *de* + infinitive

Many verbs are followed by **de** + infinitive. Here are some of the most common:

arrêter de	to stop
cesser de	to stop
décider de	to decide to
se dépêcher de	to hurry
empêcher de	to prevent
essayer de	to try to
éviter de	to avoid
menacer de	to threaten to
être obligé de	to be obliged to
oublier de	to forget to
refuser de	to refuse to

Il a cessé de neiger. It's stopped snowing.

Nous étions obligés de rester jusqu'au matin.
We had to stay until the morning.

Many expressions with **avoir** are followed by **de** + infinitive, e.g. **avoir besoin de** (to need to).

avoir l'intention de	to intend to
avoir peur de	to be afraid of
avoir le droit de	to have the right to, be allowed to
avoir le temps de	to have time to
avoir envie de	to wish, want to

Elle avait peur de dire la vérité.
She was afraid of telling the truth.

16 Les verbes

16.1 Regular verbs

The following verbs show the main patterns for regular verbs. There are three main groups: those whose infinitives end in **-er**, **-ir** or **-re**. Verbs which do not follow these patterns are called irregular verbs.

infinitive	present	perfect	imperfect	future
jouer *to play* **imperative** joue! jouons! jouez!	je joue tu joues il/elle/on joue nous jouons vous jouez ils/elles jouent	j'ai joué tu as joué il/elle/on a joué nous avons joué vous avez joué ils/elles ont joué	je jouais tu jouais il/elle/on jouait nous jouions vous jouiez ils/elles jouaient	je jouerai tu joueras il/elle/on jouera nous jouerons vous jouerez ils/elles joueront
choisir to choose **imperative** choisis! choisissons! choisissez!	je choisis tu choisis il/elle/on choisit nous choisissons vous choisissez ils/elles choisissent	j'ai choisi tu as choisi il/elle/on a choisi nous avons choisi vous avez choisi ils/elles ont choisi	je choisissais tu choisissais il/elle/on choisissait nous choisissions vous choisissiez ils/elles choisissaient	je choisirai tu choisiras il/elle/on choisira nous choisirons vous choisirez ils/elles choisiront
vendre to sell **imperative** vends! vendons! vendez!	je vends tu vends il/elle/on vend nous vendons vous vendez ils/elles vendent	j'ai vendu tu as vendu il/elle/on a vendu nous avons vendu vous avez vendu ils/elles ont vendu	je vendais tu vendais il/elle/on vendait nous vendions vous vendiez ils/elles vendaient	je vendrai tu vendras il/elle/on vendra nous vendrons vous vendrez ils/elles vendront

Some verbs are only slightly irregular. Here are some which you have met.

The main difference in the verbs **acheter** and **jeter** is in the **je**, **tu**, **il/elle/on** and **ils/elles** forms of the present tense and in the stem for the future tense:

infinitive	present	future	infinitive	present	future
acheter *to buy* **imperative** achète! achetons! achetez!	j'achète tu achètes il/elle/on achète nous achetons vous achetez ils/elles achètent	j'achèterai tu achèteras il/elle/on achètera nous achèterons vous achèterez ils/elles achèteront	*jeter* *to throw* **imperative** jette! jetons! jetez!	je jette tu jettes il/elle/on jette nous jetons vous jetez ils/elles jettent	je jetterai tu jetteras il/elle/on jettera nous jetterons vous jetterez ils/elles jetteront

manger (and **arranger, nager, partager, ranger, voyager,** etc.)
There is an extra *e* before endings starting with *a, o* or *u* to make the *g* sound soft.
present: *nous mangeons;* **imperfect:** *je mangeais,* etc.;
present participle: *en mangeant*

commencer (and **placer, remplacer,** etc.)
The second *c* becomes *ç* before endings starting with *a, o* or *u* to make the *c* sound soft.
present: *nous commençons;* **imperfect:** *je commençais,* etc.;
present participle: *en commençant*

16.2 Reflexive verbs

Reflexive verbs are used with a reflexive pronoun (**me, te, se, nous, vous**).
Sometimes this means 'self' or 'each other'.

Many reflexive verbs are regular **-er** verbs and they all form the perfect tense with **être** as the auxiliary, so you must remember to make the past participle agree with the subject.

infinitive	present		perfect		imperative
se laver *to get washed* *wash oneself*	je **me** lave tu **te** laves il/elle/on **se** lave	nous **nous** lavons vous **vous** lavez ils/elles **se** lavent	je me suis lavé(e) tu t'es lavé(e) il s'est lavé elle s'est lavée on s'est lavé(e)(s)	nous **nous** sommes lavé(e)s vous **vous** êtes lavé(e)(s) ils **se** sont lavés elles **se** sont lavées	lave-**toi**! lavons-**nous**! lavez-**vous**!

16.3 Irregular verbs

infinitive	present	perfect	imperfect	future
aller *to go* **imperative** va! allons! allez!	je vais tu vas il/elle/on va nous allons vous allez ils/elles vont	je suis allé(e) tu es allé(e) il est allé elle est allée on est allé(e)(s) nous sommes allé(e)s vous êtes allé(e)(s) ils sont allés elles sont allées	j'allais tu allais il/elle/on allait nous allions vous alliez ils/elles allaient	j'irai tu iras il/elle/on ira nous irons vous irez ils/elles iront

infinitive	present	perfect	imperfect	future
apprendre to learn see **prendre**				
avoir	j'ai	j'ai eu	j'avais	j'aurai
to have	tu as	tu as eu	tu avais	tu auras
imperative	il/elle/on a	il/elle/on a eu	il/elle/on avait	il/elle/on aura
aie!	nous avons	nous avons eu	nous avions	nous aurons
ayons!	vous avez	vous avez eu	vous aviez	vous aurez
ayez!	ils/elles ont	ils/elles ont eu	ils/elles avaient	ils/elles auront
boire	je bois	j'ai bu	je buvais	je boirai
to drink	tu bois	tu as bu	tu buvais	tu boiras
imperative	il/elle/on boit	il/elle/on a bu	il/elle/on buvait	il/elle/on boira
bois!	nous buvons	nous avons bu	nous buvions	nous boirons
buvons!	vous buvez	vous avez bu	vous buviez	vous boirez
buvez!	ils/elles boivent	ils/elles ont bu	ils/elles buvaient	ils/elles boiront
comprendre to understand see **prendre**				
conduire	je conduis	j'ai conduit	je conduisais	je conduirai
to drive	tu conduis	tu as conduit	tu conduisais	tu conduiras
imperative	il/elle/on conduit	il/elle/on a conduit	il/elle/on conduisait	il/elle/on conduira
conduis!	nous conduisons	nous avons conduit	nous conduisions	nous conduirons
conduisons!	vous conduisez	vous avez conduit	vous conduisiez	vous conduirez
conduisez!	ils/elles conduisent	ils/elles ont conduit	ils/elles conduisaient	ils/elles conduiront
connaître	je connais	j'ai connu	je connaissais	je connaîtrai
to know	tu connais	tu as connu	tu connaissais	tu connaîtras
imperative	il/elle/on connaît	il/elle/on a connu	il/elle/on connaissait	il/elle/on connaîtra
connais!	nous connaissons	nous avons connu	nous connaissions	nous connaîtrons
connaissons!	vous connaissez	vous avez connu	vous connaissiez	vous connaîtrez
connaissez!	ils/elles connaissent	ils/elles ont connu	ils/elles connaissaient	ils/elles connaîtront
considerer to consider see **espérer**				
courir	je cours	j'ai couru	je courais	je courrai
to run	tu cours	tu as couru	tu courais	tu courras
imperative	il/elle/on court	il/elle/on a couru	il/elle/on courait	il/elle/on courra
cours!	nous courons	nous avons couru	nous courions	nous courrons
courons!	vous courez	vous avez couru	vous couriez	vous courrez
courez!	ils/elles courent	ils/elles ont couru	ils/elles couraient	ils/elles courront
croire	je crois	j'ai cru	je croyais	je croirai
to believe, think	tu crois	tu as cru	tu croyais	tu croiras
imperative	il/elle/on croit	il/elle/on a cru	il/elle/on croyait	il/elle/on croira
crois!	nous croyons	nous avons cru	nous croyions	nous croirons
croyons!	vous croyez	vous avez cru	vous croyiez	vous croirez
	ils/elles croient	ils/elles ont cru	ils/elles croyaient	ils/elles croiront
devoir	je dois	j'ai dû	je devais	je devrai
to have to	tu dois	tu as dû	tu devais	tu devras
imperative	il/elle/on doit	il/elle/on a dû	il/elle/on devait	il/elle/on devra
dois!	nous devons	nous avons dû	nous devions	nous devrons
devons!	vous devez	vous avez dû	vous deviez	vous devrez
devez!	ils/elles doivent	ils/elles ont dû	ils/elles devaient	ils/elles devront
dire	je dis	j'ai dit	je disais	je dirai
to say	tu dis	tu as dit	tu disais	tu diras
imperative	il/elle/on dit	il/elle/on a dit	il/elle/on disait	il/elle/on dira
dis!	nous disons	nous avons dit	nous disions	nous dirons
disons!	vous dites	vous avez dit	vous disiez	vous direz
dites!	ils/elles disent	ils/elles ont dit	ils/elles disaient	ils/elles diront
dormir	je dors	j'ai dormi	je dormais	je dormirai
to sleep	tu dors	tu as dormi	tu dormais	tu dormiras
imperative	il/elle/on dort	il/elle/on a dormi	il/elle/on dormait	il/elle/on dormira
dors!	nous dormons	nous avons dormi	nous dormions	nous dormirons
dormons!	vous dormez	vous avez dormi	vous dormiez	vous dormirez
dormez!	ils/elles dorment	ils/elles ont dormi	ils/elles dormaient	ils/elles dormiront
écrire	j'écris	j'ai écrit	j'écrivais	j'écrirai
to write	tu écris	tu as écrit	tu écrivais	tu écriras
imperative	il/elle/on écrit	il/elle/on a écrit	il/elle/on écrivait	il/elle/on écrira
écris!	nous écrivons	nous avons écrit	nous écrivions	nous écrirons
écrivons!	vous écrivez	vous avez écrit	vous écriviez	vous écrirez
écrivez!	ils/elles écrivent	ils/elles ont écrit	ils/elles écrivaient	ils/elles écriront

infinitive	present	perfect	imperfect	future
envoyer to send **imperative** envoie! envoyons! envoyez!	j'envoie tu envoies il/elle/on envoie nous envoyons vous envoyez ils/elles envoient	j'ai envoyé tu as envoyé il/elle/on a envoyé nous avons envoyé vous avez envoyé ils/elles ont envoyé	j'envoyais tu envoyais il/elle/on envoyait nous envoyions vous envoyiez ils/elles envoyaient	j'enverrai tu enverras il/elle/on enverra nous enverrons vous enverrez ils/elles enverront
espérer to hope **imperative** espère! espérons! espérez!	j'espère tu espères il/elle/on espère nous espérons vous espérez ils/elles espèrent	j'ai espéré tu as espéré il/elle/on a espéré nous avons espéré vous avez espéré ils/elles ont espéré	j'espérais tu espérais il/elle/on espérait nous espérions vous espériez ils/elles espéraient	j'espérerai tu espéreras il/elle/on espérera nous espérerons vous espérerez ils/elles espéreront
essayer to try **imperative** essaie! essayons! essayez!	j'essaie tu essaies il/elle/on essaie nous essayons vous essayez ils/elles essaient	j'ai essayé tu as essayé il/elle/on a essayé nous avons essayé vous avez essayé ils/elles ont essayé	j'essayais tu essayais il/elle/on essayait nous essayions vous essayiez ils/ellesessayaient	j'essayerai tu essayeras il/elle/on essayera nous essayerons vous essayerez ils/elles essayeront
être to be **imperative** sois! soyons! soyez!	je suis tu es il/elle/on est nous sommes vous êtes ils/elles sont	j'ai été tu as été il/elle/on a été nous avons été vous avez été ils/elles ont été	j'étais tu étais il/elle/on était nous étions vous étiez ils/elles étaient	je serai tu seras il/elle/on sera nous serons vous serez ils/elles seront
faire to do, make **imperative** fais! faisons! faites!	je fais tu fais il/elle/on fait nous faisons vous faites ils/elles font	j'ai fait tu as fait il/elle/on a fait nous avons fait vous avez fait ils/elles ont fait	je faisais tu faisais il/elle/on faisait noùs faisions vous faisiez ils/elles faisaient	je ferai tu feras il/elle/on fera nous ferons vous ferez ils/elles feront
se lever to get up **imperative** lève-toi! levons-nous! levez-vous!	je me lève tu te lèves il se lève nous nous levons vous vous levez ils/elles se lèvent	je me suis levé(e) tu t'es levé(e) il s'est levé elle s'est levée on s'est levé(e)(s) nous nous sommes levé(e)s vous vous êtes levé(e)(s) ils se sont levés elles se sont levées	je me levais tu te levais il/elle/on se levait nous nous levions vous vous leviez ils/elles se levaient	je me lèverai tu te lèveras il/elle/on se lèvera nous nous lèverons vous vous lèverez ils/elles se lèveront
lire to read **imperative** lis! lisons! lisez!	je lis tu lis il/elle/on lit nous lisons vous lisez ils/elles lisent	j'ai lu tu as lu il/elle/on a lu nous avons lu vous avez lu ils/elles ont lu	je lisais tu lisais il/elle/on lisait nous lisions vous lisiez ils/elles lisaient	je lirai tu liras il/elle/on lira nous lirons vous lirez ils/elles liront
mettre to put, put on **imperative** mets! mettons! mettez!	je mets tu mets il/elle/on met nous mettons vous mettez ils/elles mettent	j'ai mis tu as mis il/elle/on a mis nous avons mis vous avez mis ils/elles ont mis	je mettais tu mettais il/elle/on mettait nous mettions vous mettiez ils/elles mettaient	je mettrai tu mettras il/elle/on mettra nous mettrons vous mettrez ils/elles mettront
ouvrir to open **imperative** ouvre! ouvrons! ouvrez!	j'ouvre tu ouvres il/elle/on ouvre nous ouvrons vous ouvrez ils/elles ouvrent	j'ai ouvert tu as ouvert il/elle/on a ouvert nous avons ouvert vous avez ouvert ils/elles ont ouvert	j'ouvrais tu ouvrais il/elle/on ouvrait nous ouvrions vous ouvriez ils/elles ouvraient	j'ouvrirai tu ouvriras il/elle/on ouvrira nous ouvrirons vous ouvrirez ils/elles ouvriront
partir to leave, depart **imperative** pars! partons! partez!	je pars tu pars il/elle/on part nous partons vous partez ils/elles partent	je suis parti(e) tu es parti(e) il est parti elle est partie on est parti(e)(s) nous sommes parti(e)s vous êtes parti(e)(s) ils sont partis elles sont parties	je partais tu partais il/elle/on partait nous partions vous partiez ils/elles partaient	je partirai tu partiras il/elle/on partira nous partirons vous partirez ils/elles partiront

infinitive	present	perfect	imperfect	future
pouvoir *to be able to* *(I can, etc.)*	je peux tu peux il/elle/on peut nous pouvons vous pouvez ils/elles peuvent	j'ai pu tu as pu il/elle/on a pu nous avons pu vous avez pu ils/elles ont pu	je pouvais tu pouvais il/elle/on pouvait nous pouvions vous pouviez ils/elles pouvaient	je pourrai tu pourras il/elle/on pourra nous pourrons vous pourrez ils/elles pourront
prendre *to take* **imperative** prends! prenons! prenez!	je prends tu prends il/elle/on prend nous prenons vous prenez ils/elles prennent	j'ai pris tu as pris il/elle/on a pris nous avons pris vous avez pris ils/elles ont pris	je prenais tu prenais il/elle/on prenait nous prenions vous preniez ils/elles prenaient	je prendrai tu prendras il/elle/on prendra nous prendrons vous prendrez ils/elles prendront
préférer *to prefer* see **espérer**				
recevoir *to receive* **imperative** reçois! recevons! recevez!	je reçois tu reçois il/elle/on reçoit nous recevons vous recevez ils/elles reçoivent	j'ai reçu tu as reçu il/elle/on a reçu nous avons reçu vous avez reçu ils/elles ont reçu	je recevais tu recevais il/elle/on recevait nous recevions vous receviez ils/elles recevaient	je recevrai tu recevras il/elle/on recevra nous recevrons vous recevrez ils/elles recevront
rire *to laugh* **imperative** ris! rions! riez!	je ris tu ris il/elle/on rit nous rions vous riez ils/elles rient	j'ai ri tu as ri il/elle/on a ri nous avons ri vous avez ri ils/elles ont ri	je riais tu riais il/elle/on riait nous riions vous riiez ils/elles riaient	je rirai tu riras il/elle/on rira nous rirons vous rirez ils/elles riront
savoir *to know* **imperative** sache! sachons! sachez!	je sais tu sais il/elle/on sait nous savons vous savez ils/elles savent	j'ai su tu as su il/elle/on a su nous avons su vous avez su ils/elles ont su	je savais tu savais il/elle/on savait nous savions vous saviez ils/elles savaient	je saurai tu sauras il/elle/on saura nous saurons vous saurez ils/elles sauront
sortir *to go out* see **partir**				
tenir *to hold* **imperative** tiens! tenons! tenez!	je tiens tu tiens il/elle/on tient nous tenons vous tenez ils/elles tiennent	j'ai tenu tu as tenu il/elle/on a tenu nous avons tenu vous avez tenu ils/elles ont tenu	je tenais tu tenais il/elle/on tenait nous tenions vous teniez ils/elles tenaient	je tiendrai tu tiendras il/elle/on tiendra nous tiendrons vous tiendrez ils/elles tiendront
venir *to come* **imperative** viens! venons! venez!	je viens tu viens il/elle/on vient nous venons vous venez ils/elles viennent	je suis venu(e) tu es venu(e) il est venu elle est venue on est venu(e)s nous sommes venu(e)s vous êtes venu(e)(s) ils sont venus elles sont venues	je venais tu venais il/elle/on venait nous venions vous veniez ils/elles venaient	je viendrai tu viendras il/elle/on viendra nous viendrons vous viendrez ils/elles viendront
voir *to see* **imperative** vois! voyons! voyez!	je vois tu vois il/elle/on voit nous voyons vous voyez ils/elles voient	j'ai vu tu as vu il/elle/on a vu nous avons vu vous avez vu ils/elles ont vu	je voyais tu voyais il/elle/on voyait nous voyions vous voyiez ils/elles voyaient	je verrai tu verras il/elle/on verra nous verrons vous verrez ils/elles verront
vouloir *to want* **imperative** veuille! veuillons! veuillez!	je veux tu veux il/elle/on veut nous voulons vous voulez ils/elles veulent	j'ai voulu tu as voulu il/elle/on a voulu nous avons voulu vous avez voulu ils/elles ont voulu	je voulais tu voulais il/elle/on voulait nous voulions vous vouliez ils/elles voulaient	je voudrai tu voudras il/elle/on voudra nous voudrons vous voudrez ils/elles voudront

A

à (au, à la, à l', aux) in, at, to
d' **abord** first, at first
absolument absolutely
un **accord** agreement
d' **accord** OK, agreed
l' **accueil** (m) welcome
　page d' ~ (f) home page
accueillant welcoming, friendly
accueillir to welcome, greet
des **achats** (m pl) shopping
　faire des ~ to go shopping
acheter to buy
actif/-ive active
admis admitted
un(e) **adolescent(e)** teenager
une **aérogare** air terminal
un **aéroport** airport
les **affaires** (f pl) things, belongings
affectueusement yours affectionately
l' **Afrique** (f) Africa
affreux/-euse terrible
l' **âge** (m) age
âgé old
une **agence de publicité** advertising agency
une **agence de voyages** travel agency
un(e) **agent de police** police officer
il s' **agit de** it's about
agité rough (sea)
agréable pleasant
agricole agricultural
aider to help
aimer to like
aîné older, oldest
ainsi que as well as
un **air** appearance, look
à l' **aise** relaxed, comfortable
ajouter to add
l' **alcool** (m) alcohol
l' **Algérie** (f) Algeria
l' **alimentation** (f) food
les **aliments** (m pl) foods
l' **Allemagne** (f) Germany
allemand German
aller to go
　~ **chercher** to fetch
un **aller simple** single ticket
une **allergie** allergy
allonger to stretch out
allumer to switch on; light
alors so
　~ **que** whereas; while
l' **ambiance** (f) atmosphere
améliorer to improve
américain American
l' **Amérique du Sud** (f) (South) America
un(e) **ami(e)** friend
　petit(e) ~ boy/girlfriend
amicalement kind regards, best wishes
amoureux/-euse (de) in love (with)
amusant entertaining
s' **amuser** to enjoy oneself, have a good time
un **an** year
　j'ai … **ans** I'm … years old
ancien(ne) very old; former
anglais English
l' **Angleterre** (f) England
un **animal (pl animaux)** animal
un(e) **animateur/-trice** presenter
animé lively
une **année** year
un **anniversaire** birthday
annuler to cancel
l' **Antarctique** (f) Antarctic
un **appareil** appliance
un **appareil (photo)** camera
　~ **numérique** digital camera
un **appartement** flat, apartment
un **appel (d'urgence)** (emergency) call
appeler to call
s' **appeler** to be called
une **appendicite** appendicitis
apporter to bring
apprécier to appreciate
apprendre to learn
appuyer to press, support
après after

après-demain the day after tomorrow
un **après-midi** afternoon
arabe Arabic
un **arbre** tree
　un tronc d' ~ tree trunk
un **arc** bow
une **arche** arch
un(e) **architecte** architect
l' **argent** (m) money
　~ **de poche** pocket money
s' **arranger** to work itself out
　ça m'arrange bien that suits me (fine)
un **arrêt d'autobus** bus stop
arrêter to stop (sth); to arrest
s' **arrêter** to stop
l' **arrivée** (f) arrival
arriver to arrive
　~ **à** to manage to
arroser to water
les **arts plastiques** (m pl) arts and crafts
un **ascenseur** lift
l' **Asie** (f) Asia
l' **aspect (physique)** (m) (physical) appearance
l' **aspirine** (f) aspirin
s' **asseoir** to sit down
assez quite
　~ **de** enough
une **assiette** plate
un(e) **astronome** astronomer
un **atelier** studio
un(e) **athlète** athlete
l' **athlétisme** (m) athletics
atlantique Atlantic
attendre to wait (for)
dans l' **attente de** looking forward to
l' **attention** (f) attention
　faire ~ **à** to watch out for, be careful of
atterrir to land (aircraft)
une **auberge de jeunesse** youth hostel
augmenter to increase
aujourd'hui today
aussi also, as well
aussitôt straight away
l' **Australie** (f) Australia
un **autobus** bus
une **autoroute** motorway
autre other
　d'autre part on the other hand
autrefois formerly
une **autruche** ostrich
il y **avait** there was/were
avaler to swallow
à l' **avance** in advance
avant before
avant-hier the day before yesterday
avec with
l' **avenir** (m) future
une **averse** shower (of rain)
aveugle blind
un **aviateur** pilot
un **avion** plane
l' **aviron** rowing
un **avis** opinion
　à mon ~ in my opinion
un **avocat** lawyer
avoir to have

B

le **badminton** badminton
la **bagagerie** luggage room
se **baigner** to swim
baisser to lower, to go down
une **baleine** whale
une **balle** ball
un **ballon** ball
une **bande dessinée** cartoon strip
la **banlieue** suburbs, outskirts
　en ~ in the suburbs
une **banque** bank
barbant boring, dull
bas(se) low
en **bas** below, down
le **basket** basketball
les **baskets** (m/f pl) trainers
une **bataille** battle
un **bateau** boat
un **bâtiment** building
un **bâton** stick, pole

bavard talkative
bavarder to chat, to gossip
une **BD (bande dessinée)** cartoon strip
beau/bel/belle beautiful
　il fait ~ the weather is fine
beaucoup a lot of, many
un **beau-père** stepfather, father-in-law
belge Belgian
la **Belgique** Belgium
une **belle-mère** stepmother, mother-in-law
une **belle-sœur** sister-in-law
un **berger** shepherd
un **besoin** need
　avoir ~ **de** to need
une **bête** animal
le **beurre** butter
le **bi-centenaire** bicentenary
une **bibliothèque** library
bien fine, well
　~ **sûr** of course
bientôt soon
　à ~ see you soon
la **bière** beer
un **bijou** jewel
une **bille** (glass) marble (toy)
un **billet** ticket, (bank) note
la **biologie** biology
bizarre strange, odd
blanc/blanche white
blesser to injure, to wound
bleu blue
le **bloc sanitaire** showers/toilet block
boire to drink
le **bois** wood
une **boisson** drink
une **boîte** tin, box
　~ **de conserves** tin of food
　~ **de couleurs** paintbox
un **bol** bowl
bon(ne) good
de **bonne heure** early
un **bonbon** sweet
un **bonhomme de neige** snowman
bonjour hello, good morning
un **bonnet** (woollen) hat
au **bord de la mer** the seaside
une **botte** boot
la **bouche** mouth
　une ~ **de métro** metro entrance
un(e) **boucher/-ère** butcher
une **boucherie** butcher's
un **bouchon** cork, stopper
une **boucle d'oreille** earring
se **bouger** to move
un(e) **boulanger/-ère** baker
une **boulangerie** baker's
la **boule** ball; traditional bread dish from Chad
un **boulot** job
　je fais de petits ~s I do odd jobs
le **bout** end
　à l'autre ~ at the other end
une **bouteille** bottle
un **bouton** spot; button
un **bowling** bowling alley
le **branchement électrique** connection to electricity
le **bras** arm
bref in short, briefly
la **Bretagne** Brittany
breton(ne) Breton, from Brittany
le **Brésil** Brazil
le **bricolage** DIY
brillant bright
bronzer to get a suntan
une **brosse à dents** toothbrush
se **brosser les dents** to clean one's teeth
le **brouillard** fog
un **bruit** noise
brûler to burn
la **brume** mist, fog
brumeux/-euse misty, foggy
Bruxelles Brussels
brun brown
une **bûche** log
un **buffet** snack bar
une **bulle** speech bubble
un **bulletin scolaire** school report

C

un	**bureau** office	
	~ d'accueil reception office	
	~ de poste post office	
un	**bus** bus	
	ça that	
une	**cabane** hut, cabin	
un	**cabinet de toilette** washing area	
	avec ~ with washing facilities	
(se)	**cacher** to hide sth (self)	
un	**cadeau** gift, present	
un	**café** café; coffee	
un	**cahier** jotter, exercise book	
un	**caillou (pl cailloux)** pebble	
une	**caisse** checkout; cashbox	
un(e)	**caissier/-ière** cashier	
un(e)	**camarade** friend	
la	**campagne** country, countryside	
un	**camping** campsite	
	faire du ~ to go camping	
le	**Canada** Canada	
	canadien(ne) Canadian	
une	**cannette** can	
la	**canne à sucre** sugar cane	
une	**canne à pêche** fishing rod	
une	**cantine** canteen, dining hall	
un	**car** coach	
les	**Caraïbes** (f pl) the Caribbean	
la	**carie** (dental) caries, tooth decay	
un	**carnet** book of (metro) tickets; notebook	
une	**carotte** carrot	
une	**carrière** career	
un	**cartable** schoolbag	
une	**carte** card; menu; map	
	~ cadeau gift card	
	~ d'adhérent membership card	
	~ de crédit credit card	
	~ postale postcard	
le	**carton** cardboard	
une	**case** box (in diagram)	
c'est	**casse-pieds** it's boring	
	casser to break	
une	**casserole** saucepan	
un	**castor** beaver	
une	**catastrophe** disaster	
une	**cathédrale** cathedral	
	c'est it is	
	c'est-à-dire that is (to say)	
	c'était it was	
	ce/cet/cette/ces this, that, these, those	
une	**ceinture** belt	
	célèbre famous	
	célibataire single, unmarried	
le	**centre** centre	
	~ commercial shopping centre	
	~ sportif sports centre	
le	**centre-ville** town centre	
	cependant however	
un	**cercle** circle	
une	**cerise** cherry	
les	**céréales** (f pl) cereals	
	cesser to stop, to cease	
	ceux those	
une	**chaise** chair	
la	**chaleur** heat	
une	**chambre** bedroom	
	~ à deux lits twin-bedded room	
	~ d'hôte bed and breakfast	
un	**champ** field	
un(e)	**champion(ne)** champion	
un	**championnat** championship	
la	**chance** luck	
	avoir de la ~ to be lucky	
un	**changement** change	
une	**chanson** song	
	chanter to sing	
un(e)	**chanteur/-euse** singer	
	chaque each, every	
une	**charcuterie** pork butcher's, delicatessen	
un	**chat** cat	
	châtain chestnut (brown)	
un	**château** castle	
	chaud warm, hot	
	j'ai ~ I'm hot	
	il fait ~ it's hot	
le	**chauffage central** central heating	
	chauffé heated	

un(e)	**chauffeur/-euse (de taxi)** (taxi) driver	
une	**chaussure** shoe	
	les ~s de marche walking shoes	
un	**chef d'œuvre** masterpiece	
le Grand	**Chelem** Grand Slam	
un	**chemin** path	
	cher/chère dear, expensive	
	chercher to look for	
un	**cheval (pl chevaux)** horse	
les	**cheveux** (m pl) hair	
une	**cheville** ankle	
une	**chèvre** goat	
	chez at, to (someone's house)	
	chic smart	
un	**chien** dog	
un	**chiffre** number	
le	**Chili** Chile	
la	**chimie** chemistry	
la	**Chine** China	
	chinois(e) Chinese	
des	**chips** (m pl) crisps	
le	**chocolat** chocolate	
	choisir to choose	
un	**choix** choice	
le	**chômage** unemployment	
une	**chorale** choir	
une	**chose** thing	
un	**chou** cabbage	
	chouette great	
le	**chou-fleur** cauliflower	
un(e)	**chrétien(ne)** Christian	
une	**chute de neige** snowfall	
	ci-dessous below	
un	**cimetière** cemetery	
en	**cinquième** in the second year of high school	
un	**cintre** coat hanger	
la	**circulation** traffic	
la	**cire** wax	
des	**ciseaux** (m pl) scissors	
une	**cité** city; large town; housing estate	
un	**citron** lemon	
	civique civic	
	clair clear, light	
un	**clavier** keyboard	
une	**clé/clef** key	
un(e)	**client(e)** customer	
	climatisé air-conditioned	
	cliquer (sur) to click (on)	
un	**clou** nail	
un	**cobaye** guinea pig	
un	**coca** Coca-Cola	
un	**cochon** pig	
	~ d'Inde guinea pig	
une	**cocotte** casserole dish, pot	
le	**cœur** heart	
	au ~ de at the heart of	
un	**coffre-fort** safe deposit box	
un(e)	**coiffeur/-euse** hairdresser	
un	**coin** corner	
un	**collège** secondary school (11–15 years)	
un(e)	**collègue** colleague	
une	**colline** hill	
une	**colonie** colony	
	coloré coloured	
	combien? how much/many?	
un(e)	**comédien(ne)** actor (actress)	
	commander to order	
aux	**commandes de** at the controls of	
	comme as, for	
	commencer to begin	
le	**commerce** trade, business	
un	**commissariat de police** police station	
	complet/complète full	
un	**complexe sportif** sports centre	
	comprendre to understand	
	compris included	
un	**comptable** accountant	
	compter to count	
un	**comptoir** counter	
un	**comte** count	
un	**concombre** cucumber	
un	**concours** competition	
un(e)	**concurrent(e)** competitor	
	conduire to drive	
le	**confort** comfort	
un	**congélateur** freezer	

	connaître to know (a person or place)	
se	**connecter** to log on	
	connu well known	
un	**conseil** piece of advice	
	conseiller to advise	
	conserver to keep, to save	
	construire to build	
un	**conte de fées** fairy tale	
le	**contraire** the opposite	
	contre against	
	par ~ on the other hand	
un	**contrôle** test	
un	**contrôleur** ticket inspector	
un(e)	**copain/copine** friend	
	coranique Koranic	
un	**corps** body	
une	**correspondance** change (of train), connection	
un(e)	**correspondant(e)** penfriend	
la	**Corse** Corsica	
la	**côte** coast	
un	**côté** side	
	à ~ de next to	
	d'un ~ on one hand	
	de l'autre ~ on the other hand	
le	**coton** cotton wool; cotton	
le	**cou** neck	
la	**couche d'ozone** the ozone layer	
se	**coucher** to go to bed	
un	**coude** elbow	
une	**couleur** colour	
un	**coup** hit, blow	
	~ de main help, hand	
	donner un ~ de main to help out	
	~ de soleil sunstroke	
	tout à ~ suddenly	
une	**cour** school yard, grounds	
	courir to run	
un	**cours** lesson, class, course	
	~ particulier private lesson	
une	**course** race	
faire des	**courses** to go shopping	
	court short	
un(e)	**cousin(e)** cousin	
un	**couteau** knife	
	coûter to cost	
la	**couture** sewing	
un	**couvercle** lid	
	couvert (de) covered (with), overcast, cloudy (weather)	
une	**couverture** blanket	
une	**crèche** crib	
	créer to create	
une	**crème** cream	
	~ solaire suntan cream	
une	**crêpe** pancake	
une	**crêperie** pancake restaurant	
le	**creux** hollow	
les	**crevettes** (f pl) prawns, shrimps	
	crier to shout	
	croire to think, to believe	
une	**croisée** crossing	
une	**cuillère** spoon	
la	**cuisine** kitchen; cooking	
	faire la ~ to do the cooking	
un(e)	**cuisinier/-ière** cook	
une	**cuisse** thigh	
	cultiver to cultivate, to grow	
la	**culture** farming, growing	
	curieux/-euse curious	
un(e)	**cycliste** cyclist	

D

	dangereux/-euse dangerous	
	dans in	
la	**danse** dance	
	danser	
un	**dauphin** dolphin	
	de of, from	
	débarrasser to clear away	
	~ la table to clear the table	
se	**débarrasser de** to get rid of	
se	**débrouiller** to cope, to manage	
le	**début** beginning	
	décevant disappointing	
	décharger to discharge	
les	**déchets** (m pl) rubbish	
	déchiffrer to decipher, to decode	

le **déchiffrement** decoding, deciphering
déconnecter to disconnect, to log off
le **décor** decoration
découragé dispirited, discouraged
découvrir to discover
décrire to describe
déçu disappointed
une **défense** tusk (of an elephant)
un **défi** challenge
un **déguisement** disguise; costume, fancy dress
dehors outside
en ~ de outside (of), apart from
déjà already
le **déjeuner** lunch
petit ~ breakfast
déjeuner to have lunch
délicieux/-euse delicious
demain tomorrow
déménager to move house
demi half
un **demi-frère** half-brother; stepbrother
une **demi-heure** half an hour
une **demi-journée** half-day
un(e) **demi-pensionnaire** pupil who has lunch at school
une **demi-sœur** half-sister; stepsister
une **dent** tooth
dentaire dental
le **dentifrice** toothpaste
un(e) **dentiste** dentist
un **département** administrative area of France (like a county); department
se **dépêcher** to hurry
ça **dépend (de)** it depends (on)
dépenser to spend (money)
un **dépliant** leaflet
depuis since, for
déranger to disturb
un(e) **dermatologue** skin specialist
dernier/-ière latest, last
derrière behind
dès que as soon as
descendre to go down
une **descente** descent
un **désert** desert
désolé sorry
se **désoler** to be upset
un **dessin animé** cartoon
un(e) **dessinateur/-trice** illustrator
dessiner to draw
au- **dessous de** below
dessus on it
au- **dessus de** above
se **détendre** to relax
détruire to destroy
deuxième second
devant in front of
devenir to become
deviner to guess
une **devise** motto
devoir to have to, 'must'
les **devoirs** (m pl) homework
dimanche Sunday
le **dîner** dinner
dire to say
diriger to direct someone to
discuter to discuss
disparaître to disappear
se **disputer** to argue
distribuer to give out, to deliver
divers varied, different
un **doigt** finger
un **doigt de pied** toe
un **dôme** dome
donner to give
dont of whom
dormir to sleep
un **dortoir** dormitory
le **dos** back
un **dossier** file
doucement quietly, gently
une **douche** shower
se **doucher** to have a shower
doux/douce gentle; quiet
une **dragée** sugared almond
un **drap** sheet

le **drapeau** flag
le **droit** law
à **droite** on the right
drôle funny
drôlement strangely
dur hard
la **durée** duration
durer to last

E

l' **eau (f)** water
~ (non-) potable (non-)drinking water
~ minérale mineral water
écarté remote, isolated
en **échange de** in exchange for
s' **échapper** to escape
les **échecs** (m pl) chess
une **éclaircie** sunny period
éclairé illuminated
s' **éclairer** to light up
une **école** school
~ maternelle nursery school
~ primaire primary school
~ publique state school
~ privée private school
~ secondaire secondary school
l' **écologie** (f) ecology
économe thrifty, careful with money
écossais(e) Scottish
l' **Écosse** (f) Scotland
écouter to listen to
les **écouteurs** (m pl) headphones
un **écran** screen
écrire to write
comment ça s'écrit how is that spelt
l' **écriture** (f) writing
un **écrivain** author
Édimbourg Edinburgh
éducatif/-ive educational
l' **éducation physique et sportive (EPS)** (f) physical education
un **effet** effect
en ~ in fact
l'~ de serre greenhouse effect
les effets spéciaux special effects
efficace effective, efficient
égoïste selfish
une **église** church
les **égouts** (m pl) sewers
un(e) **électricien(ne)** electrician
l' **électricité (f)** electricity
un(e) **élève** pupil
une **émission** broadcast
emménager to move in (house)
emmener to take
émouvant moving, touching
empêcher to prevent
un **emplacement** place (on a campsite)
un **emploi** job
~ du temps timetable
un(e) **employé(e)** employee
~ de bureau office worker
empoisonner to poison
emporter to take (away)
en in; of it/them
encore again; more; another
endommagé damaged
s' **endormir** to go to sleep
un **endroit** place
énerver to annoy
ça m'énerve it gets on my nerves
s' **énerver** to get excited, to get worked up
l' **enfance** (f) childhood
un(e) **enfant** child
enfin at last, finally
enlever to take off
s' **ennuyer** to be bored
ennuyeux/-euse boring
énormément greatly
une **enquête** inquiry; investigation, survey
un **enregistrement** recording
enseigner to teach
ensemble together
ensoleillé sunny
ensuite next
s' **entendre (avec)** to get on (with)
entier/-ière entire, whole
entouré de surrounded by
un **entracte** interval

s' **entraider** to help one another
l' **entraînement** (m) training
s' **entraîner** to train
un(e) **entraîneur/-euse** trainer, coach
entre between
une **entrée** (f) entrance; entry fee
une **entreprise** company, business
entrer (dans) to go in
à l' **envers** upside down
avoir **envie de** to wish, to want
environ about, around
l' **environnement** (m) environment
s' **envoler** to fly away
envoyer to send
épais thick
une **épaule** shoulder
épicé spicy
une **épicerie** grocer's
une **époque** time, period
l' **EPS (éducation physique et sportive)** (f) PE
épouvantable dreadful
épuisé exhausted
l' **équateur** (m) equator
l' **équilibre** (m) balance
équilibré balanced
une **équipe** team
équipé equipped
l' **équitation** (f) horse riding
faire de l' ~ to go horse riding
l' **érable** maple
le sirop d' ~ maple syrup
une **erreur** mistake
l' **escalade** (f) climbing
un **escalier** staircase
des **escargots** (m pl) snails
l' **escrime** (f) fencing
l' **espace** (f) space
l' **Espagne** (f) Spain
espagnol(e) Spanish
une **espèce** species
espérer to hope
l' **esprit** (m) mind, attitude
~ d'équipe team spirit
essayer to try
l' **est** (m) east
à l' **est (de)** (to the) east (of)
l' **estomac** (m) stomach
et and
un **étage** storey
un **étalage** stall, display
un **état** state, condition
les **États-Unis** (m pl) United States
l' **été (m)** summer
éteindre to turn out/off
étendu spread out, extensive
une **étoile** star
étonnant amazing
étonné astonished
étonner to surprise
étrange strange
à l' **étranger** abroad
être to be
un **être** being
les **études** (f pl) studies
faire des ~ de … to study …
étudier to study
un **euro** euro
l' **Europe** (f) Europe
un(e) **Européen(ne)** European
un **événement** event
éviter to avoid
une **expérience** experience
~ scientifique scientific experiment
expliquer to explain
un(e) **explorateur/-trice** explorer
une **exposition** exhibition
exprès on purpose
s' **exprimer** to express oneself
un **extrait** extract

F

face à face face to face
en **face de** opposite
se **fâcher** to get angry
facile easy
facilement easily
les **facilités** (f pl) facilities, equipment
un(e) **facteur/-trice** postal worker
facultatif/-ive optional

F (continued)

la **faim** hunger
    j'ai ~ I'm hungry
faire to do; to make
    ~ peur to frighten
une **famille** family
    ~ nombreuse large family
    toute la ~ the whole family
fana de mad about
fantaisie novelty
fantôme ghost
un **fastfood** fast-food restaurant
fatigant tiring
fatigué tired
il **faut** you need; it is necessary
une **faute** fault
un **fauteuil** armchair
faux/fausse false
favori(te) favourite
une **fée** fairy
    un conte de fées fairy tale
féerique fairylike
une **femme** woman; wife
une **fenêtre** window
le **fer** iron
    un ~ à lisser hair straighteners
une **ferme** farm
fermé closed
fermer to close; to turn off
    ~ à clé/clef to lock
la **fermeture** closing
    ~ annuelle: janvier closed for the
    holidays in January
un(e) **fermier/-ière** farmer
fêter to celebrate
un **feu** fire
    ~ d'artifice firework display
une **feuille** leaf; sheet of paper; page
un **feuilleton** soap, serial (TV)
les **fibres** (m pl) fibre (dietary)
un **fichier** file (computer)
fidèle faithful
la **fièvre** fever
    avoir de la ~ to have a (high) temperature
une **fille** girl; daughter
un **filou** trickster, villain
un **fils** son
la **fin** end
finalement finally
finir to finish
la **Finlande** Finland
une **flaque d'eau** puddle
une **fleur** flower
un **fleuve** river flowing into the sea
une **fois** time
    la première ~ the first time
le **fond** bottom, back
    au ~ basically
un **footballeur** footballer
une **forêt** forest
un **forfait** package
la **forme** fitness, shape
    en ~ fit
un **formulaire** form
fort strong, well-built
    je suis ~ en … I'm good at …
un **forum** forum, discussion group,
    chat room
fou/folle mad
la **foudre** lightning, thunderbolt
un **four** oven
    ~ à micro-ondes microwave (oven)
une **fourchette** fork
les **frais** (m pl) costs
frais/fraîche fresh
français French
francophone French-speaking
une **fraise** strawberry
une **framboise** raspberry
frapper to knock
un **frère** brother
un **frigo** fridge
un **frigidaire** refrigerator
frisé curly
un **frisson** shiver
les **frites** (f pl) chips
froid cold
    j'ai ~ I'm cold
    il fait ~ it's cold

le **fromage** cheese
une **frontière** border, frontier
frotter to rub
fumer to smoke
un **funiculaire** funicular (railway)
le **fuseau horaire** time zone

G

gagner to win
une **galerie** gallery
Galles, le pays de ~ Wales
un **garage** garage
garanti guaranteed
un **garçon** boy
garder to look after, to keep
un **gardien** warden
une **gare** station
    ~ routière bus station
un **gâteau** cake
à **gauche** on the left
le **gaz** gas
gazeux/-euse fizzy, gassy
géant huge
un **gendarme** armed policeman
en **général** generally, usually
généralement normally
généreux/-euse generous
génial brilliant
le **genou** knee
un **genre** kind, type
les **gens** (m pl) people
gentil(le) nice, kind
gentiment kindly
la **géographie** geography
une **gerbille** gerbil
un **gîte** holiday home
la **glace** ice; ice cream; mirror
glisser to slip, to slide
les **glucides** (m pl) carbohydrates
le **golf** golf
la **gorge** throat
un **goût** taste
grand large; tall; great
un **grand huit** roller-coaster
grandir to grow, to grow up
une **grand-mère** grandmother
un **grand-père** grandfather
gras(se) fat, fatty
gratuitement free of charge
grave serious
une **gravure** engraving
la **Grèce** Greece
grec/grecque Greek
une **grève** strike
grignoter to nibble, to snack
gris grey
gros(se) big
une **grotte** cave
une **guerre** war
    la Première/Deuxième Guerre
    mondiale the First/Second World War
un **guerrier** warrior
une **guirlande** garland
une **guitare** guitar
un **gymnase** gym(nasium)
la **gymnastique** gymnastics

H

s' **habiller** to get dressed
un **habitant** inhabitant
habiter to live (in)
une **habitude** habit, custom
    d' ~ normally
s' **habituer** to get used to
l' **haltérophilie** (f) weightlifting
un **hamburger** hamburger
un **hamster** hamster
le **handball** handball
les **haricots (verts)** (m pl) (green) beans
haut high
    en ~ up, at the top
un **haut** top (clothing)
la **hauteur** height
héberger to accommodate
l' **hébreu** Hebrew
un **hélicoptère** helicopter
un **héros** hero
l' **heure** (f) hour; the time
    de bonne ~ early

heureux/-euse happy
hier yesterday
le **hibou (pl hiboux)** owl
l' **hindi** Hindi (language)
une **histoire** story
l' **histoire** (f) history
l' **hiver** (m) winter
le **hockey** hockey
hollandais Dutch
un **homme** man
la **honte** shame
un **hôpital** hospital
l' **horaire** (m) timetable
des **horaires** (m pl) (working) hours
les **horaires d'ouverture** (m pl) opening hours
l' **horreur** (f) horror
    j'ai ~ de I hate
une **hôtesse de l'air** air hostess
le **houx** holly tree
l' **huile** (f) oil
    ~ d'olive olive oil
l' **humour** (f) humour
    le sens de l' ~ sense of humour
humide humid

I

ici here
d' **ici** from now, from here
une **idée** idea
idiot stupid
il y a there is, there are
une **île** island
une **image** picture
immédiatement immediately
un **immeuble** block of flats
l' **imparfait** (m) imperfect tense
avec **impatience** impatiently
un **imper(méable)** raincoat
n' **importe où** anywhere
une **imprimante** printer
inconnu unknown
un **inconvénient** disadvantage
incroyable unbelievable
indiquer to show, to indicate
indispensable necessary
indisponible unavailable
un **individu** individual
individuel(le) individual
individuellement individually
une **industrie** industry
un(e) **infirmier/-ière** nurse
l' **informatique** (f) computer studies, ICT
les **initiales** (f pl) initials
une **inondation** flood
inoubliable unforgettable
inquiet/inquiète worried, anxious
s' **inquiéter** to worry, to be anxious
s' **inscrire à** to enrol in, to sign up for
insonorisé soundproofed
un **inspecteur (de police)** (police) inspector
s' **installer** to settle
un(e) **instituteur/-trice** primary school teacher
l' **instruction civique** (f) citizenship
l' **instruction religieuse** (f) religious education
insupportable unbearable
j'ai l' **intention de** I intend to
interactif/-ive interactive
interdire to forbid
intéressant interesting
s' **intéresser à** to be interested in
l' **intérêt** (m) interest
à l' **intérieur** (m) inside
un **internat** boarding school
(sur) **Internet** (on the) internet
inutile useless
un **inventaire** inventory
un **inventeur** inventor
inverser to reverse
irlandais Irish
l' **Irlande** (f) Ireland
l' **Italie** (f) Italy
italien(ne) Italian
l' **ivoire** (m) ivory

J

jamais never; ever
la **jambe** leg
le **jambon** ham
un **jardin** garden

le **jardinage** gardening
jaune yellow
un **jean** pair of jeans
un **jet** jet, gush
~ **d'eau** fountain
jeter to throw
un **jeu** game
~ **vidéo** video game
~ **de société** board game
jeudi Thursday
jeune young
les **Jeux Olympiques (JO)** Olympic Games
un **jogging** tracksuit
faire du ~ to go jogging
joli pretty
jouer to play
un(e) **joueur/-euse** player
un **joujou (pl joujoux)** toy
un **jour** day
~ **férié** public holiday
un **journal (pl journaux)** newspaper, journal
une **journée** day
le **judo** judo
les **jumeaux/jumelles** twins
les **jumelles** (f pl) binoculars
une **jupe** skirt
jusqu'à as far as

K

le **karaté** karate
un **kilomètre** kilometre
un **kiosque** kiosk

L

là(-bas) (over) there
par ~ that way
un **laboratoire** laboratory
un **labyrinthe** maze
un **lac** lake
un **lagon** lagoon
laisser to leave
~ **tomber** to drop
le **lait** milk
laitier/-ière milk, dairy
une **lampe (de poche)** torch
une **langue** language
~ **maternelle** native language
~ **vivante** modern language
un **lapin** rabbit
le **latin** Latin
un **lavabo** washbasin
laver to wash
se **laver** to get washed
un **lave-vaisselle** dishwasher
le **lèche-vitrine** window shopping
une **leçon** lesson
un **lecteur DVD** DVD player
la **lecture** reading
la **légende** legend; key (to diagram)
léger/-ère light
un **légume** vegetable
lent slow
lentement slowly
les **lentilles** (f pl) (contact) lenses
faire la **lessive** to do the washing
leur(s) their; to them
lever to raise
le **lever du jour** sunrise
se **lever** to get up
une **lèvre** lip
libre free
un **lien** bond, link
lier to bind, to link
un **lieu** place
avoir **lieu** to take place
un **lièvre** hare
en **ligne** online
la **limonade** lemonade
lire to read
un **lit** bed
un grand ~ double bed
un **livre** book
un(e) **locataire** tenant
le **logement** accommodation
loin (de) far (from)
lointain distant, far away
les **loisirs** (m pl) leisure
Londres London
long(ue) long

la **loterie** lottery
louer to hire
un **loup** wolf
la **lumière** light
lundi Monday
des **lunettes** (f pl) glasses
la **lutte** wrestling
un **lycée** senior school (15+)

M

mâcher to chew
un **machin** thing(ummy)
une **machine à laver** washing machine
un **magasin** shop
grand ~ department store
maigrir to lose weight
un **mail** email
un **maillot** top, vest
~ **de bain** swimming costume
la **main** hand
maintenant now
mais but
le **maïs** maize
une **maison** house
à la ~ at home
un(e) **maître (maîtresse)** (school)master (mistress)
une **majorité** majority
mal badly
avoir ~ to have a pain
j'ai mal au/à la/à l'/aux … I have a sore …
pas **mal ~** not bad
malade ill
un(e) **malade** ill person, patient
une **maladie** disease
malgré in spite of
malheureusement unfortunately
la **Manche** English Channel
le **mandarin** Mandarin Chinese (language)
manger to eat
une **manifestation** event, demonstration
manquer to miss, to be missing
un **manteau** coat
une **maquette** model, sketch
un(e) **maquilleur/-euse** make-up artist
un **marché** market
marcher to work (machine); to walk
mardi Tuesday
la **marée** tide
~ **noire** oil slick
un **mari** husband
un **mariage** wedding
se **marier** to get married
la **marine** navy
le **Maroc** Morocco
une **marque** brand name
marrant funny
marron brown
la **Martinique** Martinique
masqué masked
les **math(ématiques)** (f pl) math(ematics)
une **matière** school subject; material
les **matières grasses** (f pl) fat, fat content
un **matin** morning
une **matinée** morning
mauvais bad
il fait ~ the weather is bad
un(e) **mécanicien(ne)** mechanic
un **médecin** doctor
un **médicament** medication, drugs
une **méduse** jellyfish
meilleur better, best
même same
une **mémoire** memory
menacer to threaten
le **menton** chin
la **mer** sea
mercredi Wednesday
une **mère** mother
la **méridienne** meridian line
merveilleux/-euse marvellous
la **météo** weather forecast
météorologique weather, meteorological
un **métier** career, trade
le **métro** the underground system, metro
mettre to put
~ **de côté** to put aside
se **~ à** to start to
meublé furnished

le **Midi** South of France
mieux better, best
le **miel** honey
au **milieu de** in the middle of
un **millier** thousand
mince slim, thin
les **minéraux** (m pl) minerals
minuit midnight
une **mise en scène** production (of a play, etc.)
moche ugly, awful
la **mode** fashion
le **mode de vie** way of life
un **moineau** sparrow
moins less, minus
au ~ at least
moins cher/chère cheaper
un **mois** month
la **moitié** half
en ce ~ just now, at the moment
le **monde** world
mondial of the world
la **monnaie** small change
une **montagne** mountain
monter to go up
une **montgolfière** hot-air balloon
montrer to show
la **monture** spectacle frames
se **moquer de** to make fun of
le **moral** morale
ça me donne le ~ it cheers me up
je n'ai pas le ~ I'm feeling down
un **morceau** piece
mort dead
la **mort** death
une **mosquée** mosque
un **mot** word
un **moteur de recherche** search engine
une **motoneige** snowmobile
mou, molle soft
mourir to die
un **moyen** means
moyen average
en **moyenne** on average
le **Moyen Âge** Middle Ages
le **Moyen Orient** Middle East
un **mur** wall
un **musée** museum
un(e) **musicien(ne)** musician
la **musique** music
~ **classique** classical music
musulman Muslim

N

la **nage dos** backstroke
la **nage libre** freestyle swimming
la **naissance** birth
naître to be born
une **nappe** tablecloth
la **natation** swimming
naufragé shipwrecked
nautique nautical, water
une **navette** shuttle bus
ne … jamais never
ne … pas not
ne … personne no one, nobody
ne … plus de no more, none left
ne … rien nothing
la **neige** snow
neiger to snow
n'est-ce pas? isn't that so?, don't you think?
nettoyer to clean
neuf/neuve (brand) new
le **nez** nose
Noël Christmas
noir black
un **nom** name
un **nombre** number
nombreux/-euse numerous
non no
le **nord** north
le **nord-est** north-east
la **Norvège** Norway
norvégien(ne) Norwegian
une **note** mark
se **nourrir (de)** to eat
la **nourriture** food
nouveau/nouvel/nouvelle new
un **nuage** cloud
nuageux/-euse cloudy

une **nuit** night
    la ~ at night
nul(le) hopeless, no good
    je suis ~ en … I'm no good at …
numérique digital
un **numéro** number
un **nymphéa** water lily

O

obligé de obliged to, have to
s' **occuper de** to be busy with
une **odeur** smell
un **œil (pl yeux)** eye
un **œuf** egg
une **œuvre (d'art)** work (of art)
l' **office de tourisme** (m) tourist office
un **oiseau** bird
un **oncle** uncle
l' **or** (m) gold
un **orage** storm
orageux/-euse stormy, thundery
un **orchestre** orchestra, band
un **ordinateur** computer
l' **oreille** (f) ear
originaire de (originally) from
d' **origine** (originally) from
ou or
où? where?
oublier to forget
l' **ouest** (m) west
oui yes
un **ouragan** hurricane
un **ours** bear
un **outil** tool
d' **outre-mer** overseas
ouvert open
l' **ouverture** (f) opening
    les heures d' ~ (f pl) opening hours
    les horaires d' ~ (m pl) opening hours
un **ouvre-boîte** tin opener
ouvrir to open

P

c'est la **pagaille** it's a shambles
le **pain** bread, loaf
    ~ au chocolat chocolate-filled bread roll
un **palais** palace
pâlir to go pale
un **panier** basket
une **panne** breakdown (mechanical)
    en ~ out of order, broken down
un **panneau** sign
un **pantalon** pair of trousers
le **papier** paper
un **papillon** butterfly
Pâques Easter
un **paquet** packet, parcel
par by
    ~ contre on the other hand
    ~ exemple for example
    ~ là that way
le **parapente** paragliding
    faire du ~ to go paragliding
un **parc** park
    ~ d'attractions theme park
parce que because
pareil(le) the same
un **parent** parent; relation
paresseux/-euse lazy
parfait perfect
parfois sometimes
parisien(ne) Parisian
un **parking** car park
parler to talk, to speak
parmi amongst
une **part** part
    d'autre ~ on the other hand
partager to share
une **partie** part
à **partir de** starting from
partir to leave
pas not
le **passé** past
passer to spend (time)
un **passerelle** footbridge, gangway
un **passetemps** hobby, pastime
passionnant exciting
passionné (par) really interested (in)
une **patate douce** sweet potato

le **pâté** meat paste, pâté
les **pâtes** (f pl) pasta
le **patinage (sur glace)** (ice) skating
    ~ à roulettes roller skating
une **patinoire** skating rink
une **patte** claw
une **paume** palm
la **pause(-déjeuner)** (lunch) break
pauvre poor
un **pavillon** house, pavilion
payant with payment
payer to pay (for)
un **pays** country
les **Pays-Bas** (m pl) the Netherlands, Holland
le **pays de Galles** Wales
un **paysage** landscape, scenery
la **peau** skin
une **pêche** peach
pêcher to fish
un **pêcheur** fisherman
un **peintre** painter
la **peinture** painting
une **pelouse** lawn
une **peluche** soft toy
une **pelure** peel, piece of peel
pendant during
pénible tiresome
penser to think
une **pente** slope
perdre to lose
un **père** father
permettre to allow
un **perroquet** parrot
un **personnage** character
la **personnalité** personality
ne … **personne** no one, nobody
une **personne** person
peser to weigh
le **petit déjeuner** breakfast
un(e) **petit** small, little
un(e) **petit(e) ami(e)** boy/girlfriend
les **petits-enfants** (m pl) grandchildren
les **petits pois** (m pl) peas
le **pétrole** oil
un **peu** a little, rather
la **peur** fear
peut-être perhaps
une **pharmacie** chemist's
un(e) **pharmacien(ne)** chemist
un **phoque** seal
une **photo** photo
un(e) **photographe** photographer
la **physique** physics
un **piano** piano
un **pichet** jug, carafe
une **pièce** piece; room; play; coin
un **pied** foot
    à ~ on foot
la **pierre** stone
une **pieuvre** octopus
une **pile** battery
    pile ou face heads or tails
une **piqûre d'insecte** insect bite
une **piscine** swimming pool
une **piste** track, ski run
    ~ cyclable cycle track
un **pistolet** pistol, gun
une **pizza** pizza
une **place** seat; square
    sur ~ there
un **plafond** ceiling
une **plage** beach
le **plaisir** pleasure
    ça me fait ~ I enjoy it
un **plan** map
une **planche** board
    ~ de surf surfboard
la **planche à voile** windsurfing
plat flat
un **plat** dish
plein full
    en ~ air in the open air
    en ~ centre right in the middle
il **pleut** it's raining
plier to fold
un **plombage** filling
plomber to fill (a tooth)

un **plombier** plumber
la **plongée** diving
plonger to dive
la **pluie** rain
la **plupart** most
    la ~ du temps most of the time
    pour la ~ mostly, for the most part
ne **plus** no longer
plusieurs several
plutôt rather
pluvieux rainy
une **poche** pocket
un **poêle** stove
une **poêle** frying pan
un **poème** poem
un **poignet** wrist
le **point de départ** starting point
une **poire** pear
un **poisson** fish
    ~ rouge goldfish
polluer to pollute
la **Pologne** Poland
la **police** police
la **Polynésie** Polynesia
une **pomme** apple
une **pomme de terre** potato
des **pommes frites** (f pl) chips
un **pompier** fireman
un **pont** bridge
le **porc** pork
un **portable** mobile phone, laptop
une **porte** door
un **porte-clefs** key ring
un **portemonnaie** purse
à la **portée** within reach
un **portefeuille** wallet
porter to wear; to carry
un **portrait-robot** Photofit picture
la **poste** post-office
l'eau **potable** (f) drinking water
la **poterie** pottery
une **poubelle** dustbin
un **pouce** thumb
le **poulet** chicken
pour for
pourquoi? why?
pourpre purple
poursuivre to pursue
pourtant however
pouvoir to be able; can
un **pou (pl poux)** louse (lice)
une **praline** (filled) chocolate
pratiquer to practise
(sans) préavis (without) prior warning
premier/-ière first
prendre to take
    ~ un bain to have a bath
un **prénom** Christian/first name
près de near
le **présent** present
    à ~ just now, at present
se **présenter** to introduce oneself
presque nearly, almost
pressé in a hurry
prêt ready
prêter to lend
les **prévisions météorologiques** (f pl) weather forecast
prévoir to predict, to forecast
une **prime** bonus
une **principauté** principality
le **printemps** spring
une **prise d'électricité** electric socket
privé private
le **prix** price
un **problème** problem
prochain next
proche near
se **produire** to take place
un **produit** product
des **produits laitiers** (m pl) dairy products
un **professeur** teacher
profiter de to take advantage of
profond deep
un **programmeur** programmer
le **progrès** progress
    faire des ~ to make progress

un **projet** project
une **promenade** a walk; trip
    faire une ~ to go for a walk
se **promener** to go for a walk
à **propos de** about
    proposer to suggest
    propre own
un(e) **propriétaire** owner
se **protéger** to protect oneself
la **protéine** protein
    provoquer to cause
avec **prudence** carefully
un **pseudo(nyme)** pseudonym, nickname, assumed name
la **publicité** advertising
    puis then
    puissant powerful
un **pull** pullover, jumper

Q

    quand when
    quand même all the same
un **quart** quarter
    … heure(s) moins le ~ quarter to …
un **quartier** quarter, part (of a town)
en **quatrième** in the third year of high school/ Year 9
    que than; as; what?
    quel(le) which, what
    quelque chose something
    quelquefois sometimes
    quelqu'un someone
une **queue** tail; queue
    faire la ~ to queue
    qui who, which
    quinze jours a fortnight
    quitter to leave

R

    raconter to talk about
un **radeau** raft
le **rafting** white-water rafting
la **rage** rabies
    raide steep; stiff; straight
les **raisins** (m pl) grapes
une **raison** reason
une **randonnée** hike, long walk
    ranger to tidy up
    rapide quick, fast
un **rassemblement** gathering
la **RATP (Régie Autonome des Transports Parisiens)** Paris transport authority
un **rayon** department; range
les **rayons de soleil** (m pl) sun's rays
    réagir to react
    récemment recently
    recevoir to receive
le **réchauffement de la planète** global warming
(se) **réchauffer** to warm up
les **recherches** (f pl) research
une **récompense** reward
se **réconcilier** to make (it) up
    reconnaître to recognise
la **récré(ation)** break
    recycler to recycle
    réduire to reduce
    réfléchir to reflect
un **réfugié** refugee
un **regard** glance, look
    regarder to watch, to look at
un **régime** diet
une **règle** rule
le **règlement** rules
    regner to reign
je **regrette** I'm sorry
    régulièrement regularly
    rejeter to give off; to throw out
    religieux/-ieuse religious
    remarquer to notice
    rembourser to reimburse
la **remise en forme** fitness
    un centre de ~ fitness centre
une **remontée mécanique** ski lift
    remplacer to replace
    remplir to fill (in), to complete
le **renard** fox
une **rencontre** meeting
    rencontrer to meet

un **rendez-vous** appointment, date
    rendre to make; to give back
les **renseignements** (m pl) information
se **renseigner** to get information
la **rentrée** return to school
    rentrer to return, to go home
un **repas** meal
    répéter to repeat, to rehearse
    répondre to reply
une **réponse** reply
se **reposer** to rest
un(e) **représentant(e)** representative
    répugnant disgusting
le **RER (Réseau Express Régional)** fast train service in Paris and its suburbs
un **réseau** network
    respirer to breathe
se **ressembler** to look alike
    rester to stay
en **retard** late
se **retrouver** to meet
une **réunion** meeting
    réussir to succeed
en **revanche** on the other hand
un **rêve** dream
    rêver to dream
se **réveiller** to wake up
    revenir to return, to come back
au **revoir** goodbye
une **revue** magazine
le **rez-de-chaussée** ground floor
un **rhume** cold
ne **rien** nothing, not anything
    rigolo(te) funny
    rire to laugh
une **rive** river bank
une **rivière** river
le **riz** rice
une **robe** dress
un **robinet** tap
un **rocher** rock
    rocheux/-euse rocky
un **roi** king
le **roller** rollerskating
    faire du ~ to go rollerskating
    rond round
    rose pink
les **roudoudous** (m pl) type of jelly sweets
    rouge red
    rougir to blush, to go red
    rouillé rusty
    rouler to drive, to move (vehicle)
une **route** road
    roux/rousse red (haired)
un **royaume** kingdom
le **Royaume-Uni** United Kingdom
une **rue** street
    ~ piétonne pedestrian street
    russe Russian

S

le **sable** sand
un **sac** bag
    ~ à dos rucksack
    ~ en plastique plastic bag
    sage well behaved
    saisir to seize
une **saison** season
une **salle** room
    ~ de bains bathroom
    ~ de classe classroom
    ~ à manger dining room
    ~ de séjour living room
un **salon** lounge
    ~ de jardin garden furniture
    Salut! Hello! Hi!
    samedi Saturday
le **sang** blood
    sans without
la **santé** health
un **sapeur-pompier** firefighter
un **sapin** fir (tree)
    ~ de Noël Christmas tree
    sauf except
un **saut** jump
le **saut à ski** ski jumping
    sauter to jump; to skip
    sauvage wild, natural

    sauvegarder to save (computer file), to safeguard
    sauver to save
    savoir to know
le **savon** soap
un **scaphandre autonome** aqualung
les **sciences** (f pl) science
    les ~ économiques economics
    scientifique scientific
    scolaire to do with school
une **séance** session, showing (of film), performance
    sec/sèche dry
un **sèche-cheveux** hair dryer
    sécher to dry
la **sécheresse** drought; dryness
en **seconde** in the fifth year of high school/ Year 11
le **secours** help
la **sécurité** safety
un **séjour** stay
    selon according to
une **semaine** week
un **sens** meaning; direction; sense
    ~ de l'humour sense of humour
    sensass fantastic, great
    sensationnel(le) fantastic
un **sentiment** feeling
se **sentir** to feel
    sérieux/-euse serious
un **serpent** snake
un(e) **serveur/-euse** waiter
    Servez-vous! Help yourself!
une **serviette** towel
se **servir de** to use
    seul alone, only
    seulement only
le **shampooing** shampoo
    si if
un **siècle** century
un **siège** seat
un **signe** sign
    s'il te/vous plaît please
    silencieux/-euse silent
un **simulateur de vol** flight simulator
le **sirop** fruit drink
    ~ d'érable maple syrup
un **site (Web)** (web)site
la **sixième** the first year of high school/Year 7
un **skate** skateboard
    faire du ~ to go skateboarding
le **ski** skiing
    faire du ~ to go skiing
    ~ alpin downhill skiing
    ~ de fond cross-country skiing
une **sœur** sister
la **soif** thirst
    j'ai ~ I'm thirsty
    soigner to care for, to look after
    soigneusement carefully
prendre **soin de** to take care of
(le) **soir** (in the) evening(s)
le **sol** ground, soil
un **soldat** soldier
le **soleil** sun
le **solstice d'hiver** winter solstice
    sombre dark
une **somme** sum
le **sommet** top
    au ~ de on/at the top of
un **son** sound
    sonner to ring
un(e) **sorcier/sorcière** wizard/witch
la **sortie** exit
    sortir to go out
une **soucoupe** saucer
    soudain suddenly
    souhaiter to wish
    souligné underlined
    soupçonner to suspect
le **souper** supper
un **sourcil** eyebrow
une **souris** mouse
    sous under
un **sous-marin** submarine
le **sous-sol** basement
    souterrain underground

souvent often
le snowboard snowboarding
   faire du ~ to go snowboarding
le sparadrap sticking plaster
   sportif/-ive sporty
un stade stadium
un stage course
   un ~ en entreprise work experience
une station-service petrol station
le sucre sugar
   sucré sweet, sugary
les sucreries (f pl) sweet things
le sud south
la Suède Sweden
   suffisant enough
la Suisse Switzerland
la suite sequel
à la suite de following
   suivre to follow
un supermarché supermarket
   supporter to tolerate
   sur on
le surf surfing
   surfer sur Internet to surf the (inter)net
   surtout above all, especially
   survoler to fly over
un sweat sweatshirt
un symbole symbol
   sympa(thique) nice
le syndicat d'initiative tourist office

T

un tabac (bureau de ~) tobacconist's
une table table
un tableau table (printed)
une taille size
   de ~ moyenne medium sized
un talon heel
   tandis que whereas
   tant de so much, so many
une tante aunt
   taper to type
un tapis carpet
une tapisserie tapestry
   tard late
   plus ~ later
   tarder to be late, to delay
un tarif charge; price list
   ~ unique flat-rate fare
un tas de pile of
une tasse cup
le Tchad Chad
   tchatter to chat (online)
un(e) technicien(ne) technician
   technique technical
la technologie technology
   télécharger to download
le téléphone telephone
(à) la télé(vision) (on) TV/television
le témoignage evidence
un témoin witness
la température temperature
une tempête storm
le temps weather; time
   à ~ on time
   de ~ en ~ from time to time
   quel ~ fait-il? what's the weather like?
   tenir to hold
se tenir bien to be well behaved
le tennis tennis
une tente tent
la terminale last year at high school
un terminus end of line
un terrain ground, pitch
la terre earth
la tête head
un TGV (train à grande vitesse) high speed train
le thé tea
   ~ au citron lemon tea
un théâtre theatre
   faire du ~ to do drama
un ticket ticket (for metro/bus)
   tigré striped
   un chat ~ tabby cat
un timbre stamp
   timide shy
le tir shooting

le tir à l'arc archery
un tire-bouchon corkscrew
un titre title, heading
les toilettes (f pl) toilets
un toit roof
une tomate tomato
un tombeau tomb
   tomber to fall
les tongs (f pl) flip-flops
une tortue tortoise
   tôt early
une touche (on keyboard)
   toujours always
une tour tower
un tour trip, excursion, turn
   à ~ de rôle in turn
un tournoi tournament
   tousser to cough
   tout all, every, everything
   tous les jours every day
   ~ à coup suddenly
   ~ le monde everybody
   ~ de suite immediately, at once
la toux cough
les traces (f pl) tracks
un train train
   en ~ de (faire) while (doing)
   traiter to treat
un traiteur delicatessen
un trajet journey
un tramway tram, streetcar
   tranquille quiet, calm
le travail work
   travailler to work
   traverser to cross
un tremblement de terre earthquake
   très very
le trésor treasure
les tribunes grandstand
un tricot jumper
le tricot knitting
   faire du ~ to knit
   tricoter to knit
   trier to sort
   triste sad, unhappy
une trompette trumpet
   trop too (much)
   ~ de … too much …, too many …
un trou hole
   trouver to find
se trouver to be situated
les truquages (m pl) special effects
un tee-shirt T-shirt
un tube tube; hit song
   tuer to kill

U

un uniforme uniform
   unique only
   uniquement only
l' univers (m) universe
d' urgence emergency
une usine factory
   utiliser to use

V

les vacances (f pl) holiday(s)
un vaccin vaccine
un vaisseau vessel
la vaisselle dishes
   faire la ~ to do the washing up
une valise suitcase
une vedette star, TV personality
   végétarien(ne) vegetarian
la végétation vegetation
un vélo bike
   faire du ~ to go cycling
un(e) vendeur/-euse sales/shop assistant
   vendre to sell
   vendredi Friday
   venir to come
le vent wind
   il y a du ~ it's windy
le ventre stomach
   vérifier to check
un verre glass (tumbler, etc.)
le verre glass (material)
   vers towards; around
   vert green

les vêtements (m pl) clothes
un(e) vétérinaire vet
la viande meat
   vide empty
   vider to empty
une vie life
   vieux/vieil/vieille old
   vif/vive bright
un village village
une ville town
le vin wine
un violon violin
un visage face
   vite quickly
la vitesse speed
   à toute ~ at top speed
   vivant living
   vivre to live
   voici here (is/are)
   les ~ here they are
une voie track, platform
   en ~ de disparition becoming extinct
une voie ferrée railway line
   voilà here/there (is/are)
   le ~ there it is
la voile sailing
   voir to see
un(e) voisin(e) neighbour
une voiture car
une voix voice
un vol flight
   voler to steal; to fly
un(e) voleur/voleuse thief, crook
le volley volleyball
   vouloir to want, to wish
à volonté as much as you wish
un voyage journey
   voyager to travel
une voyelle vowel
   vrai true
   vraiment really
un VTT (vélo tout terrain) mountain bike
une vue view

W

le walking Nordic walking
un WC toilet

Y

y there
   il ~ a there is, there are; ago
un yaourt yoghurt
les yeux (m pl) eyes

Z

une zone piétonne pedestrian area

A

a un, une
to be **able to** pouvoir
about à peu près, environ
above au-dessus de
above all surtout
abroad à l'étranger
accommodation logement (m)
according to selon
accountant comptable (m/f)
across à travers
actor, actress acteur (m), actrice (f), comédien (m), comédienne (f)
actually en fait, vraiment
to **add** ajouter
to **adore, to love** adorer
in **advance** à l'avance, d'avance
advantage avantage (m)
advert annonce (f)
advert (on TV), advertising publicité, pub (f)
to **advise** conseiller
aerial antenne (f)
aeroplane avion (m)
to be **afraid (of)** avoir peur (de)
Africa, African Afrique (f), africain(e)
after après
(in the) **afternoon** (l')après-midi (m/f)
afterwards après, ensuite, par la suite
again encore (une fois), de nouveau
against contre
age âge (m)
(a year) **ago** il y a (un an)
agreed d'accord
air conditioning climatisation (f)
air hostess/steward hôtesse de l'air/ steward (f/m)
airport aéroport (m)
alarm clock réveil (m)
A-level student lycéen(ne) (m/f)
A-levels (French equivalent of) bac (baccalauréat) (m)
Algeria, Algerian Algérie (f), algérien(ne)
all tout
are you **all right?** ça va?
All Saints' Day Toussaint (f)
to **allow** permettre
almost presque
alone seul
along le long de
Alps Alpes (f pl)
already déjà
also aussi
always toujours
amazing étonnant
ambulance ambulance (f)
America, American Amérique (f), américain(e)
among parmi, entre
amusing amusant
and et
angry en colère, fâché
animal (pet) animal (domestique) (m)
announcement annonce (f)
annoying embêtant
it **annoys me** ça m'énerve
answer réponse (f)
to **answer** répondre
answerphone répondeur (m)
anxious anxieux/-ieuse, inquiet/-iète
to **apologise** s'excuser
to **appear** paraître
appetite appétit (m)
apple pomme (f)
appointment rendez-vous (m)
apprentice apprenti(e) (m/f)
to **approach** (s')approcher (de)
apricot abricot (m)
architect architecte (m/f)
area quartier (m)
area code indicatif (m)
to **argue** discuter, se disputer
arm bras (m)
armchair fauteuil (m)
around autour de
arrival arrivée (f)
to **arrive** arriver
art dessin (m), art (m)
art gallery musée d'art (m), galerie d'art (f) **(shop)**

as comme
as far as jusqu'à
as … as aussi … que
Asia, Asian Asie (f), asiatique
to **ask** demander
asleep endormi
aspirin aspirine (f)
assorted raw veg. crudités (f pl)
at à **(place/time)**, chez **(someone's house)**
athletics athlétisme (m)
atmosphere ambiance (f)
attic grenier (m)
aunt tante (f)
Australia, Australian Australie (f), australien(ne)
Austria, Austrian Autriche (f), autrichien(ne)
author auteur(e) (m/f)
autumn automne (m)
available, free disponible
to **avoid** éviter
awful affreux/-euse

B

baby bébé (m)
to **babysit** faire du babysitting, garder des enfants
back (body) dos (m)
at the **back** à l'arrière
back to school rentrée (f)
bacon bacon (m), lard (m)
bad, badly mauvais (adj.), mal (adv.)
bad luck malchance (f)
to be **bad weather** faire mauvais
bag (handbag/plastic) sac (m) (à main/en plastique)
baker boulanger/-ère (m/f)
baker's boulangerie (f)
balanced équilibré
balcony balcon (m)
bald chauve
ball balle (f), ballon (m)
balloon ballon (m)
banana banane (f)
bandage pansement (m), bandage (m)
bank banque (f)
bank card carte bancaire (f)
bank holiday jour férié (m)
basement sous-sol (m)
basketball basket (m)
bath bain (m)
bath (tub) baignoire (f)
to **bathe** se baigner
bathroom salle de bains (f)
battery pile (f), batterie (f) **(of car)**
battle bataille (f)
to **be** être
beach plage (f)
beans (green/baked) haricots (verts/à la sauce tomate) (m pl)
beard barbe (f)
beautiful beau/bel/belle
because parce que, car, puisque
because of à cause de
to **become** devenir
bed lit (m)
bed & breakfast chambre d'hôte (f)
bedlinen draps (m pl)
bee abeille (f)
beef bœuf (m)
beer bière (f), pression **(draught)** (f)
before avant (de)
beforehand, in advance à l'avance, d'avance
beginning commencement (m), début (m)
behind derrière
to **believe** croire
Belgium, Belgian Belgique (f), belge
belongings affaires (f pl)
below au-dessous de
belt ceinture (f)
the **best** le meilleur (adj.), le mieux (adv.)
best wishes amicalement, amitiés (fpl)
better meilleur (adj.), mieux (adv.)
all the **better** tant mieux
between entre
big grand, gros(se) **(of animal)**
bike vélo (m), bicyclette (f)
bill addition (f), note (f), facture (f)

biology biologie (f)
bird oiseau (m)
biro bic (m)
birth naissance (f)
birthday anniversaire (m)
biscuit biscuit (m)
bistro, bar bistro(t) (m)
bit, piece morceau (m)
bite (of insect) piqûre (f)
black noir
blackcurrant cassis (m)
blanket couverture (f)
blind aveugle
block of flats immeuble (m)
blog blog (m)
blogger bloggeur (m)
blond blond
blouse chemisier (m)
blue bleu
board (interactive whiteboard) tableau (blanc interactif) (m)
boat bateau (m)
body corps (m)
bone os (m)
book (paperback) livre (m) (de poche)
book (of tickets) carnet (m)
to **book** réserver
bookcase bibliothèque (f)
bookshop librairie (f)
boot botte (f)
boot (of car) coffre (m)
border frontière (f)
to be **bored** s'ennuyer
boring ennuyeux/-euse, barbant
born (on + date) né(e) (le + date)
to be **born** naître
to **borrow** emprunter
boss chef (m), patron(ne) (m/f)
both tous les deux
bottle bouteille (f)
bowl bol (m)
bowling bowling (m)
bowls boules (f)
box (cardboard) boîte (f) (en carton)
boy garçon (m)
boyfriend petit ami/copain (m)
bracelet bracelet (m)
brakes freins (m pl)
bread pain (m)
bread roll petit pain (m)
break pause (f), récréation (f)
to **break** casser
breakfast petit déjeuner (m)
to **breathe** respirer
bridge pont (m)
bright (colour) vif/vive
brilliant génial
to **bring** apporter
to **bring along/with you** amener **(person)**, apporter **(thing)**
broken cassé
brother frère (m)
brother-in-law beau-frère (m)
brown brun **(hair, etc.)**
brown marron (inv.)
to **brush (hair/teeth)** (se) brosser (les cheveux/ les dents)
budgerigar perruche (f)
to **build** construire
builder maçon (m)
building bâtiment (m), immeuble (m)
bunk beds lits superposés (m pl)
bus autobus (m), bus (m)
bus station gare routière (f)
bus stop arrêt (d'autobus) (m)
busy occupé
but mais
butcher boucher/-ère (m/f)
butcher's boucherie (f)
butter beurre (m)
to **buy** acheter
by par

C

cabbage chou (m)
café café (m), bistro(t) (m)
cake gâteau (m)
cake shop pâtisserie (f)

Anglais–français

calculator calculatrice (f)
to **call** appeler
to be **called** s'appeler
camcorder caméscope (m)
camera appareil photo (m)
to **camp** camper, faire du camping
campsite (terrain de) camping (m)
can (be able to) pouvoir
Canada, Canadian Canada (m), canadien(ne)
canoeing canoë (m), canoë-kayak (m)
canteen cantine (f)
cap casquette (f)
car voiture (f), auto (f)
car ferry ferry (m)
car park (multi-storey/underground) parking (m) (à étages/souterrain)
card (credit/bank/identity) carte (de crédit/bancaire/d'identité) (f)
cardboard carton (m)
caretaker concierge (m/f)
carpet moquette (f), tapis (m)
carrot carotte (f)
to **carry** porter
cartoon (TV or film) dessin animé (m)
cash machine distributeur automatique (m)
cashier caissier/-ière (m/f)
castle château (m)
cat chat(te) (m/f)
cathedral cathédrale (f)
cauliflower chou-fleur (m)
CDT (design and technology) EMT (éducation manuelle et technique) (f)
ceiling plafond (m)
to **celebrate** fêter
cello violoncelle (m)
century siècle (m)
cereals céréales (f pl)
certainly bien sûr
chair chaise (f)
championship championnat (m)
by **chance** par hasard (m)
change (small) monnaie (f)
channel chaîne (f)
character caractère (m), personnage (m)
charity organisation caritative (f)
to **chat** bavarder
to **chat online** tchatter
chat room forum
chatty bavard
cheap bon marché, peu cher
to **check** contrôler, vérifier
checkout caisse (f)
cheers! à ta/votre santé!
cheese fromage (m)
chemist pharmacien(ne) (m/f)
chemist's pharmacie (f)
chemistry chimie (f)
cherry cerise (f)
chess échecs (m pl)
chest poitrine (f)
chicken poulet (m)
child enfant (m/f)
childhood enfance (f)
China, Chinese Chine (f), chinois(e)
chips, fried potatoes (pommes) frites (f pl)
chocolate chocolat (m)
choice choix (m)
choir chœur (m), chorale (f)
to **choose** choisir
chop, cutlet côtelette (f)
Christian chrétien(ne) (m/f)
Christmas Noël (m)
church église (f)
cinema cinéma (m)
citizenship instruction civique (f)
city grande ville (f)
civil servant fonctionnaire (m/f)
clarinet clarinette (f)
classmate camarade de classe (m/f)
classroom salle de classe (f)
clean propre
to **clean (dry clean)** nettoyer (nettoyer à sec)
to **clear away** débarrasser
to **click** cliquer
climate climat (m)
to **climb, to get on** monter

cloakroom vestiaire (m)
clock horloge (f)
to **close** fermer
close, nearby proche, tout près
closed fermé
clothes vêtements (m pl)
cloudy nuageux/-euse
club (football/youth) club (de foot/des jeunes) (m); **boîte** (f) (night)
coach car (m)
coach station gare routière (f)
coast côte (f)
coat manteau (m)
coffee café (m)
coke, cola coca (m)
cold froid
cold (illness) rhume (m)
to have a **cold** être enrhumé
colour couleur (f)
comb peigne (m)
to **come** venir
to **come back** revenir
to **come down** descendre
to **come in** entrer
comedy comédie (f)
comfortable confortable
comic strip/book bande dessinée (f)
company entreprise (f), société (f)
compartment compartiment (m)
competition concours (m)
to **complain** se plaindre
completely complètement, tout à fait
complicated compliqué
compulsory obligatoire
computer ordinateur (m)
computer room salle d'informatique/de technologie (f)
computer scientist informaticien(ne)(m/f)
computing informatique (f)
concert concert (m)
congratulations! félicitations!
connection (train) correspondance (f)
connection (online) connexion (f)
cook, chef cuisinier/-ière (m/f)
to **cook (to bake)** faire cuire (au four)
cooked cuit
cooker (gas/electric) cuisinière (à gaz/électrique) (f)
cooking cuisine (f)
cool frais/fraîche
corkscrew tire-bouchon (m)
corner coin (m)
to **correct** corriger
corridor couloir (m)
cost coût (m)
to **cost** coûter
cotton coton (m)
cough toux (f)
to **cough** tousser
council housing HLM (habitation à loyer modéré) (f)
counter comptoir (m)
country pays (m)
(in the) **country** (à la) campagne (f)
countryside (scenery) paysage (m)
course stage (m), études (f pl)
cousin cousin(e) (m/f)
cow vache (f)
crab crabe (m)
cream (suntan) crème (solaire) (f)
crisps chips (f pl)
croissant croissant (m)
cross croix (f)
to **cross** traverser
crossroads carrefour (m)
crossword mots croisés (m pl)
cruise croisière (f)
to **cry** pleurer
cucumber concombre (m)
cup tasse (f)
cupboard placard (m)
curly (hair) frisé, bouclé
cursor curseur (m)
curtain rideau (m)
customer client(e) (m/f)
customs douane (f)
to **cut, to cut off (phone)** couper

cute mignon(ne)
cycling cyclisme (m), vélo (m)
cyclist cycliste (m)

D

dad papa (m)
daft stupide, idiot
to **dance** danser
dangerous dangereux/-euse
dark sombre, foncé **(colour)**
date of birth date de naissance (f)
daughter fille (f)
day jour (m), journée (f)
all **day** toute la journée
the **day after tomorrow** après-demain
the **day before yesterday** avant-hier
day off jour de congé (m)
dead mort
dear cher/chère
death mort (f)
deep profond
definitely certainement
delay retard (m)
to **delete** effacer
delicatessen charcuterie (f)
delicious délicieux/-ieuse
delighted ravi, enchanté **(to meet)**
Denmark, Danish Danemark (m), danois(e)
dentist dentiste (m/f)
department (in store) rayon (m)
department store grand magasin (m)
departure départ (m)
it **depends** ça dépend
designer dessinateur/-trice (m/f)
desk bureau (m)
to **destroy** détruire
detective film film policier (m)
detention retenue (f)
diary agenda (m)
dictionary dictionnaire (m)
to **die** mourir
difficult difficile, pénible
digital numérique
dining room salle à manger (f)
dinner dîner (m)
to have **dinner** dîner
director directeur/-trice (m/f)
dirty sale
disadvantage désavantage (m), inconvénient (m)
to **disappear** disparaître
disappointed déçu
disco discothèque (f), boîte (f)
to **discover** découvrir
to **discuss** discuter
disgusting dégoûtant
dish (of the day) plat (du jour) (m)
dishwasher lave-vaisselle (m)
distant lointain
district quartier (m), arrondissement **(of large city)** (m)
to **disturb** déranger
diving (scuba) plongée sous-marine (f)
divorced divorcé
DIY bricolage (m)
to **do** faire
doctor docteur (m), médecin (m)
documentary documentaire (m)
dog chien(ne) (m/f)
doll poupée (f)
don't care! bof!
don't mention it de rien
(front) **door** porte (d'entrée) (f)
doorbell sonnette (f)
dormitory dortoir (m)
double bass contrebasse (f)
double bed grand lit (m)
to **download** télécharger
downstairs en bas
drama art dramatique (m)
draw (in sport) match nul (m)
to **draw** dessiner
drawer tiroir (m)
dream rêve (m)
to **dream** rêver
dress robe (f)
dressing gown robe de chambre (f)
drink boisson (f)

to drink boire
(non-) drinking water eau (non) potable (f)
to drive conduire, rouler
driver automobiliste (m/f),
drums batterie (f)
dry sec/sèche
duck canard (m)
during pendant
dustbin poubelle (f)
duvet couette (f)

E

each, each one chaque, chacun(e)
ear oreille (f)
early de bonne heure, tôt
earrings boucles d'oreilles (f pl)
earth terre (f)
east est (m)
Easter Pâques (f)
easy facile
to eat manger
education enseignement (m)
egg (boiled/Easter) œuf (m)
(à la coque/de Pâques)
elder, eldest, first born aîné
electric électrique
electrician électricien(ne) (m/f)
electronic électronique
elephant éléphant (m)
email mail (m), courriel (m)
emergency services les urgences (f pl)
(bank) employee employé(e) (m/f) (de banque)
empty vide
end fin (f)
at the end of au bout de
to end (se) terminer
engaged fiancé, occupé **(on the phone)**
engine moteur (m)
engineer ingénieur (m)
England, English Angleterre (f), anglais(e)
English Channel Manche (f)
to enjoy oneself s'amuser
enjoy your meal bon appétit
enjoy your stay bon séjour
enjoyable agréable
enough assez (de)
that's enough ça suffit
to enter entrer
entertainment, things to do distractions (f pl)
entrance entrée (f)
envelope enveloppe (f)
environment environnement (m)
equal égal
e-reader liseuse (f)
to escape s'échapper
especially surtout
Europe, European Europe (f), européen(ne)
European Union UE (Union européenne) (f)
even (if) même (si)
evening soir (m), soirée (f)
the evening le soir
event événement (m)
every tout
every day tous les jours
everybody tout le monde
everywhere partout
exam examen (m)
except (for) sauf, à part
exceptional exceptionnel(le)
(school) exchange échange (m) (scolaire)
exciting passionnant
excuse me excuse(z)-moi
executive cadre (m)
exercise exercice (m)
exercise book cahier (m)
exhaust fumes gaz d'échappement (m pl)
exhibition exposition (f)
exit (emergency) sortie (f) (de secours)
expensive cher/chère
experiment expérience (f)
to explain expliquer
explanation explication (f)
extra charge supplément (m)
extreme extrême
eye(s) œil (m) (yeux)

F

face figure (f), visage (m)
in fact en fait
factory usine (f)
to fail échouer (à …), rater (un examen)
fair fête (f), foire (f)
fair (just) juste
to fall tomber
to fall in love (with) tomber amoureux (de)
false faux/fausse
family famille (f)
famous célèbre
fanatical about, fan of fana(tique) de
fantastic fantastique
far (from) loin (de)
far away, distant lointain
fare tarif (m)
farm ferme (f)
farmer fermier/-ière (m/f), agriculteur/-trice (m/f)
fascinating passionnant
fashion mode (f)
fashionable à la mode
fast rapide
fat gras(se), gros(se) (adj); matières grasses (f pl)
father père (m)
father-in-law beau-père (m)
fault faute (f)
favourite favori(te), préféré
feast fête (f)
to be fed up en avoir marre (de)
to feel (se) sentir
to feel better aller mieux
to feel like (doing sth.) avoir envie (de faire qq ch)
feeling sentiment (m)
felt tip pen feutre (m)
festival fête (f), festival (m)
to have a fever avoir de la fièvre
a few quelques
field champ (m)
figure (number) chiffre (m)
file classeur (m), dossier (m)
to fill (in) remplir
finally finalement
to find trouver
it's fine (weather) il fait beau
finger doigt (m)
to finish finir, (se) terminer
fire feu (m), incendie (m)
fire brigade pompiers (m pl)
firefighter pompier (m)
firework display feu d'artifice (m)
firm entreprise (f)
first premier/-ière
first name prénom (m)
first of all d'abord
fish (goldfish) poisson (rouge) (m)
fish shop poissonnerie (f)
to go fishing aller à la pêche
fit en forme
fizzy (of drink) gazeux/-euse
flag drapeau (m)
flat (to live in) appartement (m)
flat (not hilly) plat
flight vol (m)
flood inondation (f)
floor plancher (m)
floor (storey) (1st/2nd/upper, etc.) étage (m) (1er/2e/supérieur, etc.)
florist fleuriste (m/f)
flour farine (f)
flower fleur (f)
flu grippe (f)
fluently couramment
flute flûte (f)
fly mouche (f)
to fly voler
fog brouillard (m)
folder, file dossier (m)
to follow suivre
food alimentation (f), nourriture (f), provisions (f pl)
foolish idiot
(on) foot (à) pied (m)
football football (m)

football boots chaussures de foot (f pl)
footpath chemin (m), allée (f)
for pour
for (time) depuis, pendant
for example par exemple
for the moment pour l'instant
it is forbidden il est interdit, défense de (+ infin.)
foreigner étranger/-ère (m/f)
forest forêt (f), bois (m)
to forget oublier
fork fourchette (f)
form fiche (f), formulaire (m)
form (fitness) forme (f)
former ancien(ne)
formerly autrefois
fortnight quinzaine (f), quinze jours (m pl)
fountain fontaine (f)
France, French France (f), français(e)
frankly franchement
free gratuit **(no charge)**, libre **(not busy)**
free time loisirs (m pl), temps libre (m)
to freeze geler
fresh frais/fraîche
Friday vendredi (m)
fridge frigo (frigidaire) (m)
friend ami(e) (m/f), copain/copine (m/f)
friendly amical, sympa, sympathique
to be frightened (of) avoir peur (de)
frightening effrayant
frog grenouille (f)
from de, de la part de **(a person)**, à partir de **(starting from)**, depuis **(time)**
at the front à l'avant
in front of devant
frost gel (m), gelée (f)
fruit fruit (m)
full complet, plein **(not food)**, j'ai assez mangé **(have eaten enough)**
full board pension complète (f)
fun amusant, drôle, marrant
funny comique, drôle, rigolo; bizarre **(strange)**
furious furieux/-ieuse
furnished meublé
(piece of) furniture meuble (m)
further to suite à
(in the) future (à l')avenir (m)

G

game (card/board/video) jeu (de cartes/de société/vidéo) (m)
games console console de jeu (f)
games room salle de jeux (f)
garage, repair workshop garage (m)
garden jardin (m)
gardening jardinage (m)
garlic ail (m)
gate barrière (f), grille (de sécurité) (f)
in general, generally en général, généralement
generous généreux/-euse
gentle doux/douce
geography géographie (f)
Germany, German Allemagne (f), allemand(e)
to get devenir **(become)**, recevoir **(receive)**, obtenir **(obtain)**
to get a suntan (se) bronzer
to get angry se fâcher, se mettre en colère
to get by se débrouiller
to get changed se changer
to get dressed s'habiller
to get off descendre
to get on (with) s'entendre (avec)
it gets on my nerves ça m'énerve
to get on/in monter sur/dans
to get to know faire la connaissance de
to get up se lever
to get used to s'habituer à
gifted, talented doué
ginger (hair) roux
girl fille (f)
girlfriend petite amie/copine (f)
gîte gîte (m)
to give donner, offrir **(presents)**
to give back rendre
glad(ly) content, avec plaisir
glass (drink, material) verre (m)

glasses (sunglasses) lunettes (f pl) (de soleil)
global warming réchauffement de la terre (m)
glove gant (m)
to go aller
to go along (in a car) rouler
to go away s'en aller
to go back retourner
to go back (home/school) rentrer
to go down descendre
to go for a walk faire une promenade, se promener
to go in entrer
to go out sortir
to go shopping faire les magasins (e.g. clothes), faire les courses (e.g. food)
to go to bed se coucher
to go to sleep s'endormir
to go up, to climb monter
goal but (m)
gold (en) or (m)
good bon(ne) (adj.), bien (adv.)
to be good weather faire beau
good at … fort en …
good evening bonsoir
good idea bonne idée
good luck bonne chance
good night bonne nuit
good value avantageux/-euse, d'un bon rapport qualité-prix
goodbye au revoir
grandchild petit(e)-enfant (m/f)
granddaughter petite-fille (f)
grandfather grand-père (m), Papy (m)
grandmother grand-mère (f), Mamie (f)
grandparents grands-parents (m pl)
grandson petit-fils (m)
grape raisin (m)
grapefruit pamplemousse (m)
grass herbe (f)
grateful reconnaissant
great extra, formidable, génial, super
Great Britain, British Grande-Bretagne (f), britannique
Greece, Greek Grèce (f), grec/grecque
green vert
greenhouse effect effet de serre (m)
grey gris
grocer épicier/-ière (m/f)
grocer's shop épicerie (f)
ground terre (f)
ground floor rez-de-chaussée (m)
group (band) groupe (m), bande (f) (friends)
to guess deviner
guest invité(e) (m/f)
guilty coupable
guinea pig cobaye (m), cochon d'Inde (m)
guitar guitare (électrique) (f)
gymnasium gymnase (m)
gymnastics gymnastique (f)

H

hair cheveux (m pl)
hairbrush brosse à cheveux (f)
hairdresser coiffeur/-euse (m/f)
hairdryer sèche-cheveux (m)
half demi, moitié (f)
half-board demi-pension (f)
half-brother demi-frère (m)
half-sister demi-sœur (f)
half-time (sport) mi-temps (f)
hall (entrance) vestibule (m)
ham jambon (m)
hand main (f)
happiness bonheur (m)
happy content, heureux/-euse
Happy Birthday Bon anniversaire
Happy Christmas Joyeux Noël
Happy New Year Bonne année
Happy Saint's Day Bonne fête
hard difficile, dur
hardworking travailleur/-euse
hat chapeau (m)
to hate détester
to have avoir
to have (tea/breakfast) prendre (le goûter/le petit déjeuner)
to have a break faire une pause

have a good holiday bonnes vacances
have a good journey/trip bon voyage
to have a lie in faire la grasse matinée
to have to (must) devoir
head tête (f)
headache mal à la tête (m)
headteacher directeur/-trice (m/f)
health (in good/bad health) santé (en bonne/mauvaise santé) (f)
healthy sain, en bonne santé
to hear entendre
heart cœur (m)
heat chaleur (f)
to heat chauffer
heating (central) chauffage (central) (m)
heavy (weight) lourd
height hauteur (f), taille (f) (size)
hello, good day bonjour, allô (on phone)
helmet casque (m)
help aide (f), secours (m)
to help aider
helping hand coup de main (m)
helping (portion) portion (f)
here ici
here you are voici
hi salut
to hide cacher
high haut
high school (technical) lycée (technique) (m)
high speed train TGV (train à grande vitesse) (m)
hike randonnée (f)
hill colline (f)
to hire louer
historical historique
history histoire (f)
a hit (song) tube (m)
to hit frapper
hobby passetemps (m)
hockey hockey (m)
to hold tenir
holiday vacances (f pl), jour férié (m) (public)
Holland, Dutch Hollande (f), hollandais(e)
home (at/going) à la maison, chez moi
home page page d'accueil (f)
homework devoirs (m pl)
honest honnête
honey miel (m)
hooded top pull à capuche (m)
hooligan voyou (m)
to hoover passer l'aspirateur
to hope espérer
horror film film d'horreur (m)
horse-riding équitation (f)
horse(s) cheval (pl chevaux) (m)
hospital hôpital (m)
hospitality hospitalité (f)
hot chaud; piquant, épicé (spicy)
hot chocolate chocolat chaud (m)
hotel hôtel (m)
hour heure (f)
house (detached/semi/terraced) maison (individuelle/jumelée/mitoyenne) (f)
housewife/househusband femme/homme au foyer (f/m)
to do housework faire le ménage
how? comment?
how much/many? combien (de)?
how much is it? c'est combien? ça fait combien?
however cependant, pourtant
huge énorme
hunger faim (f)
to be hungry avoir faim, être affamé
to hurry se dépêcher
in a hurry pressé
to hurt (e.g. my arm hurts) faire mal
husband mari (m)

I

i.e. c'est-à-dire
ICT informatique (f)
ice (black) verglas (m)
ice rink patinoire (f)
ice, ice cream glace (f)
to ice-skate faire du patinage/du patin à glace
icon icône (f)
idea idée (f)

identity card carte/pièce d'identité (f)
if si
ill malade
illness maladie (f)
immediately immédiatement, tout de suite
impolite impoli
to improve améliorer
in dans, en
included, including (y) compris, inclus
to increase augmenter
India, Indian Inde (f), indien(ne)
industrial industriel(le)
industry industrie (f)
information (office) (bureau des) renseignements (m pl)
inhabitant habitant (m)
inline skates rollers (m pl)
to do inline skating faire du roller
insect insecte (m)
inside à l'intérieur, dedans
inspector inspecteur/-trice (m/f)
instead of au lieu de
instructor moniteur/-trice (m/f)
instrument instrument (m)
to intend avoir l'intention de, compter
interest intérêt (m)
it doesn't interest me ça ne me dit rien
to be interested in s'intéresser à
interesting intéressant
internet Internet
internet page page Internet
interview interview (f), entretien (m) (job)
iPod™ iPod™ (m)
Ireland, Irish (Northern) Irlande (f), irlandais(e) (du Nord)
to iron faire du repassage
island île (f)
Italy, Italian Italie (f), italien(ne)

J

jacket veste (f), veston (m), blouson (m) (casual)
jam confiture (f)
Japan, Japanese Japon (m), japonais(e)
jar pot (m)
jealous jaloux/-ouse
jeans jean (m)
jewel, piece of jewellery bijou (m)
jeweller's bijouterie (f)
Jewish juif/-ive
job emploi (m), (petit) boulot (m)
journalist journaliste (m/f)
journey (return) voyage (m) (de retour), trajet (m) (short)
juice (fruit/orange) jus (de fruit/ d'orange) (m)
to jump sauter
jumper pull, pullover (m)

K

to keep garder
key clé, clef (f), touche (f) (of keyboard)
keyboard clavier (m)
keyring porte-clés (m)
kick coup de pied (m)
kilometre kilomètre (m)
kind aimable, gentil(le)
kind regards bien à vous, cordialement
to kiss embrasser, faire la bise
kitchen cuisine (f)
knee genou (m)
knife couteau (m)
knitting tricot (m)
to knock frapper
to know connaître (a person); savoir (a fact)

L

laboratory laboratoire (m)
ladder échelle (f)
lady dame (f)
lake lac (m)
lamb agneau (m)
lamp lampe (f)
to land atterrir
landscape paysage (m)
(cycle) lane piste (cyclable) (f)
bus lane couloir d'autobus (m)
(foreign) language langue (f) (étrangère)
laptop portable (m)
last dernier/-ière

to **last** durer
at **last** enfin, finalement
late en retard
later plus tard
to **laugh (it makes me laugh)** rire
(ça me fait rire)
law loi (f)
lawn pelouse (f)
lawyer avocat (m)
lazy paresseux/-euse
to **lead** mener
leaf (of paper) feuille (f) (de papier)
leaflet brochure (f), dépliant (m)
league ligue (f)
to **learn** apprendre
the **least** le moins
to **leave (an object/behind)** laisser
to **leave (place)** quitter
to **leave (go away)** partir
(on the) **left** (à) gauche
left luggage (locker) consigne (f)
(automatique)
leg jambe (f)
leisure activities loisirs (m pl),
passetemps (m pl)
leisure centre centre de loisirs (m)
lemon citron (m)
lemonade limonade (f)
to **lend** prêter
less moins
less (than) moins (que/de)
lesson cours (m), leçon (f)
to **let** permettre **(allow)**, louer **(rent out)**
letter lettre (f)
letter box boîte aux lettres (f)
lettuce laitue (f), salade (f)
level niveau (m)
level crossing passage à niveau (m)
library bibliothèque (f), CDI (centre de
documentation et d'information) (m)
(school)
life vie (f)
lift ascenseur (m)
to **light** allumer
light lumière (f)
light clair **(colour)**, léger **(weight/wind)**
lightning éclair (m)
like (as) comme
to **like (to)** aimer
I **like it (very much)** ça me plaît (beaucoup)
likeable aimable
line ligne (f)
to **line up** mettre en ligne, faire la queue
link (online) lien (m)
lip lèvre (f)
lipstick rouge à lèvres (m)
to **listen (to)** écouter
little petit
a **little** un peu (de)
to **live** habiter, loger, vivre **(be alive)**
lively animé, vif/vive
living room salle de séjour (f)
to **load** charger
located situé
locked fermé à clef
London Londres
long long(ue)
a **long time** longtemps
to **look after** s'occuper de
to **look at** regarder
to **look for** chercher
to **look forward to** attendre avec impatience
to **look like** ressembler à
lorry camion (m), poids lourd (m)
to **lose** perdre
lost perdu
lost property office bureau des objets
trouvés (m)
a **lot (of)** beaucoup (de), plein de
lounge salon (m)
lousy nul(le)
to **love** aimer
love, in love with amour (m),
amoureux/-euse de
low bas(se)
luck chance (f)
luggage bagages (m pl)

lunch déjeuner (m)
to have **lunch** déjeuner
lunch break pause de midi (f), pause
déjeuner (f)

Ⓜ

mad fou/folle
magazine magazine (m), revue (f)
magical magique
magnificent magnifique
mail (email) courrier (électronique) (m),
(mail (m))
main principal
main course plat principal (m)
main road route nationale (f)
majority plupart (f), majorité (f)
make (brand) marque (f)
make-up maquillage (m)
man homme (m)
to **manage** se débrouiller **(get by)**, diriger
(company)
manager cadre (m), gérant (m)
manner (way) manière (f)
map carte (f), plan (de la ville) (m)
mark (out of 20) note (f) (sur 20)
market marché (m)
marmalade confiture d'oranges (f)
marriage mariage (m)
married marié
to get **married** se marier
to **marry** épouser
marvellous merveilleux/-euse
mashed potato purée (f)
match match (m)
material (fabric) tissu (m)
maths maths, mathématiques (f pl)
it doesn't **matter** ça ne fait rien
maybe peut-être
mayor maire (m)
meal repas (m)
to **mean** vouloir dire
meat viande (f)
mechanic mécanicien(ne) (m/f)
media studies études (f pl) des médias
medication médicament (m)
Mediterranean Sea mer Méditerranée (f)
medium moyen(ne)
medium height/length de taille/longueur
moyenne
to **meet** rencontrer **(by chance)**,
se retrouver **(by intention)**,
aller chercher **(pick up, fetch)**
meeting réunion (f), rencontre (f) **(casual)**,
rendez-vous (m) **(at a place)**
menu carte (f)
menu (fixed price/of the day) menu (à prix
fixe/du jour) (m)
metro métro (m)
midday midi (m)
middle centre (m), milieu (m)
in the **middle of** au milieu de, en train de (faire)
midnight minuit (m)
mild doux/douce
milk lait (m)
mind esprit (m)
I don't **mind** ça m'est égal
mine à moi
mineral water eau minérale (f)
minus moins
mirror glace (f), miroir (m)
miss mademoiselle (f)
to **miss** manquer, rater
mistake erreur (f), faute (f)
mixed mixte
mobile phone portable (m)
model mannequin (m) **(fashion)**,
maquette (f) **(structure)**
modern moderne
modern languages langues vivantes (f pl)
moment instant (m)
at the **moment** en ce moment
Monday lundi (m)
(pocket)**money** argent (m) (de poche)
month mois (m)
mood (in a good/bad mood) humeur (f)
(de bonne/mauvaise humeur)
more plus (de), encore (de)
more (than) plus (que)

more or less à peu près
(in the) **morning** (le) matin (m)
Morocco, Moroccan Maroc (m), marocain(e)
mosque mosquée (f)
the **most** le plus
mother mère (f)
mother-in-law belle-mère (f)
motor moteur (m)
motorbike moto (f)
motorcyclist motocycliste (m/f)
motorway autoroute (f)
mountain montagne (f)
mountain bike VTT (vélo tout terrain) (m)
mountaineering alpinisme (m)
mouse souris (f)
mouse click clic (m)
mouth bouche (f)
to **move** bouger, rouler **(traffic)**
to **move house** déménager
MP3 player lecteur MP3 (m)
Mrs madame (f)
much, many beaucoup (de)
mum maman (f)
museum musée (m)
mushroom champignon (m)
music (classical/folk/pop) musique
(classique/folklorique/pop) (f)
musician musicien(ne) (m/f)
Muslim musulman
mussel moule (f)
must (to have to) devoir
mustard moutarde (f)
mysterious mystérieux/-ieuse

Ⓝ

narrow étroit
nasty méchant, vilain
naughty méchant
near (to) près de
nearby près d'ici
it is **necessary to** il faut, il est nécessaire de
neck cou (m)
necklace collier (m)
to **need** avoir besoin de, il (me, etc.) faut
neighbour voisin(e) (m/f)
neighbourhood quartier (m)
neither non plus
neither … nor … ne … ni … ni …
nephew neveu (m)
the **Netherlands** Pays-Bas (m pl)
network réseau (m)
never (ne …) jamais
never mind tant pis
new nouveau/nouvel/nouvelle, neuf/neuve
New Year nouvel an (m)
New Year's Day jour de l'An (m)
New Year's Eve Saint-Sylvestre (f)
news informations (f pl), nouvelles (f pl),
actualités (f pl)
newsagent's and bookshop maison de la
presse (f)
newspaper(s) journal (journaux) (m)
newspaper stand kiosque à journaux (m)
next ensuite, puis, prochain (adj.)
the **next day** le lendemain (m)
next year l'année prochaine (f)
next to à côté de
nice agréable, gentil(le), sympa
niece nièce (f)
(at) **night** (la) nuit (f)
nightclub boîte de nuit (f)
no non, (ne …) pas de
nobody (ne …) personne
no doubt sans doute
no more ne … plus
no one (ne …) personne
noise bruit (m)
noisy bruyant
north nord (m)
North America Amérique du Nord (f)
nose nez (m)
not pas
not any longer ne … plus
not at all pas du tout
not much pas grand-chose
not until pas avant
not yet pas encore
note note (f), billet (m) **(bank)**,
mot (m) **(message)**

notebook carnet (m)
nothing (ne …) rien
notice affiche (f), panneau (m)
to **notice** remarquer
novel roman (m)
now maintenant
now and again de temps en temps
number numéro (m), nombre (m) (de), chiffre (m)
nurse infirmier/-ière (m/f)
nursery school (école) maternelle (f)
nut (walnut) noix (f)

O

to **obey** obéir
obviously évidemment
occupied occupé
of de
of course bien entendu, bien sûr
to **offer** offrir
office bureau (m)
often souvent
oil huile (f), pétrole (m)
OK (agreeing) d'accord
old âgé, vieux/vieil/vieille/vieux, ancien/ne; avoir 16 ans **(to be 16 years old)**
old-fashioned démodé
on sur
on every side de tous côtés
on one hand/on the other hand d'un côté/d'un autre côté
on special offer en réclame, en promotion
on the phone à l'appareil (m)
on the other hand par contre
on the other side de l'autre côté
on the way en route
on time à l'heure
one more time encore une fois
onion oignon (m)
online en ligne
only ne … que, seulement
only child enfant unique (m/f)
open ouvert
to **open** (s')ouvrir
open (without obligation to buy) entrée libre
in the **open air** en plein air
opening (times) (heures d') ouverture (f)
opinion avis (m), opinion (f)
in my **opinion** à mon avis
opinion poll sondage (m)
opposite en face (de)
or ou
orange orange (f) **(fruit)**; orange (inv.) **(colour)**
orchestra orchestre (m)
to **order** commander **(food, etc.)**
in **order to** pour (+ infin.)
organisation organisation (f), organisme (m)
other autre
otherwise autrement
outdoors en plein air
outing excursion (f)
outside (à l')extérieur (m), (en) dehors (de), en plein air
(microwave) **oven** four (à micro-ondes) (m)
over par-dessus
over there là-bas
overcast (weather) couvert, gris
overloaded surchargé
own (adj.) propre
oyster huître (f)
ozone layer couche d'ozone (f)

P

to **pack** faire les valises
packet paquet (m)
pain douleur (f)
to be in **pain** avoir mal
it's a **pain in the neck** c'est casse-pieds
painting peinture (f)
pair paire (f)
palace palais (m)
pale pâle
pan casserole (f)
pancake crêpe (f)
pancake restaurant/stall crêperie (f)
paper papier (m)
parcel colis (m), paquet (m)
parents parents (m pl)

park jardin public (m), parc (m), espace vert (m)
partner partenaire (m/f)
part-time à temps partiel
party fête (f), surprise-partie (f), soirée (f)
to **pass (exam)** réussir, être reçu
passenger passager (m), voyageur (m)
passport passeport (m)
password mot de passe (m)
(in the) **past** (dans le) passé (m)
pasta pâtes (f pl), nouilles (f pl)
pastime passetemps (m)
pâté pâté (m)
patient (adj.) patient
pavement trottoir (m)
paw patte (f)
to **pay (for)** payer
to **pay attention** faire attention
PE EPS (éducation physique et sportive) (f)
peace paix (f)
peaceful paisible, tranquille
peach pêche (f)
pear poire (f)
peas petits pois (m pl)
pedestrian piéton(ne) (m/f)/(adj.)
pen stylo (m), bic (m)
pencil crayon (m)
penfriend correspondant(e) (m/f)
people gens (m pl), peuple (m)
pepper poivre (m)
perfect parfait
perfume parfum (m)
perfume shop/department parfumerie (f)
perhaps peut-être
person personne (f), être humain (m)
personality personnalité (f)
petrol station station-service (f)
to **phone** téléphoner
photo(graph) photo (f)
photocopy photocopie (f)
photographer photographe (m/f)
photography photographie (f)
physical activity activité physique (f)
physics physique (f)
piano piano (m)
picnic piquenique (m)
picture image(f), tableau (m)
pie tarte (f)
piece morceau (m)
piece of paper feuille de papier (f)
piece of written work copie (f)
(ear) **piercing** piercing (m) (à l'oreille)
pile tas (m)
pilot pilote (m/f)
pineapple ananas (m)
pink rose
that's a **pity** c'est dommage (m)
place endroit (m), lieu (m)
to **place** poser
plan projet (m)
planned prévu
plant plante (f)
plaster sparadrap (m) **(sticking)**; plâtre (m) **(cast)**
plastic (en) plastique (m)
plate assiette (f)
platform quai (m)
play (drama) pièce (f)
to **play (sport/instrument)** jouer à/de
player (person) joueur/-euse (m/f)
playground cour (f)
pleasant agréable
please s'il te/vous plaît
pleased content
(with) **pleasure** (avec) plaisir (m)
plum prune (f)
plumber plombier/-ière (m/f)
pocket poche (f)
Poland, Polish Pologne (f), polonais(e)
police police (f)
police officer agent de police (m/f), policier/-ière (m/f)
police station commissariat (de police) (m), gendarmerie (f)
polite poli
polluted pollué
poor pauvre

pork porc (m)
pork butcher's charcuterie (f)
port port (m), gare maritime (f)
Portugal, Portuguese Portugal (m), portugais(e)
to **post** mettre à la poste, poster
post (office) poste (f)
postcard carte postale (f)
postcode code postal (m)
poster affiche (f), poster (m)
postman facteur (m)
pot pot (m)
potato (boiled) pomme de terre (f) (à l'eau)
pound livre sterling (f)
poverty pauvreté (f)
powder poudre (f)
practical pratique
prawn crevette (f)
to **prefer** préférer
to **prepare** préparer
present cadeau (m) **(gift)**, présent (m) **(now)**
to **press** appuyer, pousser
the **press** presse (f)
pretty joli
to **prevent** empêcher
price prix (m) (d'entrée) **(admission)**; tarif (m) (réduit) **(reduced)**
to **print** imprimer
printer imprimante (f)
private privé
prize prix (m)
problem problème (m)
programme programme (m) **(events)**, émission (f) **(TV)**
programmer (computer) programmeur/-euse (m/f)
project projet (m), dossier (m) **(school)**
to **promise** promettre
to **protect** protéger
proud fier/fière
public public/-ique, municipal
public holiday jour férié (m)
public transport transports en commun (m pl)
to **pull** tirer
pupil élève (m/f)
purchase achat (m)
purple violet(te); pourpre
purse portemonnaie (m)
to **put (down)** poser
to **put (on)** mettre, s'habiller en **(clothes)**
to **put back** remettre
to **put money aside** mettre de l'argent de côté
to **put on make-up** se maquiller
to **put up with** supporter
pyjamas pyjama (m)

Q

quarter quart (m)
to **queue** faire la queue
quick(ly) rapide(ment), vite
quiet calme, tranquille
to be **quiet** se taire
quite assez
quite a lot of pas mal de
TV **quiz show** jeu télévisé (m)

R

rabbit lapin (m)
race course (f)
racquet raquette (f)
(on the) **radio** (à la) radio (f)
railway chemin de fer (m)
rain pluie (f)
to **rain** pleuvoir
raincoat imper(méable) (m)
rainy pluvieux
raisin raisin (sec) (m)
rap rap (m)
raspberry framboise (f)
rather plutôt
raw cru
RE éducation/instruction religieuse (f)
to **read** lire
reading lecture (f)
ready prêt
ready-cooked meal plat cuisiné (m)
real réel(le)
really franchement, vraiment
reason raison (f)

receipt reçu (m)
to receive recevoir
recently récemment
reception réception (f)
receptionist réceptionniste (m/f), hôtesse d'accueil (f)
recipe recette (f)
to record enregistrer
recorder (wind instrument) flûte à bec (f)
recyclable recyclable
to recycle recycler
recycling centre centre de recyclage (m)
red rouge
red (hair) roux/rousse
referee arbitre (m)
refugee réfugié (m)
to refund rembourser
regular régulier/-ière
relatives parents (m pl)
to relax (se) détendre, se relaxer
religion religion (f)
religious religieux/-ieuse
to rely on compter sur
to remember se rappeler, se souvenir de
to remove enlever
renewable renouvelable
to rent louer
repair réparation (f)
to repair réparer
reply réponse (f)
to reply répondre
to research rechercher
to resemble ressembler à
reservation réservation (f)
resident habitant (m)
responsible responsable
rest reste (m) (remainder), repos (m)
to rest (se) reposer
restaurant restaurant (m)
result résultat (m)
to retake a year (school) redoubler
retired à la retraite
return aller-retour (m) (ticket), retour (m) (journey)
to return rentrer, revenir, retourner
to revise réviser
rewarding enrichissant
rice riz (m)
(go for a) ride (bike) (faire une) promenade (f) à vélo
to ride (horse) monter à cheval
ridiculous ridicule
right bon(ne), correct
(on the) right (à) droite (f)
to be right avoir raison
ring anneau (m), bague (f)
to ring sonner
risk risque (m)
river rivière (f) (small), fleuve (m) (large)
road route (f), rue (f) (street)
road map carte routière (f)
roast rôti
rock (musical) rock (m)
rock climbing escalade (f)
roller skates patins à roulettes (m pl)
romantic film film romantique (m)
roof toit (m)
room place (f) (space); pièce (f), chambre (f) (double/de famille/ familiale) (in building)
roughly à peu près
round rond
roundabout rond-point (m) (traffic); manège (m) (fair)
route (bus, etc.) ligne (f) (d'autobus, etc.)
to rub out effacer
rubbish déchets (m pl), ordures (f pl),
it was rubbish c'était nul
rucksack sac à dos (m)
rude impoli
rule, ruler règle (f)
rules, regulations règlement (m)
to run courir
running course(f) (sport)
rush hour heures d'affluence/de pointe (f pl)
Russia, Russian Russie (f), russe

S

sad triste
to safeguard sauvegarder
safety sécurité (f)
to sail faire de la voile
sailing voile (f)
salad salade (f)
sale vente (f)
sales soldes (m pl)
salmon saumon (m)
salt sel (m)
same même
all the same quand même
at the same time à la fois, en même temps
sand sable (m)
sandal sandale (f)
sanitary towels serviettes hygiéniques (f pl)
sardine sardine (f)
Saturday samedi (m)
sauce sauce (f)
sausage saucisse (f)
to save sauvegarder, sauver
to save (money) faire des économies (f pl), économiser
sax(ophone) saxo(phone) (m)
to say dire
scarf écharpe (f), foulard (m)
scary effrayant
scenery paysage (m)
school (primary/nursery/private) école (f) (primaire/maternelle/privée)
school (secondary 11–15 approx.) collège (m), CES (collège d'enseignement secondaire)
school (secondary 16–19 approx.) lycée (m)
school (year/uniform) (année/uniforme) scolaire
school bus car de ramassage (m)
school hall grande salle (f)
school report bulletin scolaire (m)
schoolbag cartable (m)
science sciences (f pl)
science-fiction film film de science-fiction (m)
scientist scientifique (m/f), homme/femme de science (m/f)
scissors ciseaux (m pl)
scooter scooter (m), mobylette (f)
to score (a goal) marquer (un but)
Scotland, Scottish Écosse (f), écossais(e)
scout scout (m)
screen écran (m)
sea mer (f)
seafood fruits de mer (m pl)
seasickness mal de mer (m)
seaside bord de la mer (m)
seaside resort station balnéaire (f)
season saison (f)
seat place (f), siège (m)
seat belt ceinture de sécurité (f)
second deuxième, seconde
to see voir
see you à plus tard
see you later à tout à l'heure
see you soon à bientôt
see you tomorrow à demain
to seem (like) paraître, sembler
to seize saisir
self-service libre-service (m), self (m) (restaurant)
to sell vendre
seller marchand(e) (m/f)
to send envoyer
sensational sensass, sensationnel(le)
sense of humour sens de l'humour (m)
sentence phrase (f)
separated séparé
serial (TV) feuilleton (m)
(police) series série (f) (policière)
serious grave, sérieux/-ieuse
to serve servir
service (not) included service (non) compris
to set off se mettre en route
several plusieurs
severe sévère
sewing couture (f)
sewers les égouts (mpl)

sewing machine machine à coudre (f)
shade ombre (f)
shadow ombre (f)
to shake hands serrer la main
that's a shame (c'est) dommage (m)
shampoo shampooing (m)
shape forme (f)
to share partager
sheep mouton (m)
shelf étagère (f), rayon (m)
to shine briller
shirt chemise (f)
shoe chaussure (f)
shop magasin (m), boutique (f), commerce (m)
shop assistant vendeur/-euse (m/f)
shopping courses (f pl)
shopping centre centre commercial (m)
shopping trolley chariot (m)
short court
shorts short (m), culotte (f)
shoulder épaule (f)
to shout, to scream crier
show spectacle (m)
to show indiquer, montrer
shower douche (f)
to have a shower se doucher
shower (rain) averse (f)
showers/toilets block bloc sanitaire (m)
showing (at cinema) séance (f)
shutter volet (m)
shuttle (bus) navette (f)
shy timide
side bord (m), côté (m)
at the side of au bord de
sideboard buffet (m)
sign signe (m), panneau (m)
silent silencieux/-ieuse
silk soie (f)
silly bête, stupide
silver argent (m)
similar semblable
since depuis
since (because) puisque
to sing chanter
singer chanteur/-euse (m/f)
single (person) célibataire (adj.) (n m/f)
single (ticket) aller simple (m)
single-parent (family) (famille) monoparental
sir/Mr monsieur
sister sœur (f)
sister-in-law belle-sœur (f)
to sit down s'asseoir
situated situé
to be situated se trouver, être situé
in the sixth form (in school) en première, en terminale
sixth form college lycée (m)
size taille (f), pointure (f) (shoes)
to skate faire du patin
skateboard planche à roulettes (f)
skateboarding skate (m)
skating patinage (m)
to ski faire du ski (m)
ski instructor moniteur/-trice de ski (m/f)
ski resort station de ski (f)
skin peau (f)
skinny maigre, mince
skirt jupe (f)
sky ciel (m)
to sleep dormir
sleep (to be sleepy) sommeil (m) (avoir sommeil)
sleeping bag sac de couchage (m)
slice tranche (f), rondelle (f) (round)
slim mince
slow(ly) lent(ement)
small petit
smart élégant, chic
smell odeur (f)
to smell sentir
to smile sourire
snack casse-croûte (m)
snack bar buffet (m), snack (m)
snail escargot (m)
snake serpent (m)
snooker snooker (m), billard (m)

Anglais–français

snow neige (f)
to **snow** neiger
snowboarding le snowboard (m)
so donc **(therefore)**, alors **(well)**
so (tall, etc.) si, tellement
soap savon (m), feuilleton (m) **(TV serial)**
social media médias sociaux (mpl)
social network réseau social (m)
social worker assistant social (m)
sock chaussette (f)
socket prise (f) (de courant)
sofa canapé (m)
soldier militaire, soldat (m)
some du/de la/de l'/des, quelques
somehow (or other) d'une façon ou d'une autre
someone quelqu'un
something quelque chose
sometimes parfois, quelquefois
somewhere quelque part
son fils (m)
(pop) song chanson (f) (pop)
soon bientôt
to have a **sore throat** avoir mal à la gorge
sorry désolé, excusez-moi, pardon
to be **sorry** regretter
sort, kind espèce (f)
so-so comme ci comme ça
sound son (m)
soup soupe (f), potage (m)
south sud (m)
South America Amérique du Sud (f)
the **south of France** Midi (m)
souvenir souvenir (m)
space espace (m)
spaghetti spaghettis (m pl)
Spain, Spanish Espagne (f), espagnol(e)
to **speak** parler
special offer offre spéciale (f), réclame (f), promotion (f)
speciality spécialité (f)
spectator spectateur (m)
speed vitesse (f)
to **spend (money)** dépenser
to **spend (time doing sth)** passer (le temps à faire qch)
spicy épicé
spinach épinards (m pl)
in **spite of** malgré
to **spoil** gâcher
spoon cuillère (f), cuiller (f)
to do **sport** pratiquer un sport
sport (winter/water) sport (m) (d'hiver/ nautique)
sports centre centre sportif (m)
sports equipment articles de sport (m pl)
sports ground terrain de sport (m)
sports shirt maillot de sport (m)
sporty sportif/-ive
(in) spring (au) printemps (m)
sprouts choux de Bruxelles (m pl)
square (shape) carré
(market) square place (f) (du marché)
stadium stade (m)
staff room salle des professeurs (f)
stair marche (f)
staircase escalier (m)
stamp timbre (m)
to **stand up** se lever
(to be) standing (être) debout
star étoile (f) **(in sky)**, vedette (f), star (f) **(celebrity)**
start début (m)
to **start** commencer **(begin)**; démarrer **(car)**
starter entrée (f), hors-d'oeuvre (m)
state état (m)
station gare (f) **(train)**, station (f) (de métro) **(underground)**
stationer's papeterie (f)
stay séjour (m)
to **stay** rester, loger
steak bifteck (m)
stepbrother demi-frère (m)
stepfather beau-père (m)
stepmother belle-mère (f)
stepsister demi-sœur (f)
to **stick** coller

still encore, toujours
sting piqûre (f)
stomach ventre (m), estomac (m)
stomach ache mal à l'estomac/au ventre
stone pierre (f)
(bus) stop arrêt (m) de bus
to **stop** (s')arrêter, cesser de **(doing sth)**
storey (see floor) étage (m)
storm tempête (f)
stormy orageux/-euse
story histoire (f)
straight (ahead) (tout) droit
straight (hair) raide
straight away tout de suite
strange étrange
stranger étranger/-ère (m/f)
strawberry fraise (f)
street rue (f)
strict sévère
striped rayé
strong fort
student étudiant(e) (m/f)
studies études (f pl)
study bureau (m) **(room)**, étude (f) **(work period)**
to **study** étudier, faire des études
to **study for an exam** préparer un examen
stuff affaires (f pl)
stupid idiot, stupide, bête
subject sujet (m)
school subject (option/core) matière (f) (facultative/obligatoire)
subtitled sous-titré
suburb banlieue (f)
to **succeed** réussir à, être reçu
suddenly soudain, tout à coup
sugar sucre (m)
to **suggest** proposer, suggérer
suit (men's) complet (m)
suitcase valise (f)
sum calcul (m), somme (f) **(total)**
(in) summer (en) été (m)
summer camp colonie de vacances (f), camp d'ado (m) **(teenage camp)**
summit sommet (m)
sun soleil (m)
to **sunbathe** prendre un bain de soleil
sunburn coup de soleil (m)
Sunday dimanche (m)
sunny ensoleillé
sunny interval éclaircie (f)
supermarket supermarché (m)
supplement supplément (m)
sure sûr, certain
to **surf (the internet)** surfer (sur Internet)
surfboard planche de surf (f)
to go **surfing** faire du surf (m)
surgery cabinet (m)
surname nom (de famille) (m)
to **surprise** surprendre
surprising étonnant
surrounded (by) entouré (de)
survey enquête (f), sondage (m)
sweater pull (m), pullover (m)
sweatshirt sweat(shirt) (m)
sweet sucré (adj)
sweets bonbons (m pl), sucreries (f pl)
sweet shop confiserie (f)
to **swim** nager, se baigner
swimming natation (f)
swimming pool (open air) piscine (f) (en plein air)
swimsuit maillot de bain (m)
to **switch on** allumer
Switzerland, Swiss Suisse (f), suisse

Ⓣ

table table (f)
table tennis tennis de table (m)
tablecloth nappe (f)
tablet tablette (f)
tablet (medication) comprimé (m)
to **take** prendre
to **take (an exam)** passer
to **take off (plane)** décoller
to **take part** participer
takeaway meal repas à emporter (m)
to **talk** parler

talkative bavard
tall grand, haut
tap robinet (m)
tart tarte (f)
taste goût (m)
to **taste (good/bad)** avoir bon/mauvais goût
to **taste (try)** déguster, goûter à
tattoo tatouage (m)
taxi stand station de taxis (f)
tea goûter (m) **(afternoon snack)**; thé (m) **(drink)**
to **teach** enseigner
teacher professeur (m), instituteur/ -trice (m/f) **(primary school)**
team équipe (f)
technical college collège/lycée technique (m)
technician technicien(ne) (m/f)
teenager/adolescent ado, adolescent(e) (m/f)
television télévision (f), téléviseur (m) **(TV set)**
to **tell** raconter
temperature température (f)
to have a **temperature** avoir de la fièvre (f)
tent tente (f)
term trimestre (m)
terrace terrasse (f)
terrible affreux/-euse, terrible
test contrôle (m), épreuve (f)
text texte (m); texto (m) **(on a mobile phone)**
to **text** envoyer un SMS/texto
to **thank** remercier
thank you merci
that ça, cela
that is to say c'est-à-dire
theatre théâtre (m)
theft vol (m)
theme park parc d'attractions (m)
then alors, ensuite, puis, à ce moment-là
there y, là, voilà **(there you are)**
there is/are il y a
thick épais(se)
thief voleur (m)
thin mince, maigre
thing chose (f)
things affaires (f pl)
to **think** penser, réfléchir; croire **(believe)**
third troisième
to be **thirsty** avoir soif (f)
to **threaten** menacer
thriller roman/film à suspense (m)
throat gorge (f)
through par, à travers
to **throw (away)** lancer, jeter
thunder tonnerre (m)
thunderstorm orage (m)
Thursday jeudi (m)
ticket billet (m)
ticket inspector contrôleur (m)
ticket office guichet (m)
to **tidy up** ranger
tie cravate (f)
tiger tigre (m)
tight étroit, serré
till caisse (f)
time fois (f) **(occasion)**, heure (f) **(clock)**, temps (m) **(to do something)**
from **time to time** de temps en temps
one more **time** une fois de plus, encore une fois
timetable emploi du temps (m), horaire (m)
tin boîte (f)
tin opener ouvre-boîte (m)
tip astuce (f) **(suggestion)**; pourboire (m) **(money)**
tired fatigué
tiring fatigant
to à, en, pour **(in order to)**
toast pain grillé (m), toast (m)
toasted sandwich (with cheese and ham) croque-monsieur (m)
toaster grille-pain (m)
tobacco, tobacconist/stamp seller tabac (m), bureau de tabac (m)
today aujourd'hui
together ensemble
toilet paper papier hygiénique (m)
toilets toilettes (f pl), WC (m pl)

tomato tomate (f)
tomorrow demain
too (much) trop
too bad tant pis
tooth dent (f)
to have **toothache** avoir mal aux dents
toothbrush brosse à dents (f)
toothpaste dentifrice (m)
top sommet (m) **(hill, mountain)**; haut (m) **(clothing, page, wall, ladder)**
at the **top** en haut, au sommet
topic sujet (m)
tortoise tortue (f)
touch screen écran tactile (m)
tour tour (m), visite (guidée) (f)
to go on **tour** faire une tournée (f)
tourist boat on Seine bateau-mouche (m)
tourist information office bureau d'accueil/des renseignements (m), office de tourisme (m), syndicat d'initiative (m)
touristy touristique
towards vers
towel serviette (f)
tower tour (f)
town ville (f)
town centre centre-ville (m)
town hall hôtel de ville (m), mairie (f)
toy jouet (m)
track piste (f)
tracksuit jogging (m), survêtement (m)
traffic circulation (f)
traffic jam embouteillage (m), bouchon (m)
traffic lights feux (m pl)
tragic tragique
train (transport) train (m)
to **train (sport/music)** s'entraîner, s'exercer
trainers baskets (m/f pl), tennis (f pl)
training course stage (m), formation (f)
tram tramway (m)
to **translate** traduire
to **travel** voyager
travel agent's agence de voyages (f)
traveller voyageur (m/f)
tray plateau (m)
tree arbre (m), sapin de Noël (m) **(Christmas)**
trip excursion (f), randonnée (f), séjour (m), sortie (f), tour (m)
trombone trombone (m)
troublesome pénible
trousers pantalon (m)
trout truite (f)
true vrai
trumpet trompette (f)
truth vérité (f)
to tell the **truth** à vrai dire
to **try (to)** essayer (de + infin)
T-shirt tee-shirt (m)
tube tube (m), métro (m) **(underground)**
Tuesday mardi (m)
tuna thon (m)
Tunisia, Tunisian Tunisie (f), tunisien(ne)
turkey dinde (f)
to **turn** tourner
to **turn off (light, etc.)** éteindre
to **turn on (light, etc.)** allumer
TV viewer téléspectateur (m)
twin jumeau/jumelle (m/f)
twinned jumelé
type (kind) genre (m)
to **type** taper
tyre pneu (m)

U

ugly laid, vilain, moche
umbrella parapluie (m)
unbelievable incroyable
uncle oncle (m)
under sous, en dessous (de)
underground métro (m)
underground station station de métro (f)
to **understand** comprendre
unemployed au chômage, sans travail, chômeur
unemployment chômage (m)
unfit qui n'est pas en forme
unfortunately malheureusement

unhappy malheureux/-euse, mécontent
uniform uniforme (m)
uninteresting sans intérêt
United Kingdom Royaume-Uni (m)
United States États-Unis (m pl)
university université (f), fac(ulté) (f)
unknown inconnu
to **unpack** défaire sa valise
unpleasant désagréable
untidy désordonné
until jusqu'à (ce que)
up there là-haut
to **upload** mettre en ligne
upstairs en haut, au premier/deuxième/ etc. étage
USB stick clé USB (f)
to **use** se servir de, utiliser, employer
useful pratique, utile
useless inutile
usually d'habitude

V

Valentine's Day Saint-Valentin (f)
valid valable
to **validate (bus/rail ticket)** composter
valuable d'une grande valeur
van (delivery) camionnette (f)
vandalism vandalisme (m)
vanilla vanille (f)
varied varié
veal veau (m)
vegetable légume (m)
vegetarian végétarien(ne) (m/f)
vehicle véhicule (m)
very très
very near tout près
vet vétérinaire (m/f)
(sea) **view** vue (f) **(sur la mer)**
village village (m)
vinegar vinaigre (m)
violin violon (m)
virus virus (m)
visit visite (f)
to **visit** visiter **(place)**; rendre visite à **(people)**; aller sur un site **(internet)**
visitor visiteur/-euse (m/f)
vitamin vitamine (f)
vocabulary vocabulaire (m)
voice voix (f)
voice mail messagerie vocale (f)
volleyball volley (m)
voluntary work travail bénévole (m)

W

to **wait** attendre
waiter/waitress serveur/-euse (m/f)
waiting room salle d'attente (f)
to **wake up** se réveiller
Wales, Welsh pays de Galles (m), gallois(e)
to **walk** marcher, promener (le chien)
to have a **walk** se promener, faire une promenade
wall mur (m)
wallet portefeuille (m)
wallpaper papier peint (m)
to **want (to)** vouloir, désirer
war guerre (f)
war film film de guerre (m)
wardrobe armoire, garde-robe (f)
to **warn** prévenir, avertir **(inform)**
to **wash (oneself)** (se) laver
to **wash up** faire la vaisselle
washbasin lavabo (m)
to do the **washing** faire la lessive
washing machine machine à laver (f), lave-linge (m)
wasp guêpe (f)
to **waste** gaspiller
watch montre (f)
to **watch** regarder
mineral **water** eau minérale (f)
tap **water** eau du robinet (f)
to go **waterskiing** faire du ski nautique (m)
wave (sea) vague (f)
wavy ondulé
way façon (f), manière (f)
way out sortie (f)
WC WC (m pl)
weak, no good (at …) faible (en …)

to **wear** porter
weather temps (m)
weather forecast météo (f), prévisions météo (f pl)
the **web** Web (m)
webcam webcam (m)
webpage page Web (m)
website site Web (m)
wedding mariage(m), noces (f pl)
Wednesday mercredi (m)
week semaine (f)
weekend weekend (m)
to **weigh** peser
welcome accueil (m), bienvenue (f)
well alors
to be **well** aller bien
well behaved sage
well done! bravo!
well equipped bien équipé
well paid bien payé
west ouest (m)
wet mouillé
what? qu'est-ce que? qu'est-ce qui? quoi?
what a shame quel dommage
what day is it? c'est quel jour?
what does … mean? que veut dire … ?
what is it? qu'est-ce que c'est?
what is the date? c'est quelle date?
what's the matter? qu'est-ce qu'il y a?
what time is it? quelle heure est-il?
wheel roue (f)
when quand, lorsque
where (from)? (d')où?
which colour? de quelle couleur?
which? which one(s)? quel(s)/quelle(s)?, lequel/laquelle/lesquel(le)s?
whilst pendant que
white blanc/blanche
whiteboard (interactive) tableau blanc (interactif) (m)
who? qui?
whole entier/entière
why? pourquoi?
wide large
WiFi wifi (m)
widow, widower veuve (f), veuf (m)
wife épouse (f), femme (f)
wild sauvage
to **win** gagner, remporter (un prix) **(a prize)**
wind vent (m)
window fenêtre (f); vitre (f) **(of car)**; vitrine (f) **(of shop)**
to **windsurf** faire de la planche à voile
windsurfing planche à voile (f)
it's **windy** il y a du vent
wine vin (m)
(in) **winter** (en) hiver (m)
to **wish** vouloir, souhaiter
with avec
without sans
witness témoin (m)
woman femme (f)
wonderful merveilleux/-euse
wood bois (m)
wool laine (f)
word mot (m), parole (f)
word processing traitement de texte (m)
work travail (m), boulot (m) **(job)**
to **work** travailler
to **work (function)** marcher, fonctionner
worker ouvrier/-ière (m/f)
workshop atelier (m)
world monde (m)
worldwide mondial
worried inquiet/-iète
worry ennui (m), souci (m)
worse pire
the **worst** le pire
to **write** écrire
writer écrivain(e) (m/f), auteur(e) (m/f)
wrong faux/fausse, incorrect, mauvais
to be **wrong** avoir tort
wrong number faux numéro (m)

Y

year an (m), année (f)
in **Year 7/8/9/10** en sixième/
    cinquième/quatrième/troisième
in **Year 11/12/13** en seconde/première/
    terminale
yellow jaune
yes oui, si **(after negative, contradicting)**
yesterday hier
not **yet** pas encore
yoghurt yaourt (m)
young jeune
youth les jeunes (m pl), jeunesse (f)
youth club club/centre des jeunes (m),
    maison des jeunes (f)
youth hostel auberge de jeunesse (f)

Z

zone (pedestrian) zone (piétonne) (f)
zoo jardin zoologique (m), zoo (m)

Solutions

Un quiz sur la langue française (page 9)

1 a, **2** c, **3** b, **4** a, b, d

Les prénoms et les noms de famille (page 16)

1 M, **2** M, **3** F, **4** M+F, **5** M, **6** F

Le nom de famille le plus commun en France est 'Martin'.

Acknowledgements

Artwork by: OUP and Ellie Cullen – KJA Artists

Photographs

Cover: Shutterstock; **p8tl**: Tabitha Patrick/iStock; **p8tr**: Peeter Viisimaa/iStock; **p8bl**: Dave G. Houser/Corbis; **p8br**: Juanmonino/iStock; **p9a**: Heather Mascie-Taylor; **p9b**: dnaveh/Shutterstock; **p9t**: Heather Mascie-Taylor; **p9b**: Heather Mascie-Taylor; **p11l**: Heather Mascie-Taylor; **p11r**: Heather Mascie-Taylor; **p13**: Zurijeta/Shutterstock; **p14**: Monkey Business Images/Shutterstock; **p16a**: Donna Coleman/iStock; **p16b**: 4x6/iStock; **p16c**: Juanmonino/iStock; **p16d**: IndigoBetta/iStock; **p16e**: Juergen Hasenkopf/Alamy; **p16f**: Pixoi Ltd/Alamy; **p17**: RyFlip/Shutterstock; **p20**: Chris Schmidt/iStock; **p24(1)**: Yuri Hnilazub/iStock; **p24(2)**: Phil Augustavo/iStock; **p24(3)**: Fotosearch/Photo Library; **p24(4)**: Cristina Ciochina/iStock; **p24(5)**: Greg Panosian/iStock; **p24(6)**: Fotograffe K.J. Schraa/iStock; **p24(7)**: Shaun Dodds/iStock; **p24(8)**: Ingenui/iStock; **p24(9)**: Jean-Marc Truchet/Getty; **p24(10)**: Patrick Escudero/Hemis/Corbis; **p25l**: Johnny Greig/iStock; **p25r**: Chris Schmidt/iStock; **p26(1)**: Getty; **p26(2)**: Glenn Harper/Alamy; **p26(3)**: Fotosearch/Photo Library; **p26(4)**: abessess/iStock; **p26(5)**: Danita Delimont/Gallow Images/Getty; **p26(6)**: S. Greg Panosian/iStock; **p26(7)**: Patrick Escudero/Hemis/Corbis; **p26(8)**: Rosine Mazin/Photo Library; **p26(9)**: Mattes Ren/hemis.fr/Getty; **p26(10)**: jan888/iStock; **p28(a)**: CREATISTA/Shutterstock; **p28l**: Marc Grainger/Corbis; **p28m**: tillsonburg/iStock; **p28r**: AA World Travel Library/Alamy Stock Photo; **p28(d)**: Jorg Hackemann/Shutterstock; **p30m**: Sugar0607/iStock; **p30ml**: michaeljung/Shutterstock; **p30tl**: Fotosearch/Photo Library; **p30tr**: CREATISTA/Shutterstock; **p32t**: Tupungato/Shutterstock; **p32(a)**: Heather Mascie-Taylor; **p32(b)**: Heather Mascie-Taylor; **p32(c)**: Heather Mascie-Taylor; **p32(d)**: Heather Mascie-Taylor; **p32(e)**: Heather Mascie-Taylor; **p32(f)**: Heather Mascie-Taylor; **p34tr**: David Simson B-6490 Septon Dasphoto GB; **p34l**: Danita Delimont/Gallow Images/Getty Images; **p34r**: David Simson B-6490 Septon Dasphoto GB; **p35**: David Simson B-6490 Septon Dasphoto GB; **p36(1)**: Iakov Kalinin/Shutterstock; **p36(2)**: Kiev.Victor/Shutterstock; **p36(3)**: Ducept Pascal/hemis.fr/Getty; **p36(4)**: Luboslav Tiles/Shutterstock; **p36t**: Tim Macpherson/Getty; **p36b**: Scirocco340/Shutterstock; **p38tl**: Jeannette Meier Kamer/Shutterstock; **p38tr**: Michelangelo Gratton/Getty Images; **p38br**: gorillaimages/Shutterstock; **p38b**: Clive Brunskill/Staff/Getty Images; **p39tl**: Herge/Moulinsart 2011; **p39tr**: SND/Everett/Rex Features; **p39bl**: Lucky Comics, used with kind permission; **p39bm**: Peyo 2011, Licence IMPS (Bruxelles); **p39br**: Marsu 2011 by Franquin - www.gastonlagaffe.com; **p40(a)**: Moodboard RF/Photo Library; **p40(b)**: Wavebreak Media LTD/ Alloy/Corbis-42; **p40(c)**: Jill Kyle/iStock; **p40(d)**: Ollyy/Shutterstock; **p40(e)**: Chris Poletti/iStock; **p40(f)**: leungchopan/Shutterstock; **p42tl**: michaeljung/Shutterstock; **p42tr**: MJTH/Shutterstock; **p42br**: Fresh Picked/Alamy Stock Photo; **p43**: fStop Images/The Agency Collection/Getty; **p43(a)**: Hulton Archive/Getty; **p43(b)**: Constance Bannister Corp./Getty; **p43(c)**: George Marks/Retrofile RF/Getty; **p43(d)**: Matthew Ward/Dorling Kindersley/Getty; **p43(e)**: Hulton Archive/Getty; **p44(1)**: Corel; **p44(2)**: Rex Features; **p44(3)**: Ron Giling/Lineair/Photo Library; **p44(4)**: Nic Bothma/epa/Corbis; **p45**: Unicef (www.unicef.org); **p46tl**: Unicef (www.unicef.org); **p46tr**: Ron Giling/Lineair/Photo Library; **p46m**: INTERFOTO/Alamy Stock Photo; **p47**: Ignatius Wooster/Fotolia; **p48(2)**: TM and Copyright 20th Century Fox/Rex Features; **p48(5)**: Katie Hyams/ Getty Images; **p48(7)**: Christian Lohman/iStock; **p49l**: Christ Schmidt/iStock; **p49r**: Linda Kloosterhof/iStock; **p49b**: Photograph Franck Juery, Je ne t'aime pas, Paulus, Agnés Desarthe © 1991, l'École des loisirs, Paris, used with kind permission; **p50(a)**: TODAY/Rex Features; **p50(b)**: Sipa Press/Rex Features; **p50(c)**: Mary Evans Picture Library; **p50(d)**: Time & Life Pictures/Getty Images; **p52t**: A. T. Willett/Alamy Stock Photo; **p52b**: kavalenkava volha/Alamy Stock Photo; **p56t**: Jaques Loic/Photo Library; **p56l**: Jaques Loic/Photo Library; **p56r**: Robert Fried/Alamy; **p57l**: Jeff McDonald/iStock; **p57r**: Anton_Ivanov/Shutterstock; **p59**: Pamela Moore/iStock; **p60**: imageBROKER/Alamy Stock Photo; **p61**: dbimages/Alamy Stock Photo; **p66**: Denis Pepin/iStock; **p67(1)**: INTERFOTO/Alamy; **p67(2)**: INTERFOTO/Alamy; **p67(3)**: Ozgür Güvenç/Fotolia; **p67(4)**: abbesseš/iStock; **p68t**: © 2013 IMAV editions/Goscinny-Sempe; **p68m**: © 2013 IMAV editions/Goscinny-Sempe; **p70(1)**: Sunrise, 1872 (oil on canvas), Monet, Claude (1840-1926)/Musee Marmottan, Paris, France/Giraudon/The Bridgeman Art Library; **p70(2)**: Corel; **p70(3)**: Corel; **p70(4)**: Mont Sainte-Victoire, 1900 (oil on canvas), Cezanne, Paul (1839-1906)/Hermitage, St. Petersberg, Russia/The Bridgeman Art Library; **p71t**: The Red Room: Harmony in Red by Henri Matisse, IMAGE © Archives Matisse, Artwork © Succession H. Matisse/DACS London 2011; **p71b**: L'escargot, IMAGE c Tate, London 2011, Artwork © Succession H. Matisse/DACS London 2011; **p72(a - g)**: Futuroscope; **p74t**: Futuroscope; **p74b**: Futuroscope; **p75**: Futuroscope; **p76**: Futuroscope; **p79**: Steve Gray/iStockphoto; **p82**: CHICUREL Arnaud / hemis.fr/Getty Images; **p84t**: Futuroscope; **p84b**: Keith Gibson/www.photosfromfrance.co.uk; **p88(c)**: Tony Tremblay/iStockphoto; **p88(d)**: mountainberryphoto/iStockphoto; **p88(f)**: Tony Tremblay/iStockphoto; **p88(g)**: Tony Tremblay/iStockphoto; **p88(h)**: Canadian Press/Rex Features; **p90**: Michael Spencer; **p91t**: Catchlight Visual Services/Alamy; **p91b**: Cultura RM/Alamy; **p92t**: Heather Mascie-Taylor; **p92b**: Steve White/Rex Features; **p94l**: Sergiy Serdyuk/iStockphoto; **p94r**: Manor Photograhpy/Alamy; **p96**: Jacques LOIC/Getty Images; **p98**: Mark Dadswell/Getty Images; **p99**: iStockphotos; **p102**: MBI/Alamy Stock Photo; **p103(a - r)**: iStockphotos; **p108**: mikecphoto/Shutterstock; **p109**: Michael Haegele/Photo Library; **p110(2)**: Polina Parm/Shutterstock; **p110(3)**: Soare Cecilia Corina/Shutterstock; **p110(4)**: francesco de marco/Shutterstock; **p110(a)**: lazyllama/Shutterstock; **p110(b)**: Bart Broek/iStockphoto; **p114(1)**: Stockfolio/Alamy; **p114(2)**: Frank Mark Serge/iStockphoto; **p114(3)**: Pascal Rondeau/Allsport/Getty Images; **p114(4)**: Paul Shawcross/Alamy; **p117(1)**: Jeremy Edwards/iStockphoto; **p117(2)**: Phoenix Photos; **p117(3)**: Alibi Productions/Alamy; **p117(4)**: Wouter Van Caspel/iStockphoto; **p117(5)**: Stephen Zabe/iStockphoto; **p119**: Stockcam/iStockphoto; **p122t**: Shutterstock; **p122m**: oliveromg/Shuttestock; **p122b**: Fédération unie des auberges de jeunesse; **p125l**: Jasmin Merdan/Fotolia; **p125r**: Zurijeta/Shutterstock; **p130**: monregard/Fotolia; **p134**: pedrosala/Shutterstock; **p135**: Richard Cavalleri/Shutterstock

The authors and publisher are grateful for permission to reprint extracts from the following copyright material:

Éditions Gallimard for 'Chanson pour les enfants l'hiver' from *Histoires* by Jacques Prévert

IMAV éditions for 'On a eu l'inspecteur' from *Le Petit Nicolas et les copains* by René Goscinny and Jean-Jacques Sempé

Archives de la Société de transport de Montréal for 'Attention! Pollution!' audio and text

Fondation Maurice Carême for 'Le Hibou' from *L'arlequin* by Maurice Carême

Éditions Gallimard for 'L'oiseau du Colorado' from *La Ménagerie de Tristan* by Robert Desnos

IMAV éditions for 'La plage, c'est chouette' from *Les vacances du Petit Nicolas* by René Goscinny and Jean-Jacques Sempé

Futuroscope for the adapted texts on the Futuroscope theme park, unit 5

The publisher and authors would like to thank the following for their help and advice during the development of the course: Hilary Attlee of Pates Grammar School, Cheltenham; Jackie Coe; Steven Smith; Sylvia Gibson of Stockport Grammar School; Ruth Smith of Royal Grammar School, High Wycombe; Sara McKenna; Bethany Honnor; Kate Scappaticci and Vee Harris; Michel, Brigitte, Cecile and Sophie Denise; Claude, Wendy and Charlotte Ribeyrol.

Audio recordings produced by Colette Thomson for Footstep Productions Ltd; Andrew Garratt (engineer).

Although we have made every effort to trace and contact copyright holders before publication this has not been possible in all cases. If notified, the publisher will rectify any errors or omissions at the earliest opportunity.

Links to third party websites are provided by Oxford in good faith and for information only. Oxford disclaims any responsibility for the materials contained in any third party website referenced in this work.